明源地产研究院 著

中国房企新战略

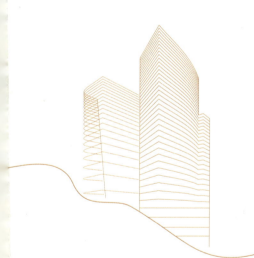

中信出版集团 | 北京

图书在版编目（CIP）数据

中国房企新战略 / 明源地产研究院著 . -- 北京：
中信出版社，2021.12
（明源地产研究系列丛书）
ISBN 978-7-5217-3846-9

I. ①中… II. ①明… III. ①房地产企业 – 企业发展
战略 – 研究 – 中国 IV. ① F299.233.3

中国版本图书馆 CIP 数据核字（2021）第 243362 号

中国房企新战略
（明源地产研究系列丛书）

著　者：　明源地产研究院
出版发行：　中信出版集团股份有限公司
　　　　　（北京市朝阳区惠新东街甲 4 号富盛大厦 2 座　邮编　100029）
承 印 者：　北京启航东方印刷有限公司

开本：787mm×1092mm　1/16　　印张：23.5　　　字数：297 千字
版次：2021 年 12 月第 1 版　　　印次：2021 年 12 月第 1 次印刷
书号：ISBN 978-7-5217-3846-9
定价：95.00 元

编审委员会

　　历经多年的高速发展，地产行业的黄金时代悄然远去，种种红利渐次离场，地产行业的总量、利润水平、发展模式都面临前所未有的拐点。时至今日，中国房地产市场已然步入了新的发展阶段。面对全新的外部环境，房企如何转型破局，如何升级战略打法才能"赢战"未来，成为令行业普遍迷茫和深思的问题。

　　古人云："以史为镜，可以知兴替。"要想对未来的战略打法有更清晰的定位，我们就需要站在过去看未来，以历史视角，理解地产行业发展的演进脉络，洞悉地产行业发展的逻辑本质。中国房地产发展史，是一部波澜壮阔、跌宕起伏的地产江湖史。一路走来，地产行业经历过高速发展的黄金时期，也经历过调控高压下的至暗时刻。在行业起落之间，房企有"一飞冲天者"，亦有"败走麦城者"。如今，在调控常态化背景下，中国房地产市场的发展格局已经基本定型，全面梳理中国地产行业发展脉络的时机已经到来。

　　行业发展离不开经济大势，地产与经济更是难舍难分，二者紧密关联、一脉相承。地产行业的演进逻辑蕴藏于中国宏观经济大环境的变革之中，地产跌宕起伏的发展之路背后，折射的是中国经济的深刻变革和社会的剧烈变迁。改革开放后，中国经济一步步从封闭到开放，从蛰伏到腾飞，从高速增长、增速换挡到高质量增长新阶段，在全球产业链中逐步向上攀登。

本书以典型经济事件为界限，以全景视野来俯瞰中国经济与地产行业发展演变的全貌，将中国经济发展划分为六个典型阶段，而在不同经济阶段，国家对地产的定位和导向不同，地产行业和房企的打法也呈现出阶段性特征。经济、政策、房价、需求、打法几条线索彼此映照、相互交错，共同编织成中国经济与地产发展脉络全景图（见图0–1）。

按时间线纵向切分，中国经济与地产发展脉络全景图可以分为六个阶段：第一阶段是1978—1993年，中国经济起步，地产曙光乍现，处在破土萌芽的前期；第二阶段是1994—2000年，中国经济发展步入快车道，分税制改革及房改推动房地产市场萌芽；第三阶段是2001—2007年，中国经济高速增长，地产迎来蓬勃发展期；第四阶段是2008—2015年，在全球金融危机冲击下，中国经济步入增速换挡期，地产面临螺旋式调控；第五阶段是2016—2020年，中国的GDP（国内生产总值）总量达到一定高度，核心省份、核心城市的发展跻身全球前列，经济步入高质量增长阶段，地产走向常态化调控；第六阶段是2021年及未来，总体基调延续上一阶段不变，在国际格局风云变幻之下，发展高科技产业上升到前所未有的高度。

按领域横向切分，中国经济与地产发展脉络全景图可以划分为宏观经济、中观行业、微观企业三个层面，地产行业的演进和房企打法的演变过程都与经济发展阶段总体匹配。在中观行业层面，我们将地产行业的演进细化为政策或制度演变、房价演变以及需求演变，核心在于探究地产政策或制度、房价和需求背后的本质。在微观企业层面，我们剖析房企多年来的战略打法演变，进而更好地洞察房企未来的战略打法走向。

我们力求通过中国经济与地产发展脉络全景图，帮助地产行业的

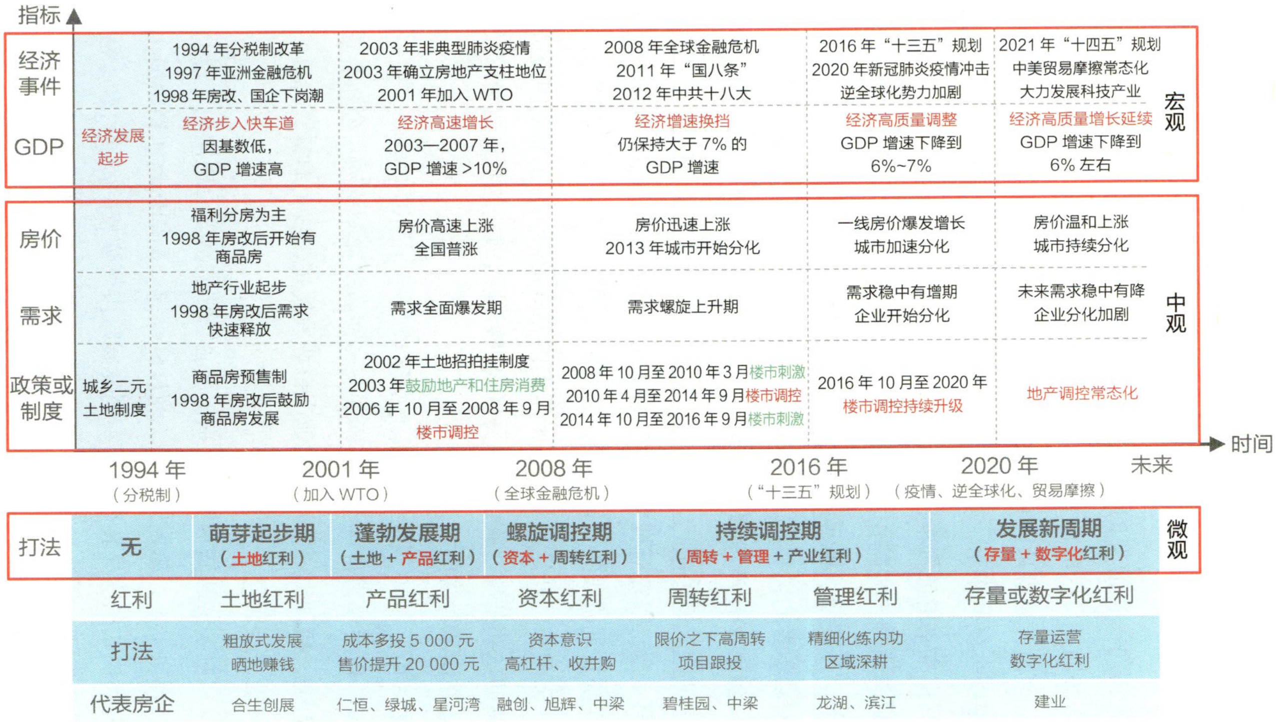

图 0-1 中国经济与地产发展脉络全景图

指标	1994年（分税制）	2001年（加入WTO）	2008年（全球金融危机）	2016年（"十三五"规划）	2020年（疫情、逆全球化、贸易摩擦）	未来
经济事件	1994年分税制改革 1997年亚洲金融危机 1998年房改，国企下岗潮	2001年加入WTO 2003年非典型肺炎疫情 2003年确立房地产支柱地位	2008年全球金融危机 2011年"国八条" 2012年中共十八大	2016年"十三五"规划 2020年新冠肺炎疫情冲击 逆全球化状势力加剧		2021年"十四五"规划 中美贸易摩擦常态化 大力发展科技产业
GDP	经济发展起步	经济步入快车道 2003—2007年，GDP增速>10%	经济高速增长 因基数低，GDP增速高	经济增速放缓 仍保持大于7%的GDP增速	经济高质量调整 GDP增速下降到6%~7%	经济高质量延续 GDP增速下降到6%左右
房价	福利分房为主 1998年房改后开始有商品房	房价分化上涨 全国普涨	房价高速上涨 全国普涨	房价迅速上涨 2013年城市开始分化	一线房价爆发增长 城市加速分化	房价温和上涨 城市持续分化
需求	地产行业起步 1998年房改后需求快速释放	需求全面爆发期	需求螺旋上升期	需求稳中有降期 企业开始分化	未来需求稳中有降 企业分化加剧	
政策或制度	城乡二元土地制度	商品房预售制度 1998年房改后鼓励商品房发展	2002年土地招拍挂制度 2003年鼓励地产和住房消费 2006年至2008年9月楼市调控	2008年10月至2010年3月楼市刺激 2010年4月至2014年9月楼市调控 2014年10月至2016年9月楼市刺激	2016年10月至2020年楼市持续升级	地产调控常态化

（宏观 / 中观 / 微观）

打法	萌芽起步期（土地红利）	蓬勃发展期（土地+产品红利）	螺旋调控期（资本+周转红利）	持续调控期（周转+管理+产业红利）	发展新周期（存量+数字化红利）
红利	无 土地红利	产品红利	资本红利	周转红利 管理红利	存量或数字化红利
打法	粗放式发展 晒地赚钱	成本多投5 000元 售价提升20 000元	资本意识 高杠杆 收并购	限价之下高周转 项目跟投 精细化练内功 区域深耕	存量运营 数字化运营
代表房企	合生创展	仁恒 绿城 星河湾 中海	融创 旭辉 中梁	碧桂园 中梁 龙湖 滨江	建业

时间

同人更加清楚地认识和理解经济与地产二者本质的关联关系。而把握地产行业历史发展脉络，仅仅是我们洞察行业、躬身入局的第一步。梳理中国经济、地产行业乃至房企打法演变历程更重要的价值在于，深刻挖掘每一次演变的内在逻辑，明确每一个历史节点下企业的站位，因势而动、因时而变，从而帮助房企在风云变幻的市场环境中找到立身之道，更好地迎接未来。在地产发展的历史长河之中，种种鲜活的案例也已然昭示：唯有识趋势者，才能活下去、活得好。这也是我们写作本书的最根本出发点。

明源地产研究院作为浸润地产行业数十年的"老兵"，在行业大变局下，有责任承担起为房企战略破局提供思路启发的重任。本书集诸多专家学者之思和广大标杆房企成功经验之益，以历史学视角，展现中国经济和地产发展的全景图，并基于当下形势，论述房企"赢战"未来的关键策略。

第一章，以宏观视角，描绘自改革开放以来中国经济的概貌，提炼各经济发展阶段的关键事件，铺开中国经济一步步融入全球经济体系的历史画卷，并进一步展望未来中国经济走向。有了对中国经济演进历程的认知基础，我们就能更好地理解地产演变的本质逻辑以及房地产业在中国经济中扮演的角色。

第二章，从中观层面，围绕中国地产行业的演变路径，以时间为线索，以关键事件为节点，串联起地产政策或制度、房价和需求的演变轨迹，梳理出一条清晰的地产行业发展逻辑线，洞察其背后的本质，并进一步探究未来的地产需求空间。

第三章，落到微观层面，剖析房企打法的演变。中国地产行业经历了从野蛮生长、粗放式发展、高杠杆筹谋、高周转运作到精细化管理等发展模式的明显转变，其不同发展阶段所依赖的发展红利也截然不同。面向未来，拓展第二赛道、挖掘存量及数字化红利，已是地产行业的大势所趋。

第四章，基于地产行业全新形势，详细论述现阶段房企的破局之道。我们将房企的应对之策，内化进具有普适性的"6+2"应对模型中："6"即六大核心举措，包括高质量增长、合理布局、管理练内功、做强产品及服务、合作开发以及产业破局；"2"即两大支撑，一是组织创新及风险管控，二是数字化转型升级。行业形势在变，地产行业对房企的能力要求也在变，"6+2"应对模型成为房企现阶段破局的关键密钥。

第五章，针对地产行业数字化转型大势，剖析数字化转型核心挑战，构建数字化转型全景蓝图，明确房企数字化转型的具体步骤、实施路径，以及应当给予的组织和资源支撑，助力房企在数字化转型之路上走得更快、更稳。

中国地产行业的荆棘之路，折射着中国经济的变革之路。时至今日，地产的历史使命从带动国民经济增长转向为中国经济的高质量发展保驾护航，地产扮演的角色也从经济"加速器"转变为经济"压舱石"。"识时务者为俊杰"，变革中蕴藏着机遇，我们有理由相信，从中长期来看，中国房地产市场仍大有可为。我们衷心希望，本书能够帮助广大房企站在历史视角，洞悉行业发展趋势，释放自身战略势能，真正实现破局突围！

徐颖

明源地产研究院院长

2021 年 11 月

目　录

第二章　地产演变：
地产制度、政策、房价及需求演化 /059

第一章　经济演变：

　　　　　中国经济从封闭到开放，

　　　　　开启腾飞之路

1978 年，是中国的改革开放元年，是伟大的转折之年。1978 年12 月，党的十一届三中全会的召开，开启了"春天"的大门。会议做出了"把党和国家工作重心转移到经济建设上来，实行改革开放"的历史性决策，改革开放的号角正式吹响，中国再次站到了历史拐点上。自此，中国开始了波澜壮阔的思想解放，开启了经济腾飞之路。一直到今天，中国在书写着另一种完全不同的历史，并日益深刻地影响着世界。

　　中国经济的腾飞之路，是中国地产行业发展的基石和底色。在本章中，我们将从宏观经济的高度出发，以历史的眼光，结合各阶段的关键事件，全面分析自改革开放以来中国经济的演进图谱。中国经济发展的历程可以划分为几个典型阶段？每个阶段的经济发展呈现出怎样的特征？地产在其中扮演的角色和变化轨迹如何？面向未来，中国经济的增长动力何在？这些是本章将要回答的问题。

第一节
改革开放大潮开启，中国经济真正起步

改革开放并非一帆风顺，更非一蹴而就。1978—1993 年，中国从农村到城市，各行各业都在摸索中前行，社会面临剧烈的变迁，民众的思想观念也面临着外来思潮的猛烈冲击，天翻地覆的变化在中华大地上上演。本节，我们将带领你重温那个波澜壮阔的时代，解读改革开放大潮中各领域的关键事件，并翻开中国房地产萌芽前期野蛮生长的时代篇章，从源头梳理中国地产行业发展的脉络。

一、通过渐进式改革，从计划经济过渡至市场经济

在改革开放的大政方针指引下，中国从农村到城市，都在探索改革的路子。这一时期中国经济发展的关键词主要包括：社会主义市场经济，家庭联产承包责任制，以乡镇企业为代表的民营经济崛起，国企改革探索起步，金融体制改革，对外贸易加速，等等。在一系列改革举措下，1978—1993 年，中国年均 GDP 增速达到了 9.87%，居民收入快速增长，中国经济开始真正起步。

1. 逐步摆脱计划经济桎梏，1992 年正式确立社会主义市场经济

由计划经济逐步向社会主义市场经济转型，是这一时期的主旋律，也是改革开放的题中之义。然而，由计划经济转向社会主义市场经济并非一帆风顺，自 1978 年起的十余年里，中国走过了一段艰难的探索历程。

1982 年，我国明确了"以计划经济为主、市场调节为辅"的原则。1984 年，我国做出了社会主义经济是"公有制基础上的有计

划的商品经济"的定调。1987年，我国明确提出要运用计划调节和市场调节两种手段，逐步建立"国家调节市场，市场引导企业"的机制。1988年，在国内通货膨胀和国外形势急剧变化的背景下，中国的改革开放和市场经济的命运处在关键抉择的十字路口。1992年10月，中共十四大召开，明确提出"我国经济体制改革的目标是建立社会主义市场经济体制"，标志着社会主义市场经济的正式确立。从此，中国经济体制改革步入快车道，各个领域的市场化改革加速推进。

在由计划经济转轨市场经济的过程中，中国没有采取相对激进的、着眼于存量资源重新配置的"休克疗法"，而是走"渐进式增量改革"的道路，"摸着石头过河"，创造出经济的增量。渐进式改革的突出特点就是，在初始阶段允许计划和市场双轨并存。以价格管理体制为例，在微观层面放权、激发企业积极性的改革进程中，计划外的供给成为必然，于是，我国逐步形成了计划配置和市场配置以及计划价格和市场价格并存的双轨制。随着市场配置的比例越来越高，双轨制逐步趋向市场单轨制，因此，新旧经济体制之间的鸿沟逐渐被填平。我们可以看到，转向市场单轨制的趋势，并不是由政策制定者引导的，而是一系列成功实践的结果。

2. 家庭联产承包责任制改革后，以乡镇企业为代表的民营经济异军突起

中国经济改革的第一步从农村开始。1978年，安徽省凤阳县小岗村18位农民签下"生死状"，一场对中国经济影响深远的农村改革正式开启，即家庭联产承包责任制。这一制度是以集体经济组织为发包方、以家庭为承包主、以承包合同为纽带而组成的有机整体，推行包田到户、包干到户，赋予农民自主耕种一块土地的权利。在这一制度下，农民交足了给国家和集体的粮食后，剩余的粮食都是自己的，

这极大地激发了农民积极性，促使粮食产量激增。短短四五年时间，中国的粮食产量就增长了 50%。

无疑，家庭联产承包责任制意义重大：一方面，解决了当时中国近 10 亿人口吃饭的问题；另一方面，释放出大量农村劳动力，同时让农民手中有了投资的资金。大幅增加的农村剩余劳动力需要增加收入，但当时的制度又不允许农民进城，于是，这些人离土不离乡，"就地工业化"，乡镇企业开始异军突起。在供给极度短缺、扔颗种子到土壤里都能发芽的时代，加上"市场轨"为企业投资和销售提供了条件，乡镇企业短时间内就呈现出星火燎原之势，在全国各地全面开花。乡镇企业的发展促进了中国农村工业化和城镇化的进程，并带动了中国出口导向加工业的崛起。

除了乡镇企业，其他私营企业在这一时期也开始起步发展。为了解决上千万知青返城后的就业问题，20 世纪 80 年代之后，集体所有制企业在全国迅速地铺展开来，"股份制"的概念也开始在中国各大城市落地，例如，集资兴办股份制企业，允许企业发行股票、扩大经营，允许职工入股、参与年终分红，等等。在旧有意识形态的约束下，这个时期创办的大部分企业都以集体所有制的形式落地。集体所有制企业和乡镇企业一样，是中国语境下的一次民间创业大潮，也是"股份制"在中国语境下的具体应用。

3. 改革外贸体制，设立经济特区，加速与国际市场接轨

促进对外贸易是改革开放的题中之义，自 1979 年起，中国开始了一系列外贸体制改革的探索。其中，最核心的举措是扩大地方的外贸经营权，调动地方经营外贸的积极性。1979 年 7 月，我国对广东、福建两省实行"特殊政策、灵活措施"，发挥其毗邻港澳台的优势，首次提出开办"出口特区"。1980 年 5 月，我国先后建立了深圳、珠海、汕头、厦门四个经济特区。1984 年，我国决定进一步开放天

津、上海等 14 个港口城市。除此之外，打破外贸垄断，政企分开、简政放权，深化外贸企业改革，加快外贸立法等工作也稳步推进。在一系列重拳改革之下，中国进出口总额显著增长，对外贸易依存度从 1979 年的 16.71% 提升到了 1984 年的 20.91%。

一系列外贸体制改革举措，也吸引了大量外资或港澳台企业涌入。1979 年，在广东、福建两省开放试点后，上万家港澳台厂商以"三来一补"的形式进入两省进行加工组装，成为港澳台企业进入内地的先导。在 1992 年确立社会主义市场经济体制后，前来投资的企业也从以港澳台地区的中小投资者为主，逐步转变为以美、日等发达国家的投资者为主，外资或港澳台企业在中国进入空前发展阶段。

回顾过往，中国外贸体制改革的核心是通过营造"经济特区"的"小气候"，率先实现部分地区与国际市场的对接，同时在沿海、沿江、沿边地区打造具有一定纵深的开放地带，通过其示范和辐射作用来带动内地的改革和开放。总之，在大力改革和引进外资或港澳台企业的背景下，对外贸易在中国国民经济中的地位稳步提高，中国更广泛地融入了世界经济。

4. 国企改革探索起步，金融体制改革试水

从计划经济转向市场经济，国企改革一直是应有之义。自改革开放以来，国企改革一直在探索中艰难前行。1979—1993 年，国企改革主要采取了利润留成制度、利改税、承包制等核心举措，但由于缺乏硬性约束，它们在试点阶段取得了不错的成效，在全国推广后效果却不尽如人意。到 1993 年，我国进一步确立了"产权清晰、权责明确、政企分开、管理科学"的现代企业制度，国企改革开始坚持抓大放小，即做大、做强重点大中型国有企业，放开、放活一般中小型国有企业，让无法维持的国有企业清算破产，剥离国有企业的社会职能，减少国企的政策性负担。时至今日，国企改革的步伐仍未停下。

国企改革与金融市场有着千丝万缕的联系。一方面，国有企业自主权的扩大，客观上产生了对金融服务的需求。从 1979 年开始，我国先后恢复了工、农、中、建四大国有银行，重建金融体系，同时陆续开始恢复或新建各种非银行金融机构，包括保险公司、信托投资公司等，并逐渐放松各种管制。另一方面，我国最初的股票市场的建立，核心目的就是给国企融资输血。20 世纪 90 年代之后，在市场竞争的压力下，大批机制僵化的国有企业出现亏损甚至濒临破产，更无力偿还贷款，大笔坏账堆积在国有银行的资产负债表上，国企债台高筑，银行体系扭曲，国家急需替国有企业找到新的融资渠道。在此背景下，1990 年，上海证券交易所和深圳证券交易所先后成立。

5. "财政分灶吃饭"，地方政府占据财政主导权

自 1978 年改革开放以来，财政体制也逐步摆脱计划经济，经历了明显的管理权下放过程，从原来的"财政统收统支"转型为"包干制"，实行"财政分灶吃饭"。具体而言，政府财政收入被分为三类：中央固定收入、地方固定收入和中央与地方共享收入。地方政府每年仅向中央缴纳定额的财政收入，不再全额上交，拥有独立的预算制定权，享有一定的财政自主性。

这套财政制度对 20 世纪 80 年代的经济改革非常重要，因为它给予地方政府和企业很大的自主权，极大地刺激了地方政府发展经济的积极性。在中央层面推动改革有阻力的时候，地方层面会进行各种制度创新，让中国从原有体制中迅速突破出来。但它也带来了明显的弊端，即包干制对地方活力的激发程度远超中央想象，地方财政收入占整体财政收入的比重迅速上升，中央财政收入则迅速下降。

在改革开放初期，我国经济发展刚刚起步，经济总量低、发展基础薄弱，对基础设施建设的需求不强烈，资金需求量不大，中央对财政收入的依赖度也不高。而随着经济的增长，所谓"想致富、先修

　　　　　　　　　　　　　中国房企新战略

路"，中央需要越来越多的资金来进行基建，中央的财政危机也就越来越凸显。在这一背景下，分税制改革的构想才逐步成形。

6. 福利分房是住房供应主流模式，住房改革探索试点未取得显著突破

当各行各业都在大步迈开改革的步伐时，与民生息息相关的住房领域却停滞不前。1998 年房改前，中国的住房供应模式主要是福利分房，也就是住房的建设和分配均由单位、政府主导。在需房单位的建房计划被批准后，政府会无偿、无期限划拨土地，然后由政府或需房单位出资建设公房，公房建成后依据单位等级、职工职级等分配。

这种理想化的制度安排遭遇了很多现实的阻碍：一是建设资金高度依赖财政拨款，少量靠单位自筹，中央和地方政府的财政负担过重；二是住房供给效率低，缺房问题严峻，同时供给的房屋普遍为小户型、低配套，居住条件差；三是"租难养房"，即公房的后期维护依赖职工缴纳的租金，而彼时的公房租金极低；四是分配不公，即干部家庭或单位等级和职级高的人会被优先分配，在一房难求的时代背景下，强势部门可以利用职权占据更多优势资源。

显然，福利分房体系已经难以满足居民的居住需求和国家发展的需要，传统的住房制度亟须一场变革来适应新的经济和社会环境。而在当时的中国，制度改革的前提是思想观念的革新。在这场思想与制度的对峙中，改革开放总设计师邓小平的讲话，如同声声惊雷，击碎了中国人在住房问题上的思想禁锢。1980 年 4 月，邓小平发表《关于建筑业和住宅问题的谈话》，提出："城镇居民个人可以购买房屋，也可以自己盖。不但新房可以出售，老房子也可以出售。可以一次付款，也可以分期付款。"[1] 自此，全国上下开始进行住房市场化的试验

1　资料来源：人民网，http://house.people.com.cn/n1/2018/1207/c164220-30450246.html。

和推广（见表 1–1）。

表 1–1　1978—1993 年住房改革探索试点

阶段及改革方向	时间	改革具体举措	成效
1980—1987 年，地方试点，从"售公房"到"提租"	1980 年 10 月到 1981 年 12 月	全价出售公房政策在全国铺开，但由于租金低，居民购房意愿也低	实施效果不佳
	1982 年	进入"三三制"补贴售房探索阶段，即政府、企业和个人分别承担房屋售价的 1/3	政府及单位的资金压力过大，政策没能持续
	1986 年	改革转向以提高租金为切入点，在烟台、唐山、蚌埠试点提租改革	实施效果不佳
1988—1990 年，全国推广"提租 + 补贴""提补持平"	1988 年 2 月	国务院住房制度改革领导小组提出，提租、发补贴券以及建立住房基金等改革措施，发券总额与提租总额相等，即"提补持平"	实施效果不佳
1991—1993 年，从"提补持平"到"多提少补"	1991 年	国务院先后发布文件，提出"租（提租）、售（售公房）、建（支持集资建房）"并举等措施，将提租补贴改为"多提少补"或小步提租"不补"	实施效果不佳

资料来源：公开资料、明源地产研究院。

　　整体来看，这一时期的住房改革尽管进行了诸多的探索，但未取得实质性突破，传统的福利分房制度仍是这一时期的主要住房供应模式。因为各地的需求不一样，国家很难全盘统筹和改革，很多供应的矛盾凸显出来，这也是这一时期的住房改革难有成效的关键原因。然而，彼时中国经济的发展步伐在加速，人们对住房改善的需求也愈加迫切，住房供需矛盾不断激化，这为后续大刀阔斧的住房市场化改革埋下了伏笔。

二、房地产市场野蛮生长，发展在前、规范在后

在改革开放的时代洪流之下，与住房相关的诸多实践纷纷迈出第一步，中国房地产市场的曙光也已经开始隐现。这主要体现在如下三个方面。

1. 土地市场萌芽，两权分离的土地制度确立

为了提升地方政府财政收入，土地财政在这一时期开始出现，深圳无疑是先行者。1982年1月，《深圳经济特区土地管理暂行规定》出台，将土地分为工业、商业、商住等六类，收取不同等级的土地使用费。1982—1987年，深圳的土地使用费已经占到了其财政收入的1.5%。1987年9月，深圳首次以协议方式出让一块职工宿舍用地；同年12月，借鉴香港模式，深圳首次以拍卖形式出让土地。

"深圳第一拍"意义重大，直接推动了宪法和土地管理法的修改。1988年4月《中华人民共和国宪法修正案》明确删除土地不得出租的规定，并补充规定"土地使用权可以依照法律规定转让"，中国房地产业发展最根本的基石就此奠定。1988年12月《中华人民共和国土地管理法》修改，进一步明确"国家依法实行国有土地有偿使用制度"。总体来看，深圳作为经济特区，其土地市场的先行改革具有极大的示范效应，为后续财政体制的改革和土地财政的启动打下了基础。

2. 最早一批房地产开发企业涌现，主要由各城市房管部门组建

自1980年以来，中国涌现出了最早一批房地产开发企业。1980年1月，深圳市房管局组建的深圳经济特区房地产公司，是中国第一家房地产开发企业。1981年，国家建筑工程总局和建设银行总行联合筹办的中国房屋建设开发公司，是中国第一家全国性房地产开发企

业。截至 1981 年年底，有 100 余个城市的房管部门组建了房地产公司，"国家队"构成了中国最早的一批房地产开发企业（见表 1-2）。

表 1-2　中国最早一批房地产开发企业（部分示例）

时间	组建部门	公司初始名称	公司重组情况
1980 年 1 月	深圳市房管局	深圳经济特区房地产公司	深房集团（上市主体为"深深房 A"）
1980 年 9 月	北京市建委统建办公室	北京市城市建设开发总公司	2005 年重组入首开集团
1980 年 10 月	宁波"六统一"办公室	宁波房地产总公司	2009 年重组入宁波富达
1981 年 1 月	国家建筑工程总局和建设银行	中国房屋建设开发公司	中房集团
1981 年 5 月	厦门市政府	厦门经济特区工程建设公司	2006 年重组入厦门市住宅建设总公司
1981 年 9 月	天津市住宅统一建设办公室	天津市建设开发公司	天房集团（上市主体为"天房发展"）
1981 年 11 月	南京市政府	南京市城市建设开发公司	南京城开地产集团

资料来源：公开资料、明源地产研究院。

3. 房地产市场野蛮生长，滋生楼市泡沫

在发展初期，由于各方面的制度和规范尚未建立，中国房地产市场野蛮生长、狂飙突进，因此泡沫滋生。典型事件莫过于 1993 年的海南楼市泡沫。1988 年海南省和海南经济特区成立，1992 年国务院审议批准海南吸引外资以开发洋浦经济开发区，一时间利好不断，海南房地产市场的引擎被点燃，逾两万家房地产公司瞬间崛起。当时全国各地都流传着"要挣钱、到海南，要发财、炒楼花"的口号，出现"十万人才下海南"的盛况。除了大量人才汇集，巨量资金也在此汇聚，四大行、券商、民营资本等各路资本蜂拥而至，大小各级"炒家"相继涌现，海南的房价和地价也随之一路扶摇直上。

危机在潜伏,剧烈增长的泡沫引发了中央的担忧,1993 年 6 月,海南楼市终场哨声毫无征兆地吹响,国务院出台"国16条"[1],严格控制信贷总规模,提高存贷利率和国债利率,限期收回违章拆借资金。银根全面紧缩,一路高歌猛进的海南房地产市场顷刻间被釜底抽薪。这场调控留下的遗产是,海南全省"烂尾楼"高达 600 多栋,开发商资不抵债、纷纷破产,银行不良资产爆表。

海南楼市泡沫破裂的最直接原因是"炒楼花、炒地皮"等野蛮粗放的地产开发模式。本质上,这就是一场"击鼓传花"的游戏。而深入来看,海南房地产闹剧凸显了中国改革开放初期摆脱计划经济桎梏后"狂飙突进"的行事风格,也折射出当时中国社会的极度投机心理,是中国经济激烈变革中风险与机遇交织的缩影。

今日的中国金融界、地产界中的佼佼者,十之五六都拥有自己惊心动魄的海南往事,要么折戟沉沙,要么全身而退。例如,地产界著名的"万通六君子"就是在海南楼市中赢得了人生第一桶金,并开启了各自的地产进阶之路。整体而言,那个年代的房地产市场无疑是处在野蛮生长的时期,呈现出"发展在前、规范在后"的典型特征。在这场泡沫之后,房地产市场的种种不规范现象开始受到前所未有的重视,这为后续中国地产行业的规范化运作打下了基础。

综上所述,1978—1993 年,中国经济社会剧烈变迁,在由计划经济逐步转向市场经济的过程中,从城市到农村、从国企到民企、从国内市场到对外贸易,无不发生着巨大转折,价格体制、金融体制、财政体制都在摸索中迈出改革的步伐。房地产市场则处在破土萌芽的前期,与房地产相关的领域呈现出几个典型特征:其一,福利分房的住房供应模式解决不了市场的供需问题,亟须全面改革突破;其二,

---

1 国 16 条,指 1993 年 6 月 24 日中共中央、国务院发布的《关于当前情况和加强宏观调控的意见》。

尝试用土拍解决地方政府财政问题，土地财政萌芽；其三，在各行各业探索改革的同时，房地产市场野蛮生长，发展在前、规范在后，地产在国民经济中的地位还没有明晰，地产对经济的支撑作用还没有显现。

第二节
分税制改革、房改，推动经济发展步入快车道

1994 年分税制的确立，是中国经济发展阶段的一大分水岭。分税制改革催生的土地财政，对中国经济格局产生了深远影响。1998 年住房市场化改革后，中国房地产市场开始真正萌芽，中国经济发展自此步入快车道，但是，其反向加剧了地方政府对土地财政的依赖，地产与经济开始变得难舍难分。那么，这一时期的中国经济发展又有哪些关键词？在财政体制、产业结构、房地产市场等领域呈现出哪些新的特征？

一、土地财政大幕拉开，深刻影响中国经济发展模式

1994 年，一场具有深远影响的分税制改革在中国拉开了序幕。1993 年 12 月 15 日，国务院做出《关于实行分税制财政管理体制的决定》，改革地方财政包干体制，对各省、自治区、直辖市以及计划单列市实行分税制财政管理体制，从 1994 年 1 月 1 日起正式启动。

分税制改革主要涵盖五个方面的内容（见图 1–1）。

- 分权：明确中央和地方的事权划分，确定相应的支出范围。

- **分税**：按税种划分中央与地方的收入，将税种划分为中央税、地方税以及中央与地方共享税。
- **分机构**：分为国税和地税两套税务机构，分别负责中央税和地方税的征收。
- **税收返还**：中央集中了原属于地方的财力，因此需要对地方财政给予补助收入。
- **转移支付**：中央将分税制改革集中的财力，通过转移支付的方式向下拨付，再返还给地方政府，以此来确保中央对经济与社会的调控能力。在中国的政治经济体制下，转移支付主要针对欠发达地区，并为欠发达地区偿还债务。

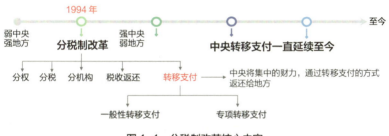

图 1-1　分税制改革核心内容

　　分税制改革的效果立竿见影。1994 年，中央财政收入占全国财政收入的比重就从 1993 年的 22% 上升到 55.7%，一直到 2010 年，这一比例均稳定在 50% 以上（见图 1-2）。分税制从制度层面保证了中央财政收入的稳定增长，增强了中央的宏观调控能力，同时，高速增长的财政收入也使得全国的基础设施建设有了资金保障。

　　分税制改革之所以影响深远，核心原因有两个方面。一方面，土地财政模式的确立，对后续中国地产行业和经济发展模式带来深刻影响。分税制改革后，地方财政收入占比大幅下降，这对于地方官员来说，是个巨大的变化。经济发展是地方官员晋升的核心政绩指

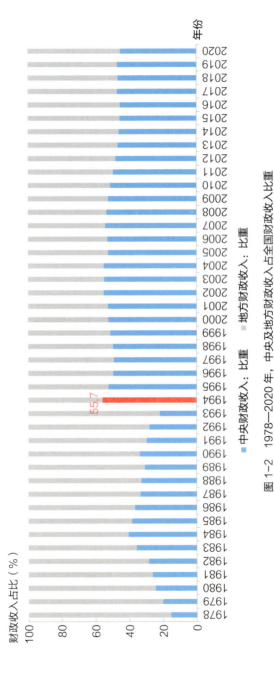

图 1-2　1978—2020 年，中央及地方财政收入占全国财政收入比重

资料来源：Wind（万得）、明源地产研究院。

标，而发展经济需要投资资金，这就直接导致了地方政府"财权"与"事权"的不对等。在财力不足的情况下，地方官员便开始寻找其他的资金来源。为了解决此问题，中央将当年只占地方财政收入 3.4% 的土地出让收入划拨给了地方政府，土地财政模式就此确立。随着 1998 年的住房制度改革、2002 年土地招拍挂制度的确立，中国土地市场开始大规模发展，土地不断增值，土地出让收入逐渐占据地方财政收入的半壁江山。

另一方面，土地财政推动中国的城市化快于工业化，为后续承接西方制造业大规模外包奠定了基础。分税制把营业税划归地方，与土地增值相关的税收也都归地方，而建筑类企业属于缴纳营业税的范畴，并且建筑业对土地有大量需求，所以地方政府就开始鼓励建筑业的发展，这构成了最初意义上的土地财政。后来，地方政府又开始拍卖土地使用权，或者用土地做担保进行融资贷款来建设开发区，这促使周边土地升值，而地方政府开始进行新一轮的拍卖或者融资。这个过程刺激了中国城市化的发展，大量的开发区如雨后春笋般涌现，而这又为 20 世纪 90 年代中期中国承接西方制造业的大规模外包创造了有利条件。

二、恰逢西方制造业大规模外包，民营经济蓬勃生长

20 世纪 90 年代初，西方国家进入创新经济时代，进行产业升级，逐渐转向知识和技术密集型产业，劳动密集型产业则被向外转移。中国因为土地财政，城市化先于工业化，刚好提供了大片已经开发好的、几乎空白的工业开发区。于是，中国抓住了西方国家生产外包的机遇，大量承接西方国家的中低端制造业。也正因如此，土地财政原本可能引发的危机被消灭于无形。

要顺利承接制造业大规模外包，还有一个重要的前提，即完善

的供应链网络。中国的供应链网络是在外来大型企业的带动下自发生长起来的。以富士康的进驻为例，富士康对外承接上游企业的发包任务，其下游就会自发成长起来一批配套的、数量庞大的中小民营企业，极为专业地生产各类配件，并逐步形成一个庞大的供应链网络。这些中小民营企业基于供应链的需求，分布式地成长、决策，经营极其灵活，实现了效率与弹性的统一，因此获得了爆发式的增长。中国的民营经济在西方制造业转移浪潮下获得了新的生命力。可以说，20 世纪 90 年代以来中国经济取得的最重要的成就就是民营经济的快速发展，中小民营企业在国企强势地位的压迫之下野蛮生长。

完善的供应链网络也有一个重要前提，即有大量近乎空白的开发区等待着大量企业同时进驻，否则，供应链网络会因为基础设施不配套、物流成本过高等而"生长不起来"，而中国恰恰具备这些条件。也许你还会问，为什么西方的劳动密集型产业没有转移到印度或东南亚国家？正如前面谈到的，自 1978 年以来，中国经过十余年的乡镇企业大发展，至 20 世纪 90 年代初，外向型经济初具规模，已经具备较完善的基础设施、供应链网络和销售网络等，而这些条件是当时其他发展中国家所不具备的。

在承接西方制造业大规模外包以及对外贸易体制的深化改革之下，自 1994 年起，中国开始了持续至今的贸易顺差；1994 年到 2001 年加入 WTO（世界贸易组织）之前，中国外商直接投资也出现了一个小高峰（见图 1–3）。经过多年的改革实践，对外贸易成为中国国民经济的重要组成部分，中国经济的国际化程度明显提高。

三、住房市场化改革推进，地产开发逐步规范化

1997 年的亚洲金融危机，对中国的进出口贸易、外商投资等都造成了不同程度的冲击，中国经济发展面临巨大压力。同时，由于前

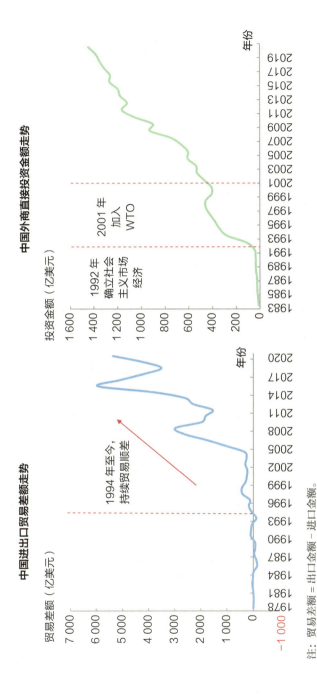

中国外商直接投资金额走势

中国进出口贸易差额走势

图 1-3 中国进出口贸易差额及外商直接投资金额走势

注：贸易差额 = 出口金额 - 进口金额。

资料来源：Wind，明源地产研究院。

期的过度扩张和重复建设等，中国经济本身也面临严重的产能过剩、国企亏损、人员冗余等结构性问题。在内外交困的严峻形势下，为扩大内需、提振经济，中央进行了大刀阔斧的改革，除了国企改革，最重要的改革举措便是住房市场化改革。

1998 年 7 月 3 日，国务院发布了《关于进一步深化城镇住房制度改革加快住房建设的通知》，明确提出"促使住宅业成为新的经济增长点"，房地产业被确定为国家重点支持的产业。该通知指出，从 1998 年下半年开始停止住房实物分配，逐步实行"住房分配货币化"。该通知的发布具有划时代的意义，标志着新中国坚持了近半个世纪的福利分房制度终结，中国正式进入商品房时代。

该通知发布之后，城镇住房制度改革快速推进，相应的银行信贷等配套政策相继出台。自 1998 年下半年开始，我国逐步完善房企、中介收费、住房销售等方面的管理；1999 年 4 月，房贷放宽，中国人民银行发文降首付比例至 20%，9 月，中国人民银行发文延长最长贷款年限至 30 年，利率在原有优惠基础上下调 10%。随着一系列住房制度改革举措的深入推进，中国房地产市场开始蓬勃发展，房地产开发投资得以快速增长，房屋新开工面积从 1999 年 2 月的 1 537.7 万平方米迅速增加到 1999 年年末的 21 632.7 万平方米，商品房销售额从 1999 年的 2 745.5 亿元快速增加至 2000 年的 3 572.0 亿元（见图 1-4）。

房地产市场的发展很快为经济发展注入了新的动力，中国经济发展步入快车道，GDP 增速也从 1998 年的 7.8% 回升至 2000 年的 10.0%。与此同时，与地产行业密切相关的土地财政进一步加速，土地出让收入占地方财政收入的比重快速攀升。为了进一步促进地方经济增长，强化基础设施建设，地方政府所需的资金量不断增长，其对土地出让收入的依赖度也进一步增强，这对地方政府的财政管理提出了更高的要求。

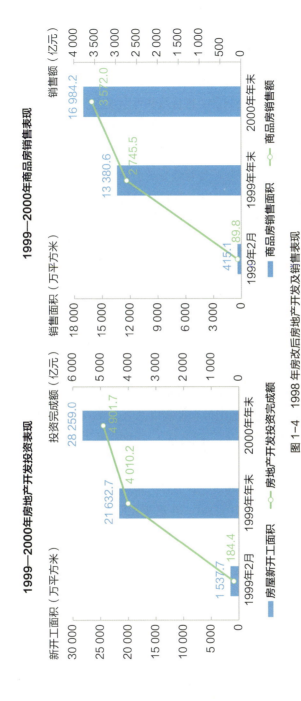

1999—2000年房地产开发投资表现

1999—2000年商品房销售表现

图1-4 1998年房改后房地产开发及销售表现

资料来源：Wind，明源地产研究院。

房地产与金融从来都是难舍难分的。为了应对亚洲金融危机的冲击，自 1998 年起我国对金融体制进行了一系列的结构调整，强化了金融部门对经济刺激计划的配合与支持。在货币政策方面，我国改革和完善了存款准备金制度、再贷款和再贴现制度，建立和发展公开市场业务，推进利率市场化改革。同时，金融监管体制也发生重大变化，形成了中国人民银行、中国证券监督管理委员会（以下简称"中国证监会"）、原中国保险监督管理委员会分别对银行业、证券业和保险业进行监管的分业监管模式。此后，银行、保险、证券等各类金融机构开始发展，股票、债券、外汇等各类金融产品市场相继建立，金融开始在国民经济以及房地产领域发挥愈加重要的支撑作用，并深刻影响着中国地产行业的发展模式。此外，在房地产开发贷款限制逐渐放开后，商业银行积极开展房地产金融业务，中国房地产金融进入茁壮成长的黄金期。

在房地产开发方面，我国告别 20 世纪 90 年代初野蛮生长的时期，在标杆企业的引领下，地产开发逐步趋向规范化。万科就是其中的典型标杆。从 1992 年开始，万科就提出了"质量是万科地产的生命线"，强调对开发流程的把握和控制以及对全面质量的重视需要贯穿整个房地产开发过程。在建筑质量上，1996 年，万科全面推行"质量管理年"，这是万科试图尽快缩小与建筑出身的优秀房企的差距，满足市场和客户需要的缩影。在客户关系质量上，万科提出了"物业管理是万科最后防线"的口号，在物业管理方面不惜工本。事实上，从 1988 年万科投资第一个项目深圳天景花园开始，索尼的售后服务意识就已经植入万科的经营理念。此后，万科成立了深圳第一家业主管理委员会，并制定了服务业主的管理章程，优质的物业管理服务自此成为万科地产的品牌内涵之一。

第三节
加速融入全球化，迎来经济高速增长

2001 年，中国正式加入 WTO，实现了中国经济与全球经济的全面接轨，带动了中国制造业、对外贸易、金融行业的全球化发展和全面升级，开启了中国经济腾飞的引擎。2002 年，中共十六大提出 GDP 总量 20 年翻两番的目标，为加速中国经济发展夯实了政策基础。2003 年，房地产业被确立为国民经济的支柱产业，通过拉动内需进一步助推中国经济提速。

在经济全球化的刺激下，叠加政策和内需的支撑，2001—2007 年，中国迎来了经济的快速腾飞阶段。在这七年间，中国 GDP 迅速攀升，并自 2003 年起保持两位数增速，远超英、美等发达国家。2007 年，中国超越德国成为世界第三大经济体。

一、制造业快速崛起，中国一跃成为"世界工厂"

经过改革开放的前期积累，中国制造业已沉淀出一套完善的供应链网络，为后期的崛起奠定了坚实的基础，储备了充足的动能。加入 WTO 的机遇，充分激发了中国制造业的潜能，再叠加丰厚的人口红利，中国制造业以一种无法想象的速度崛起，并带动了中国经济的高速发展。

1. 完善的供应链网络，为中国制造业崛起夯实基础
中国制造业能够快速崛起，并在全球脱颖而出，除了借助廉价劳动力的比较优势，更重要的是在入世前就构建了一套完善的、具有国际竞争力的供应链网络。这套供应链网络让中国具备了承接大规模

制造业外包的能力，从而推动了中国制造业乃至中国经济的腾飞。那么，中国的供应链网络为何与众不同？

在人们基本需求尚未被满足的时期，能够生产出均质化、廉价、耐用产品的商家往往能赢得市场。当年手机行业的王者诺基亚，就是凭借着完整的生产线，生产出廉价耐用的流水线产品而备受追捧的。然而，随着各国经济的发展，人们的基本需求逐渐被满足，创新经济时代到来。在这个时代，完整而高效的生产线成为创新的阻碍，但若为了迎合产品创新而不断更新产品线，高昂的更新成本是任何企业都难以负担的，这也是一代手机巨头诺基亚走向没落的重要原因。

在创新经济时代，负责创新和品牌升级的企业需要将生产流程外包，而承接外包的制造商必须兼具流水线生产的效率和快速转型的弹性。然而，传统的制造商根本无法兼具效率和弹性这对彼此矛盾的特征，这就令拥有完善供应链网络的中国成为最佳承包商。中国的供应链网络是由大量专业化程度极高的中小型民营企业组成的，这些企业的专业化程度极致到一家企业可以只生产一根电线中间的一节。这些企业分工明确且生产高效，在面对不断更迭的产品需求时，通过自动重组形成新的配套关系，满足各类生产需求，真正实现效率和弹性的统一。

2. 入世推动中国制造业爆发式增长，带动中国经济高速发展

1994 年的分税制改革为中国制造业的供应链网络建设提供了契机，而真正令这个供应链网络全面发力，推动中国制造业爆发式增长的是 2001 年中国加入 WTO。中国加入 WTO 的时间，恰好是西方各国发展创新经济的阶段，它们产生了生产流程大规模外包的需求，迫切需要一个兼具效率和弹性的承包商。中国凭借难以复制的供应链网络，叠加显著的廉价劳动力比较优势，承接了来自全球的生产制造需求。

受益于西方国家生产制造的大规模转移，中国制造业在2001—2007年迎来了令世界震惊却又难以复制的爆发式增长。国家统计局数据显示，2004年中国制造业增加值为51 749亿元，2008年增至102 539亿元，仅四年时间就实现了增加值的翻倍，每年增加值增速均超过15%，并在2007年实现23%的高增长。在制造业高速发展的拉动下，中国工业增加值从2001年的43 854亿元快速增加到2008年的131 724亿元，七年间增长了两倍多，其中制造业贡献占比每年均超过75%（见图1–5）。

把握入世红利飞速发展制造业的中国，于2006年超过日本成为世界第二制造大国，于2009年超过美国一跃成为世界第一制造大国，化身"世界工厂"。自此，中国已基于中低端制造业代工成功"发家致富"，提高制成品加工出口贸易水平、增加创新投入成为中国强化制造业发展的新举措。

二、入世推动贸易体制改革，中国贸易总额位列世界第一

改革开放之后，尽管我国开始尝试推动对外贸易，但对外贸易总体仍维持相对封闭和垄断态势，直至1986年"复关"申请首次提出，才为贸易体制改革注入了全新动力。以入世为目标和抓手，中国对外贸易终于实现了从封闭到开放，并在入世之后，迎来了全速发展。

1. 以入世为目标，推动中国贸易体制改革

1987年以前，中国对外贸易一直实行着国家统一管理的垄断体系。首先，我国在全国范围内成立了15家专业的进出口公司，形成了国家统一并以国有外贸企业为主体的绝对垄断经营体制。其次，为了提高贸易效率和发展速度，我国下放外贸经营权，由国家垄断转变为多家国有企业共同经营，并扩大了地方的外贸经营权，但国际市

图1-5 中国工业和制造业增加值及增速

资料来源：国家统计局、Wind、明源地产研究院。

场主流产品的贸易仍由国家统一经营，国家垄断的贸易体制并未被打破。

1986年，中国正式提出恢复关贸总协定缔约方地位的申请，直到2001年才正式入世，而这长达15年的"复关"历程，恰恰推动了中国贸易体制的全面改革。在加入WTO实现对外开放目标的引领下，中国通过向下放权和分级管理的方式，打破原有的国家垄断型贸易体系，推行外贸承包责任制并减少出口商品限制，提升贸易体系的市场化和竞争化，通过优化汇率调控体系和进一步放开进出口商品管理，推动"复关"谈判的最终成功。

1. 成功加入WTO，中国贸易发展震撼全球

加入WTO标志着中国对外贸易真正融入世界贸易体系。在入世倒逼改革的压力下，中国持续深化贸易体制改革，彻底打破中国出口的配额限制，实现市场的大幅开放和贸易的公平公正。为了履行加入WTO的公平开放等承诺，中国不断下调进口关税，货物关税水平由2001年的15.3%降至2010年的9.8%，并进一步开放外贸经营权，激发各类企业开展贸易的积极性，从而大幅度提高了民营企业和外商投资企业进出口总额占全国进出口总额的比重。

得益于贸易市场的全面开放和贸易体制改革，中国对外贸易的发展潜能得到充分释放。2000年，中国贸易进出口总额仅39 273亿元，其中出口总额20 634亿元，到2008年进出口总额攀升至179 921亿元，实现了8年间增长3倍多的奇迹，出口总额更是在8年间增长了将近4倍。目前，中国贸易进出口总额已从1978年的世界排名第26位跃升至第1位，中国成为全球最大的出口国和第二大进口国。此外，对外贸易2005年和2006年的净出口总额对中国GDP的贡献度分别达到了10%和14%的高点，远远超过通常意义上正负5%的合理区间，可见高速发展的外贸也成功带动了中国经济的腾飞。

三、入世加速金融体系改革，助推中国经济发展

中国金融业全球化吸引了众多国际资本涌入，为中国加速发展提供多元化、低成本资金支撑。同时，境外金融机构的加速引入，带来了先进经验，持续推高中国金融机构经营效率，助力金融业自身繁荣，提升其对实体经济的服务能力。

1. 引入国际资本，为中国经济腾飞配足弹药

自 1994 年开始，中国经济发展就步入了快车道，持续多年的经济快速增长对外资企业有着巨大的吸引力。在加入 WTO 之前，商品出口是中国吸引外资注入的主要途径，中国可以将加工生产的商品销向境外，但在长期贸易保护制度的影响下，境外商品却难以进入境内市场，且外企无法享受国民待遇。可见，在政策限制下，外商的投资意愿难以转化为现实。

加入 WTO 之后，中国取消各种政策限制，逐步加大市场的开放力度，给予外企国民待遇，鼓励外资进入和中国企业向外拓展，于是外资规模空前增长，中国一跃成为全球最大的外商直接投资吸引国。1980 年，中国外资流入量仅 0.57 亿美元，居世界第 57 位；2014 年，中国吸收外资规模已达 1 196 亿美元，超过美国成为世界第一。

外商的投资恰好为当时处于加速发展期的中国提供了资金支持，解决了中国制造业资金不足的问题，带动了中国对外贸易和经济的快速发展。此外，外资的涌入还推动了中国政府职能的转变、管理体系和制度的改革，而先进技术和优秀人才的引进，促进了中国经济转型升级。

引进外资对很多发展中国家来说是一柄双刃剑，像墨西哥、泰国等就是在享受外资带来的发展红利之后，被随之而来的债务和金融危机搞得元气大伤，至今仍未恢复。因此，中国并未对外资开放全部市

场，而是对外资的适用范围严格设限，鼓励外资做实业，但不允许外资掌控国民经济命脉，严格限制国际热钱的流进流出，以保证国内经济的稳定。

2. 提高金融机构经营效率，助推中国金融业发展提速

随着对外贸易快速发展和国际资本快速涌入，我国企业对外资金融服务体系的需求也越发显著。入世之后，中国加大了对外资金融机构的业务领域和合作模式的开放力度，为中国外贸和外资的发展奠定了坚实基础。伴随着外资金融机构和投资者的涌入，中国金融机构的传统体系和制度经历了巨大变革，曾经管理落后、粗放经营的金融机构获得了经营效率和管理水平的提升，过往发展缓慢的金融机构则获得了新的发展契机。

1997 年年底，中国国有商业银行不良贷款率高达 25%，需要核销的死账高达 5 000 亿元，远高于同期 3 170 亿元的资本金；此时，商业银行则因内部控制制度松懈，几乎对所有分支机构失去控制力，违规经营现象严重，经济案件频发。自中国入世之后，外资银行以参股、入股的形式与中国银行展开合作，截至 2008 年中国主要国有、商业银行以及农村合作金融机构共引进境外资本327.2亿美元。此外，中国银行业的公司治理结构也得到有效改善，境外投资者助力银行提升经营管理和风险管控水平，推动中国银行业高效有序发展。

入世在助力中国银行业经营提效的同时，也为中国保险业带来了重大发展机遇。随着中国加入 WTO，中国保险业进入了对外开放过渡期，国有保险公司改革全面启动，《中华人民共和国保险法》也重新修订并发布实施。中国保险业的快速发展，一方面体现为其资产规模大幅增长，2002—2015 年中国保险业总资产增长近 20 倍，保费收入增长了 7 倍多；另一方面体现为保险业市场主体不断丰富，截至2015 年年末，中国产寿险保险公司共计 147 家，其中中资 97 家、外

资 50 家。除此之外，证券、股票等资本市场也在中国金融业全球化的刺激下获得了长足发展。

四、房地产被确立为经济支柱，成为中国经济发展核心动力

1998 年的住房制度改革使得原有的福利分房制度无法保障的住房需求快速释放，同时，中国城镇化的快速发展进一步加快了居民住房需求的增长，叠加 2001 年中国入世后实现的国民收入水平快速提升和城镇化率加速增长，中国商品房需求得到了前所未有的释放。此外，在入世的推动下，制造业等快速全球化的行业对加工工厂、金融中心的需求增加，加之大量外籍员工对住房的需求，商品房需求进一步增长。

除了需求端的刺激，在分税制财政体系的管理下，地方政府的部分财权被中央收回，地方财政收入大幅减少，其对财政收入的支配能力减弱。然而，地方政府的核心考核指标是城市的发展建设，而发展建设对资金投入的依赖性极强，因此地产成为地方政府最佳的融资手段，化身为土地财政实施的重要载体。只有依托地产，地方政府才能完善城市基础设施，图谋更多的产业发展。

在入世后商品房需求升级和地方依托土地财政的双重因素叠加之下，地产行业迎来飞速发展期。国家统计局数据显示，房地产增加值从 2001 年的 4 706 亿元跃升至 2007 年的 13 714 亿元，商品房销售额从 2001 年的 4 863 亿元飙升至 2007 年的 29 889 亿元，其中住宅商品房销售额占比均超过 80%（见图 1-6）。

2001—2007 年，房地产不仅承接着地方民政需求，更是国家拉动内需的最有力工具。1997 年亚洲金融危机之后，"十五"计划将利用房地产拉动内需作为工作重点。2003 年，中国经济又受到非典型

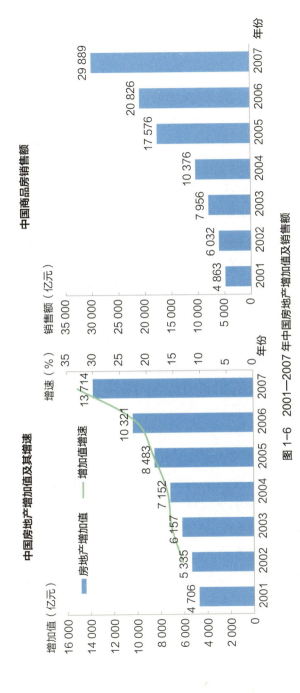

中国商品房销售额

中国房地产增加值及其增速

图 1-6　2001—2007 年中国房地产增加值及销售额

资料来源：国家统计局，明源地产研究院。

肺炎疫情的打击，为了拉动内需以加速恢复经济，房地产被国家赋予了经济支柱地位，自此房地产的发展潜能进一步释放。

所以，这一时期的房地产"多干快上"特征显著，地产规模快速增长。地产给地方政府带来的财政收入促进了地方的产业及教育、医疗等配套设施建设，推动了城市经济的发展，同时拉动内需增长，带动中国经济增长提速。但与此同时，国家也发现了房价持续上涨和局部炒房现象等可能引发的潜在风险，为了保证地产行业的发展秩序，推动中国经济健康发展，2003 年的《中国人民银行关于进一步加强房地产信贷业务管理的通知》、2005 年的《国务院办公厅关于切实稳定住房价格的通知》（以下简称"国八条"）、2006 年的《国务院办公厅转发建设部等部门关于调整住房供应结构稳定住房价格意见的通知》（以下简称"国六条"）等房地产调控举措陆续实施。

第四节
受全球金融危机冲击，中国步入经济新常态

2008 年全球金融危机爆发，引发了自第二次世界大战以来最严重的全球经济衰退，以美国为主的西方国家遭到金融危机的席卷，中国作为已深度融入全球经济的经济体，也遭受了连带影响。过去拉动中国经济增长的主要外向型行业备受冲击，中国逐渐驶离经济高速增长期，进入经济新常态。

在经济新常态中，保证经济的健康稳定发展，比推动经济高速发展更加重要。面对经济增速放缓甚至下行的压力，采用多重短期刺激政策以维持经济基本面只是"缓兵之计"，推动经济结构化改革、维持经济稳定发展才是行之有效的长效机制。

一、全球金融危机下，短期刺激政策促使经济反弹

全球金融危机抑制了中国对外贸易和制造业的发展，对中国金融资产和体系造成一定影响，中国经济增速下滑。对此，中国政府果断出手，通过一系列短期经济刺激政策，快速推动经济复苏，并提高中国在全球经济中的地位。

1. 全球金融危机爆发，对中国经济造成巨大冲击

2008 年全球金融危机爆发，一场金融海啸席卷全球，世界经济增速放缓，美、日、英等发达国家经济出现负增长，各国进出口需求迅速下滑，世界贸易发展受到显著抑制。以 2008 年为节点，世界贸易增速从世界经济增速的两倍甚至以上，断崖式下跌至世界经济增速之下。

对于已经深度融入全球经济的中国而言，出口贸易额的大幅缩水，又进一步波及带动中国经济快速腾飞的制造业，大批制造企业的倒闭，不仅增加了全社会的就业压力，更对中国的经济增长造成巨大冲击。全球金融危机在冲击中国出口贸易和实体经济的同时，也波及中国金融体系：一方面，我国金融机构和投资者持有部分境外次贷资产，中国银行还涉及为雷曼兄弟提供无抵押贷款，这些对我国资金造成了直接损失；另一方面，美国为应对全球金融危机带来的经济大萧条，采取的量化宽松的货币政策，导致美元持续贬值，这令持有大量美国债券的中国遭遇了国际储备资产的缩水。

全球金融危机对拉动中国经济的出口、制造业、金融业均造成一定程度的冲击，中国出口贸易总额从 2008 年的超 10 万亿元下跌至 2009 年的约 8 万亿元，外商对中国的直接投资从 2008 年的 924 亿美元降至 2009 年的 900 亿美元（见图 1–7），这些变化均直接影响了中国经济的增长，使得我国经济增速从 2007 年 14.2% 的高点降至

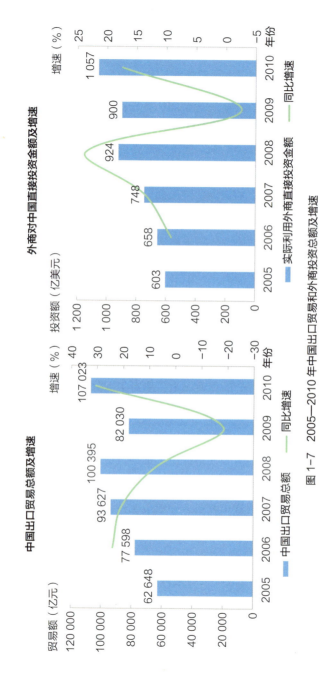

图 1-7 2005—2010 年中国出口贸易和外商投资总额及增速

资料来源：国家统计局、明源地产研究院。

　　中国房企新战略

2008 年的 9.6% 和 2009 年的 9.3%。然而，在外部环境导致经济增速回落的同时，中国还承受着物价涨幅维持高位的压力。面对内外部的双重压力，如何推动中国经济快速恢复并实现健康稳定发展成为这一阶段的重点。

2. 中国出台突发危机应对举措，拉动经济短期反弹

面对突如其来的全球金融危机以及国内经济形势的变化，中国政府在 2008 年年中，将 2007 年年底为防止经济过热和物价膨胀提出的"双防"经济政策方针，即"防止经济增长由偏快转为过热、防止价格由结构性上涨演变为明显的通货膨胀"，调整为"一保一控"的经济宏观定调，即"保持经济平稳较快发展、控制物价过快上涨"，以防止经济增速的快速下滑。

然而，到 2008 年年底，全球金融危机持续发酵，中国经济增速持续大幅下滑。为此，中国迅速出台一系列政策加强应对。2008 年 11 月，中国政府提出进一步扩大内需、促进经济平稳较快增长的十项措施，计划两年内增加约 4 万亿元投资，重点投向"三农"、保障性安居工程、交通等基础设施方面。2009 年年初，我国启动钢铁、汽车、船舶、石化、纺织、轻工等十大产业振兴规划，以遏制和扭转工业增速下滑。这十大产业均是中国国民经济的支柱产业、战略性产业或重要的民生产业，其中九个产业工业增加值占中国工业增加值的比重约为 80%。同时，为了支撑和刺激经济发展，我国实行适度宽松的货币政策，自 2008 年年底开始连续多次降息降准，促进货币信贷稳定增长。从一系列举措到十大产业振兴规划，中国政府不断完善和充实应对金融危机的举措，并逐步形成了应对国际危机的一揽子经济计划，后来，这一揽子经济计划被一些媒体和经济人士解读为"四万亿计划"。

一揽子经济计划的推行，对中国经济的刺激立竿见影，中国快

速扭转经济下行趋势，实现经济 V 字形反弹。一揽子经济计划将2009 年一季度仅为 6.4% 的中国经济增速，迅速拉升至 2009 年二、三、四季度的 8.2%、10.6% 和 11.9%，其中，产业振兴规划也成功推动了中国工业复苏，使得工业增加值增速从 2009 年的 9.1% 升至2010 年的 12.6%。经济的回暖也稳定了就业，2009 年和 2010 年城镇就业人口分别增加了 1 219 万人和 1 365 万人，并自此保持较高增长（见图 1–8）。此外，中国对全球金融危机的有效应对，也一定程度将"危"转化为"机"。作为全球率先复苏的主要经济体，中国在全球经济中的地位快速提高，并于 2010 年超越日本成为世界第二大经济体。

3. 深化金融体制改革，防患金融风险，但房地产金融化程度加深

由于前期的外汇储备注资、境内外公开发行上市的股份制改革等举措，中国银行业有充足的资本金和较强的信贷投放能力，金融业整体抗风险能力有所提升，经受住了金融危机的冲击。但是，为了主动防范化解金融风险，我国金融体制在这一时期也进行了深化改革，宏观审慎管理框架逐步建立健全。从 2008 年年底开始，中国在国际金融领域开展了一系列密集行动，朝着符合全球化金融治理体系目标的方向加速推进。

2008 年年底至 2009 年 3 月，"人民币国际化"加快推进。一方面，中国与六个经济体签署了总额 6 500 亿元的本币互换协议；另一方面，中国开始加快人民币在跨境贸易结算中的试点工作。此外，利率和汇率市场化改革有条不紊地推进，"资本项目可兑换"在逐渐扩大，同时，多层次资本市场建设加速推进，直接融资的比例有所提高，债券市场快速发展。

2008—2013 年，在"四万亿计划"形成的流动性盛宴之下，股市和房地产市场成为社会流动资金的蓄水池，股票交易额和商品房销售额也随着 M2（广义货币）供应量增速的变动而变动，股市与楼市

中国城镇就业人口增加值

中国 GDP 季度实际值及增速

图 1-8 中国 GDP 季度变化趋势及城镇就业人数年度变化趋势

资料来源：国家统计局、明源地产研究院。

伴随货币周期同向波动。在此期间,中国房地产金融化程度加深,金融属性增强,商业性房地产贷款余额占金融机构各项贷款总额的比重平稳上升,房地产逐渐成为大类资产投资配置的重要标的,房地产与金融交叉融合的广度和深度不断地扩大和深化。

房地产金融供给端的主体力量也发生了结构性变化。"四万亿计划"使得信贷需求大幅增加,而银行表内信贷受监管规则的限制难以满足信贷需求的激增。在 2009 年房价过快上涨之后,2010 年宏观调控收紧,银行进行表外放贷的动力进一步增强,影子银行机构成为银行表外放贷的合作通道,信托、非标资管产品等影子银行业务走上扩张的道路,这也给国家防范系统性金融风险带来了新的挑战。

二、中国经济增速换挡,进入结构调整阵痛期

应对全球金融危机的一揽子经济计划虽然拉动了中国经济增长,但毕竟是应对紧急危机的短期刺激政策。中国经济在经历增速快速反弹后,又立即步入了增速放缓的换挡期,缺乏深化改革、存在结构性矛盾、地方债务积累等问题越发凸显。在这个阶段,中国宏观经济失衡逐步由以总量性失衡为主转向以结构性失衡为主。

1. 中国经济增速换挡,结构性矛盾凸显

在全球金融危机影响下,中国经济增速在 2008 年遭遇断崖式下跌,又在一揽子经济计划的推动之下,自 2009 年下半年开始强劲回升,至 2010 年重回两位数。然而,应对金融危机的一揽子经济计划只是面对经济"黑天鹅"事件的应急响应举措,对经济的短期提振有所助益,但无法解决中国经济越发突出的结构性矛盾,甚至一定程度加重了这种经济结构失衡。于是,自 2011 年开始,中国经济增速持续下滑,从过去两位数高速增长回落到个位数增长。这一时期,经济

增速放缓、结构性矛盾突出成为中国经济的主要特征。

经济增速放缓主要体现在中国经济开始从高速增长通道转入中高速增长通道，进入增速换挡期。中国经济增速放缓主要缘于国际经济格局深刻调整导致的外部需求常态萎缩。在后金融危机时代，多个国家为振兴本国经济，纷纷采取贸易保护主义政策，掀起了反全球化的浪潮，从而导致我国的出口需求下滑以及对外贸易成本增加。同时，发达国家为推动经济发展，将"再工业化"作为重塑竞争优势的重要战略，发出向实体经济回归信号，中国出口贸易环境进一步恶化。此外，中国 16～59 岁的劳动年龄人口自 2012 年开始逐年减少，人口红利逐渐消失，生产成本不断提高。

越发凸显的结构性矛盾既是时代特征，也是制约经济发展的重要因素，而其产生的根源是供需结构的失衡。一方面，在外需不足的影响下，中国出口贸易额快速下滑，纺织、鞋帽、箱包等低端产业的产能出现全面过剩。同时，2008 年和 2009 年启动的一系列举措及十大产业振兴规划，致使中国钢铁、有色金属、化工等第二产业的产能过剩。另一方面，中国经济的供给以低端消费和低端出口需求为主，然而随着中等收入群体增加和中高端消费需求扩大，中国低端产品过剩和高端产品供给不足的矛盾显现。纵观中国产业结构，我们不难发现：从劳动力分配角度来看，第一产业劳动力过剩，2008 年第一产业就业人数约为第二产业的 1.5 倍和第三产业的 1.2 倍；从收入比重角度来看，第二产业发展过剩，2009 年第二产业增加值超过第三产业逾 1 万亿元，而第三产业却发展不足。

除了经济增速放缓和结构性矛盾凸显的问题，这个时期也面临着金融风险的不断累积。在 2008 年启动的宽松货币政策和一系列金融刺激政策的影响下，中国货币超量供应，地方政府和民间债务增加，2009 年和 2010 年实际信贷规模达到 18 万亿元左右，造成流动性过剩问题，推高了通货膨胀风险。

2. 中国经济进入"稳增长、调结构"的新常态

在 2011 年开启的中国经济增速换挡期中，曾经长期支撑中国经济高速增长的投资需求、工业产能、生产要素显得越发乏力，难以化解中国经济结构性矛盾突出、金融风险积累等问题。在投资需求方面，扩大投资规模在应对 1997 年和 2008 年的金融危机冲击时，对经济拉动作用显著，但是随着传统产业产能接近或达到上限，仅通过增加投资已经难以扭转经济下行趋势。在工业产能方面，制造业作为曾经拉动经济的重要动力，在传统产业市场需求逐渐饱和的背景下，难以通过扩大产能带动经济增长，甚至会加剧重复生产和产能过剩导致的结构性矛盾。在生产要素方面，随着劳动年龄人口逐年减少，依靠生产要素的大规模投入支撑经济的道路也越发难行。

面对传统的经济拉动模式动力不足的现状，中国经济增长亟须注入新动能。于是，2012 年 11 月召开的中共十八大明确提出"根据我国经济发展中结构失衡问题依然比较突出的现实和转变经济发展方式的基本要求，推进经济结构战略性调整是加快转变经济发展方式的主攻方向"，自此拉开了中国转方式、调结构攻坚战的序幕。中共十八大明确了中国经济转变滞后的原因是经济结构不合理，并将改善需求结构、优化产业结构、促进区域协调发展、推进城镇化作为未来工作重点，以加快传统产业转型升级、推动服务业加速发展为切入点，着力解决经济存在的重大结构性问题，实现经济持续、健康、稳定发展。

随着经济结构调整的有序推进，在 2013 年 12 月举行的中央经济工作会议上，习近平总书记提出中国经济发展进入新常态，并在 2014 年首次系统阐述了新常态的三个显著特征：经济增速从高速增长转为中高速增长，经济结构不断优化升级，发展动力从要素驱动、

投资驱动转向创新驱动。[1] 此后，经济新常态就频繁出现在各类政府工作报告和政府会议上。2015 年年底，中国政府在优化经济结构调整、推动经济稳定发展之路上持续发力，提出去产能、去库存、去杠杆、降成本、补短板的"三去一降一补"政策，推动供给侧结构性改革。供给侧结构性改革从提高供给质量出发，用改革的办法推进结构调整，以更好地应对经济发展不平衡、不充分的问题。

3. 助推经济稳定及结构调整，房地产步入调控新周期

在经济新常态时期，产业升级和经济结构转型是经济发展重点，经济增长从数量型增长向质量型增长转变。在经济快速增长的上一个发展阶段，地产行业作为拉动内需的经济支柱和地方土地财政的重要支柱得到快速发展。而应对全球金融危机的经济刺激举措进一步加速了中国房地产的发展，使房地产逐渐偏离满足居住需求的本质属性，成为居民越来越重要的储蓄和社会资本投资的渠道。

2008 年，地产行业迎来了开发面积的高速增长，但此时居民的住房需求已经一定程度得到满足，于是自 2010 年开始商品房住宅待售面积大幅攀升。国家统计局数据显示，2013 年商品房住宅待售面积为 2010 年的 2 倍，中国的家庭户数与商品房的比值也超过 1∶1，但住宅新开工面积增速却并未回落，房地产市场供给过度带来的供需错配问题凸显。在房地产市场供过于求的背景下，房价却迎来一波又一波的快速上涨，2015 年甚至出现了房价指数与经济增长相背离的情况，即经济持续下行，房价却不断上涨。这种房价上涨态势会一定程度抑制消费需求，挤压实体经济发展，不利于中国经济的结构性调整。

为了实现"稳增长、调结构"的经济发展目标，中国政府开始了

---

1 资料来源：人民网，http://politics.people.com.cn/n/2014/1109/c1001-26000293.html。

对房地产的高频调控，房地产业正式进入调控新周期。在这个时期，房地产业虽然存在供需错配和过度引资的问题，但仍是拉动中国内需增长的有效途径，是经济增长的重要支柱产业，所以整体调控相对温和，以调为主、以控为辅。具体来说，国家在经济萎靡时适当刺激地产以拉动内需，在地产过热、房价过高时加大调控以稳定发展，并持续推动房地产业结构调整和优化。例如，面对 2009 年和 2010 年的房价暴涨，国家制定"新国十条"[1]等多项调控措施遏制房价上涨，在 2014 年宏观经济下行压力下，出台"930"新政[2]，并在 2015 年提出"去库存"调整和优化房地产业结构。可见，这个调控新周期既是房地产史上首个频繁调控期，也是调控与刺激政策的并行期。

第五节
内外部环境剧变，经济开启高质量调整

中国经济在经历了以改革为标志的起步阶段、内力推动的快速发展阶段、外力助推的加速发展阶段，以及外力冲击形成的波动阶段之后，全面迎来了内外部矛盾加剧的稳步增长阶段。2016—2020 年，我国经济结构失衡和增长动能不足等内在问题越发凸显，逆全球化和中美贸易摩擦等外部问题持续发酵。因此，优化经济结构、提高发展质量、加速创新驱动成为我国本阶段发展经济和应对国际问题的核心举措。在此期间，地产行业开启了持续升级调控的新征程，旨在以更

---

1 "新国十条"，指《国务院关于坚决遏制部分城市房价过快上涨的通知》。
2 "930"新政，指《中国人民银行 中国银行业监督管理委员会关于进一步做好住房金融工作的通知》。

稳定和健康的发展姿态支撑中国经济走向高质量发展之路。

一、中国经济从"速度至上"转向"质量为先"

上个阶段末期，各类政府会议就提出了"稳增长、调结构"的思路，这预示着经济的增长速度已不再是政府关注的重点，取而代之的是通过长周期的调控推动中国经济的高质量平稳发展。如果说上个阶段末期是经济"稳增长、调结构"的理念启蒙时期，那么这一时期就是该理念的全面落地时期。

1. 面对发展问题，"十三五"定调稳增长，"十九大"聚焦高质量

在过去中国经济快速增长的阶段，投资和出口是主要拉动力。而今，在投资方面，地产、基建、制造业三类投资在经历多年的高速增长后都趋于疲软。在出口方面，随着中国的全球化进程步入常态化阶段，刚加入 WTO 时依靠出口一举拉动 GDP 的情形一去不返，叠加欧美国家经济萧条的影响，中国传统贸易模式的增长优势已不如当年。可见，传统的经济驱动力大都陷入了增长困境。为了走出经济增长困境并保障经济持续向好，中国必须寻找新的发展动能并升级原有经济驱动力。在这一形势下，如果仍旧执着于经济增速，而不注重解决导致经济增速下行的内在问题，中国经济就极可能陷入"中等收入陷阱"。

鉴于此，2016 年出台的"十三五"规划纲要，将经济增长目标设定为保持中高速增长，并将经济增速目标从一个具体的数值变为一个支持上下浮动的数值区间，尝试在政治追求和经济发展之间找到平衡。同时，"十三五"规划纲要将深化供给侧改革作为"十三五"期间发展主线，将做好"三去一降一补"五大任务作为重点，并强调用改革的办法推进结构调整和市场机制构建等，全面推动中国经济结构

调整。此外，"十三五"规划纲要还将创新在国家发展中的地位提升到了崭新的高度，把创新定义为引领发展的第一动力，强调深入实施创新驱动发展战略，从而为中国经济发展注入新动能。

2017 年，中共十九大进一步明确指出"我国经济已由高速增长阶段转向高质量发展阶段"，并将发展方式转变、经济结构优化、增长动力转换作为推动经济高质量发展的三大核心推动力。发展方式转变体现为从原本偏粗放式的发展方式向集约化、高质量的发展方式转变；经济结构优化则侧重借助供给侧改革实现产业结构、产品结构、所有制结构等优化；在增长动力转换方面，十九大报告将创新定义为引领经济发展的第一动力和建设现代化经济体系的战略支撑，提出加快发展先进制造业、推动互联网和大数据等技术与实体经济深度融合的战略举措。

在国家政策的指引下，2016—2020 年，中国经济发展脱离了低质量、高速度的快车道，驶入注重质量提升的稳健型中高速车道。从 GDP 增长数据来看，2016—2019 年，中国 GDP 增速连续四年保持在 6% ~ 7% 之间，实现了从高速增长到稳增长的转变。从经济结构优化和增长动能转换来说，2016—2020 年，我国不仅在供给侧改革中取得长足进步，而且在科技创新领域成绩显著。

2. 供给侧改革全面深化，落地成效显著

供给侧改革是指从生产领域加强优质供给、减少无效供给、扩大有效供给，推动供给体系与变化的需求结构之间的灵活适配。从内需的角度来说，在经济快速发展和城镇化不断推进的过程中，我国居民的需求发生了较大改变，从温饱型需求转向改善型甚至享受型需求，消费水平和消费能力也在不断升级。与此同时，供给端却仍停留在满足居民的过往需求上，无法适应居民需求的变化，造成了无效供给，导致了资源浪费等一系列负面连锁反应。所以，供给侧改革是提升经

济质量、实现经济结构优化的最强抓手。

供给侧改革包括去产能、去库存、去杠杆、降成本、补短板五大任务，即"三去一降一补"。具体来说，第一，以煤炭和钢铁为突破口，淘汰经济效益较差和长期依靠银行贷款与财政补贴度日的过剩或落后的产能，并将过程中释放出来的资源投入产业的转型升级。第二，通过落户、房改、调控等多项举措化解房地产库存，同时抑制房地产市场泡沫。第三，以清债务、防风险为重点，避免用较少投入撬动大量资金来扩大企业规模的做法，防范与化解企业和地方政府的债务等金融风险。第四，通过降低企业税费等一系列惠企政策，降低实体企业成本，提升中国企业成本比较优势。第五，通过加快技术创新、提高投资有效性等举措，着力扩大有效供给。

经过五年的沉淀，供给侧改革已得到全面深入实施，改革成效也非常显著，经济结构实现调优。从 2015 年到 2019 年，中国第三产业增加值占 GDP 的比重从 50.8% 提升至 53.9%，中国经济向高质量发展加速迈进。

3. 创新业态加速发展，新旧动能转化提速

"十三五"规划纲要和十九大报告均对创新赋予了极高的定位，那么这五年间，我国创新业态获得了怎样的发展呢？从创新投入来看，2019 年我国研发经费支出较 2015 年增长 56.3%，占 GDP 的2.23%，超过欧盟平均水平，研发经费投入总量跃至世界第 2 位，创新指数位居世界第 14 位。从创新成果来看，2019 年我国发明专利授权量居世界首位，每万人口发明专利拥有量在五年内实现翻番，国际科技论文数量和国际科技论文被引次数均位居世界第 2 位，在量子信息、铁基超导等领域取得重大原创成果。

技术和模式的创新助推了制造业、服务业等产业的转型升级和提质增效，加速了新旧动能的转化。在服务业方面，2015—2019 年，

中国信息传输、软件和信息技术等新兴服务业年均增速高达 19.4%，成为助推服务业持续增长的新动能。在工业生产方面，2019 年我国规模以上工业增加值同比增长 5.7%，其中高技术制造业和战略性新兴产业增加值分别比上年增长 8.8% 和 8.4%，增速分别比规模以上工业快 3.1% 和 2.7%。此外，新基建、新能源汽车、"互联网＋"共享经济等创新产品和业态的不断涌现，为经济增长和结构调优源源不断注入新动能。

虽然创新对中国经济的拉动效果已显现，但它仍处于发展的较早期阶段，存在各类亟待解决的问题，创新驱动的红利尚未完全释放。总之，创新是一个持续发力的过程，在未来的中国经济增长之路上仍有巨大的探索和发展空间。

二、逆全球化现象显现，加速中国经济结构转型

2016—2020 年可谓是一个内外矛盾交织的时期，在中国政府致力于解决内部经济结构矛盾的同时，全球经济体系也是波折不断。在此期间，逆全球化现象逐渐显现，中美贸易摩擦快速加剧，突如其来的新冠肺炎疫情更是将国际问题和中美矛盾推向"风口浪尖"。在恶劣的外部环境下，实现稳步发展、推动全球经济复苏，成为这一阶段中国经济发力的重点。

1. 经济全球化遭遇逆流，疫情加剧逆全球化势头

近些年来，逆全球化势力抬头，贸易保护主义蔓延，对全球贸易和投资造成直接冲击。在全球贸易方面，2019 年全球贸易增速由 2018 年的 3.9% 回落至 3.7%。在全球投资方面，全球外商直接投资自 2016 年开始连续三年大幅下降，2018 年全球外商直接投资同比下降 13%，降至 1.3 万亿美元。新冠肺炎疫情让本就胶着的经济全球化

态势再次受到了重击，各国经济遭受重创，失业人口急剧增加，民粹主义和贸易保护主义再次抬头，逆全球化现象进一步显现。

全球经济态势的震荡对已经深度融入世界经济的中国影响显著。中国在全球经济中扮演的角色在发展过程中逐渐衍变，从刚入世借助全球需求拉动本国经济的角色，转变为全球经济发展不可或缺的重要组成部分。因此，在外部环境不确定性增强的背景下，中国加速推动内部经济结构升级和发展动能转型愈加迫切。

2. 中美贸易摩擦持续升级，核心聚焦高科技领域

美国和中国作为世界第一和第二大经济体，两者之间的关系不仅是全球经济的风向标，更对中国经济发展有着巨大的影响。2018 年，中美贸易摩擦越演越烈，其竞争的核心在于科技，包括 5G（第五代移动通信技术）、机器人、人工智能等高端技术领域。

由于中美高科技领域的脱钩，中国对高科技发展的诉求会空前强烈。英国智库皇家国际事务研究所的报告也认为，脱钩会降低中国对外部世界的经济依赖度，而且有可能迫使中国在技术自主上投入更多。换句话说，中美高科技产业的脱钩，将加速提升中国对高科技产业的重视度和投入度——这也正是我国结构化改革的题中之义，即促进高技术含量、高附加值、具有国际竞争力的产业的发展，在全球产业链上不断向上攀升。总体而言，科技和创新对于中国来说，不仅是保证国际地位的重要武器，更是调整经济结构和挖掘新动能的核心抓手。

三、经济增长动能转换，地产调控成主旋律

历经多年的高速增长，近年来中国经济的增长步伐开始放缓。对于地产行业而言，此前被高速增长掩盖的种种问题逐渐暴露出来。其

一，区域发展不平衡，房地产市场加速分化。一线和热点二线城市房价持续攀升，供不应求问题严峻，高房价问题成为舆论焦点，而绝大部分三、四线城市却面临极大的去库存压力，房价长期低迷。其二，房地产偏离居住属性，房地产市场乱象频生。不少人片面地将住房视作投机炒作与赚钱牟利的工具，地产的投资属性、金融属性被不断强化，而过度金融化又对实体经济发展和社会阶层流动造成极大的负面影响。其三，产业空心化问题突出，拖累经济结构转型。长期以来，违背地理优势原理和产业规律的产业新城建设造成了大量无效用地，产业园区内部无法植入真正合适的产业内容，导致长期空置或产能过低，更无法促进就业增长和经济转型。

自 2016 年起，在经济结构优化和动能转换成为核心目标的背景下，地产行业作为曾经带动经济的核心引擎，开始面临大刀阔斧的整治，脱去了高速发展的外衣，进入强化调控和治理时期。针对三、四线城市，2015—2020 年国家陆续推出了两个"三年棚改攻坚计划"，通过棚改货币化安置等手段，化解房地产库存。针对房价过热的一、二线热点城市，在 2016 年"930"新政出台之后，调控持续升级且成为常态化机制，从"五限"政策到金融端"三道红线"、土地端"集中供地"政策，政策堵漏洞、补缺口，多管齐下，严格程度远超以往。

整体而言，在内部经济结构转型、外部中美贸易摩擦常态化的新环境下，中国经济增长的核心动能将从地产加速切换为高科技产业。国家"控地产、保产业"的决心也不容动摇——在 2020 年新冠肺炎疫情对中国经济冲击如此巨大的形势下，地产调控依然没有丝毫的放松，就足以证明这一点。但是，我们也需要看到，作为国民经济的重要领域，地产尽管不再是经济加速器，但仍是重要压舱石。

第六节
面向未来，中国经济增长的动力何在

　　站在 2021 年展望未来，中国经济增长趋势如何，增长动力何在？我们认为从文化、人口、科技、经济等维度来看，未来中国经济仍有巨大增长动力，仍能在较长时间内保持快速增长。

一、文化基因：儒家伦理价值观赋予经济发展底层动力

　　文化是一国经济发展的土壤，而文化的先进或落后在于一国的经济基础。中华文化的内核是儒家以"仁"为核心的伦理价值体系，这种以"仁"为核心的伦理价值体系数千年不变，所以任社会经济和政治组织方式不断变化，中华文化却能数千年绵延不断。

　　从历史演变来看，作为上层建筑的儒家文化是随着时代、环境的不同而不断调整、创新，以适应新的经济基础的需要的，而不是成为制约经济发展的障碍。儒家文化靠人们代代传承下来，成为中华民族的核心伦理价值观，时至今日，其体现在对底层社会思潮的塑造上，强调任重道远的责任心，强调人对社会的积极责任，强调家族对智慧和财富的持续追求。

　　放眼历史长河，改革开放以来中国经济发展的历程并不长，人们依然有强烈的改变生活、改变命运、追求美好生活的愿望，吃苦耐劳的精神仍在传承。从这些角度而言，在儒家文化基因的指引下，未来中国经济仍有巨大增长动力。

二、规模优势：超大规模市场，令经济发展动能仍存

要论规模，中国具有绝对的优势。改革开放初期，中国充分利用庞大的人口规模以及劳动力和土地价格都较低的比较优势，从比较初级、简单的出口加工行业做起，吸引了很多低端制造业向中国转移，在这个过程中迅速地完成了最初的资本积累。

随着经济的增长和配套设施的完善，当下的中国已经具备了超大规模的基础设施、发达的物流能力、完备的产业链，而且绝大部分中国人都有着强烈的改变生活、改变命运的愿望，这就带来了超强的发展动力。

在外贸领域，由于中国所承接的需求是面向全球的，所以下游的承包方也是面向全球市场生产的。在内贸领域，网络平台、电商的出现，再加上中国的超大规模人口，使得任何看似需求极低、很少有人会买的产品，在中国都能找到市场。

三、经济增长：唯有彻底完成工业化，经济增速才会放缓

自 2010 年以来，中国经济增速开始连续数年下滑，这也是改革开放以来我国经济增速首次出现这么长时间的下滑。那么，我们能由此判断中国经济增长前景不乐观吗？其实不然。

首先，相比发达国家 2% 左右的普遍增速，中国 6% 的经济增速并不低。我们进一步分析自 2010 年以来中国经济增速放缓的原因。从内部来看，中国经济体制机制、增长方式、发展模式的确存在问题，这一点不可否认。但是，从外部对比来看，同一时期与中国发展程度相当的经济体 GDP 增速也同样在下滑。Wind 统计数据显示，巴西从 2010 年的 7.5% 下滑到 2019 年的 1.4%，印度从 2010 年的 10.3% 下滑到 2019 年的 4.0%，同时，韩国、新加坡等高收入经济体的经济

增速也在大幅下滑（见图 1–9）。由此可以判断，自 2010 年以来的中国经济增速下滑主要是由外部性、周期性的原因造成的，是大的国际环境不景气导致的，因为发达国家还没有从 2008 年的全球金融危机中彻底恢复，其需求仍没有完全复苏，抑制了世界贸易。

其次，中国仍然是发展中大国，工业化还在进行中，经济增长仍有巨大空间。中国有着庞大的国土面积和人口体量，至少还需要 15～20 年，才能完成整个国家的工业化过程。从世界经济发展规律来看，只有彻底完成工业化，已经起飞的经济体的经济增速才会平缓下来。

最后，从内需来看，中国经济增长仍有大量机会。比如基建，中国的基础设施与发达国家还有很大差距，反而有很多高质量的投资机会。同时，随着劳动力资源越来越稀缺，以及资源禀赋结构逐步向发达国家靠近，中国开始更新发展方向，向产业链上游攀升。从这个角度而言，中国未来的经济增长仍有新的动力。

四、全球枢纽：中国占据世界经济枢纽地位

过去，世界经济秩序是以西方世界为中心的，是一个"由中心到外围"的结构。而伴随着中国经济的发展，中国成为连接西方国家与其他非西方国家的枢纽。

在新的世界经济秩序结构中，中国与西方国家之间的经贸关系构成第一个循环，即中国向西方国家出口制成品，从西方国家引进技术、资金以及各种高端服务业；中国与其他非西方国家之间的经贸关系构成第二个循环，即中国向这些国家进口原材料、出口制成品（见图 1–10）。

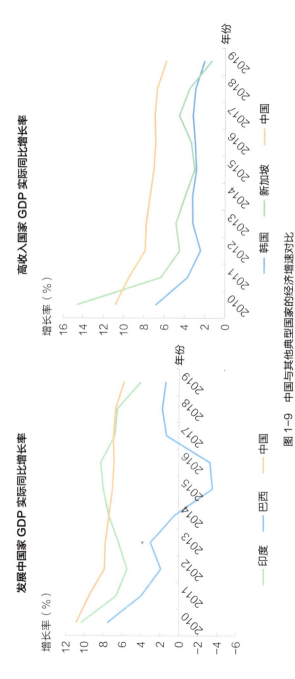

图 1-9 中国与其他典型国家的经济增速对比

资料来源：Wind，明源地产研究院。

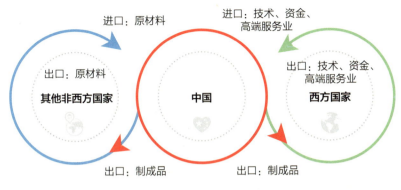

图 1-10　世界经贸格局示意图

　　那么，中国是如何确立世界经济枢纽地位的？正如前面所谈及的，自 20 世纪 90 年代以来，随着创新经济发展和制造业外包，西方国家逐渐开始去工业化，主打高端服务业，而高端服务业不需要原材料，只有制造业尤其是中低端制造业才需要原材料。但一些外围发展中国家的优势就是原材料，因此，西方国家就不再直接和这些原材料国家发生经贸联系了。由于中国等东亚国家承接了西方国家的产业转移，这些发展中国家就只能和东亚集聚区的国家尤其是中国进行贸易，中国因此成为世界经贸格局中的枢纽。

　　也许你会问：近些年来中国的中低端制造业向其他国家转移，中国的枢纽地位会不会因此而动摇？我们想说的是，中国目前出现的制造业转移，并不是真正意义上的转移，而是整个供应链网络在东亚内部的重构，相当于这个供应链网络的半径扩大了。这个供应链网络的范围已经超出中国，以环中国海地区的整个东亚为单位，但仍然是以中国为中心的。中国从其他东亚、东南亚国家和地区大量进口零部件、半成品，在中国完成总体组装，再向全世界出口，整个东亚被整合为一个巨大的制造业集聚区。虽然有些企业在搬家、转移，但它们只是在改变自己在供应链当中的位置以及地理布局，整个供应链网络作为一个整体，并不会受到根本性的影响。中国以压倒性的产业规模以及完整的产业结构，使得这个供应链网络的中心始终在中国。

　　更进一步来探讨，未来以中国为中心的东亚制造业网络，会不会被其他地区取代？参考外交学院世界政治研究中心主任施展的观点[1]，由于供应链的规模效应，在可预见的未来，除非出现某种今天完全无法想象的新技术，否则没有什么新的制造业集聚区能够崛起与东亚进行全面竞争。中低端制造业向以中国为中心的东亚集聚区的转移，在这个意义上是终局性的。所以，供应链生态始终以中国为中心，中国的枢纽地位很难被取代，中国经济增长仍有很大的势能。

五、科技发展：技术可能性转化为现实经济增长率

　　从长远来看，生产力水平的提高或经济基础的完善，最重要的是技术的不断创新。18世纪西方经济剧变的关键就在于，第一次工业革命以后技术创新速度的不断加快。中国作为一个发展中国家，要持续快速发展经济，最重要的还是进行技术创新，而技术与经济增长的各项决定因素又是相辅相成的。

　　我们知道，经济增长的决定因素包括生产要素、产业结构、技术、制度等。其中，生产要素包括自然资源、劳动力和资本，自然资源基本给定，劳动力增长有限，变动可能性最大的是资本。所以从投入要素来看，资本积累是促进一国经济增长的重要因素。但是，一国的资本积累速度取决于该国技术变迁的速度，只有维持比较快的技术变迁速度，才能在积累资本的同时打破资本回报不断下降的规律，维持较高的资本积累的积极性。从产业结构来看，只有不断进行技术创新，新的高附加值产业部门才会源源不断地出现，而企业在高额利润回报的驱动下，会自发投资这些部门。从制度来看，技术变迁会从不

---

1 资料来源：得到课程——《施展·中国史纲50讲》。

同方面改变经济基础，从而对制度的完善提出要求，因此制度完善仍要以技术变迁为前提。

既然技术创新对经济发展如此重要，那么中国要实现技术创新，应该通过自主研发还是技术引进？根据北京大学林毅夫教授的观点，发展中国家在现代化进程中具备后发优势。[1] 也就是说，依靠从发达国家引进先进的技术和经验，发展中国家可以在较短时间内以较低的成本实现自身的技术创新，从而提高效率，增加资本回报率，并通过快速的资本积累，促进产业升级和经济增长。目前，利用与发达国家的技术差距，以引进技术来实现技术创新，是发展中国家追赶发达国家最好的途径。延续引进技术这条道路，把这些潜在的技术可能性转化成现实的经济增长率。

引进技术，并不意味着中国现阶段就不需要研发。在一些产业和技术上，我国已经处于世界最前沿，这些产业和技术的提升必须依靠自主研发。此外，从国外引进技术和产业时，我国必须根据实际条件进行流程改进，这种流程改进本身也需要研发。如此一来，中国就能在越来越接近世界的产业和技术前沿的同时，逐渐实现产业和技术层面的自主创新。

值得强调的是，美国等西方国家对中国的"打压"在未来一段时间里只会越演越烈，中国对高科技产业的投资力度将前所未有。可以预见，在不久的将来，科技给经济增长带来的红利也将显现。

1　林毅夫.林毅夫：发展中国家要用好后发优势［J］.商周刊，2017，000（015）：32–36.

本章小结

本章我们梳理了自改革开放以来中国经济发展的概貌，呈现了一幅中国经济从封闭到开放的演进图谱，展现了中国经济一步步走向腾飞的道路，由此我们也更加清楚地了解了中国地产行业演进的经济大背景。

1978 年开始的家庭联产承包责任制，是中国农民的伟大创造，也是中国经济全面改革的起点。而后随着农村生产力的解放，以乡镇企业为代表的民营经济蓬勃发展。同时，改革从农村到城市、从对外贸易到金融等各个领域全面铺开。1992 年，社会主义市场经济全面确立。

1994 年的分税制改革拉开土地财政大幕，各地开发区建设如雨后春笋。恰逢西方制造业开始大规模外包，中国抓住机遇，加速发展制造业，并涌现了大量极度专业化的中小民营企业，兼顾效率与弹性的供应链网络逐步形成。

2001 年加入 WTO，为中国长达 15 年的贸易谈判画上圆满句号。得益于贸易市场的全面开放和贸易体制改革，中国深度融入全球产业链体系，对外贸易的发展潜能得到充分释放，制造业开始爆发式增长，经济迎来高速增长期。同时，国际资本纷纷涌入，助推中国金融市场的发展提速。

2008 年全球金融危机爆发，世界各国经济遭受重创，中国概莫能外。在"四万亿计划"的刺激下，中国经济得以短期反弹，但由于世界各国久久笼罩在全球金融危机的阴霾之中，全球贸易复苏仍举步维艰。由此，中国经济开始步入新常态，进入增速换挡期和结构调整阵痛期。

2016 年"十三五"规划的出台,进一步明确了我国注重经济发展质量的总基调,不再一味追求经济增速。2020 年,新冠肺炎疫情的暴发对全球经济冲击巨大,经济全面复苏所需的时间远超想象,逆全球化势力加剧,中国愈加重视对科技产业的投入,不断向全球产业链上游攀升。

在地产方面,从 20 世纪 80 年代的曙光乍现,到 1998 年的住房市场化改革,再到 2003 年确立房地产业的经济支柱地位,地产逐步成为中国经济新的增长点,并成为促进中国经济增长的一股不容忽视的力量。伴随中国经济结构转型的深入推进,地产逐渐告别经济增长核心动能的角色定位,地产调控开始浮出水面并日趋常态化,地产逐步从经济加速器转变为经济压舱石。

自 1978 年以来,中国经济的高速增长堪称世界奇迹。如今,中国经济正以全新的面貌展现在世界的面前。综合中国的文化基因、规模优势、经济前景、枢纽地位以及科技潜力多个维度来看,中国经济增长仍具动力、前景依旧广阔。面向未来,我们坚信,中国经济仍将以蓬勃的姿态向上生长,而在经济仍具巨大增长潜力的背景下,地产发展仍具备底层动力。

第二章　地产演变：

　　　　地产制度、政策、

　　　　房价及需求演化

本章我们将从中观层面分析地产行业的发展演变进程。基于行业视角，地产行业的演变可以细化为制度、政策、房价以及需求四个维度，而这些维度的变化均与中国经济发展变迁息息相关。

　　中国地产行业的发展过程也是相关制度逐步建立和变革深化的过程。改革开放后，各行各业百废待兴，在外来理念、先进制度的影响下，房地产相关制度也从无到有、逐步建立，并在此后几十年的住房改革实践中持续深化和完善，最终呈现出今时今日的面貌。与此同时，国家对房地产的政策定调也随着经济发展的不同阶段而发生变化。如今，地产行业已在复杂的国内外经济环境中，逐渐步入调控新常态。

　　在政策变化之下，房价和需求同样不可避免地发生着变化。住房问题关系民生福祉，因而每一次微小的震荡，都牵动着老百姓的心。我国的房价究竟要往何处去？地产市场需求是否已经饱和？这些问题不仅是大众的困惑，更是房企的迷思。我们将通过一系列分析和论证，给出审慎的答案。

　　本章我们以时间为线索，串联起制度、政策、房价、需求演变背后的关键事件，分析演变原因和走向，并深入挖掘这几大要素的内在联系，梳理出一条清晰的地产发展逻辑线（见图2–1）。房企或可凭

	1994年以前	1994—2000年	2001—2008年	2009—2015年	2016—2020年	2021年及未来
制度、政策	城乡二元土地制度（长期延续）	1994年商品房预售制度 1999年住房公积金制度 1998年房改后获REITs主房发展	2002年土地招拍挂制度 2003年确立地产为经济支柱 2006年10月至2008年9月楼市调控	2008年10月至2010年3月楼市刺激 2010年4月至2014年9月楼市调控 2014年10月至2016年9月楼市刺激	2016年10月至2020年楼市调控持续升级	地产调控常态化 控地产、保产业 基调延续
房价	福利分房 住房供给未给市场化	福利分房试点改革 1998年房改后开始有商品房	房价高速上涨 全国普涨	房价迅速上涨 2013年城市开始分化	一线房价爆发增长 城市加速分化	房价温和上涨 城市持续分化
需求	福利分房 住房矛盾看突出	地产行业起步 房改后需求快速释放	需求全面爆发期	需求旋转上升期	需求稳中有增期 企业开始分化	未来需求稳中有降 企业分化加剧

图 2-1 地产制度、政策、房价及需求演变图

此更准确地理解国家意图，更精准地把握房地产市场发展脉络。

第一节
制度构建：各类房地产制度从无到有并逐步规范

改革开放后，中国经济快速融入世界经济，西方的思潮、理念、制度传入国内，各行各业的制度都在逐步建立并规范化。地产行业的制度也经历了从无到有并逐步规范的过程，住房金融制度、土地制度、税收制度构成了中国房地产制度的三大支柱。制度的构建和完善，对中国地产行业发展产生深刻影响。

一、住房金融制度：逐步建立多层次住房金融体系

中国住房金融体系主要由住房公积金和商业性住房金融构成，以商业性住房金融为主，以住房公积金为辅。除此之外，商品房预售制度也是中国住房金融体系不可或缺的一部分。预售已经成为房企的关键融资手段，预售款也已然是房企开发资金的第一大来源。

1. 住房公积金制度

1991年，上海借鉴新加坡模式，率先建立住房公积金制度。1999年4月，国务院颁布《住房公积金管理条例》，使得住房公积金制度化，此后还进行了多次制度优化。中国住房公积金制度的运作主要有如下特征：一是强制储蓄、低存低贷，单位和职工按工资5%～12%的比例缴存，存款利率为一年期存款基准利率，贷款利率比商业贷款基准利率低2%左右；二是封闭运行、保守投资，公积金

资金池封闭运行，满足贷款和提取要求后，结余资金用于银行存款或购买国债。整体而言，公积金占住房金融的比例很低。

2. 商业性住房金融制度

1998 年房改后，我国就提出了发展住房金融的定调，主要从鼓励消费贷款、降低首付比例、延长个人住房贷款期限、下调住房贷款利率等方面，鼓励住房消费。此外，我国执行差异化个人住房房贷政策，并采取适当的信贷补助，帮助特定低收入群体进入相适应的住房市场，保护与鼓励居民的正常住房消费需求。由此，中国以商业性住房金融为主的住房金融体系基本确立。

3. 商品房预售制度

为了缓解房企资金紧张问题，我国内地借鉴香港经验，于 1983 年由深圳率先引入商品房预售制度。1994 年，我国颁布《中华人民共和国城市房地产管理法》《城市商品房预售管理办法》，正式在全国范围内确立商品房预售制度。预售制度对中国地产行业发展模式带来深远影响，其实质是房企重要的融资手段。自预售制度确立以来，按揭贷款和预售款就成为房企开发资金的第一来源。

二、土地制度：招拍挂成为土地供应主流模式

我国现行的土地制度可以用城乡二元来简单概括，所谓"二元"，即农村土地集体所有、城市土地国家所有。长期以来，农村土地一直被限制转让，而城市逐渐建立了较为完善的土地流转制度，因此形成了巨大的城乡二元差异，也造成了人地错配等一系列深层次问题。

1. 城市土地可流转，农村土地制度改革任重而道远

1982 年《中华人民共和国宪法》规定："城市的土地属于国家所有，农村和城市郊区的土地，除由法律规定属于国家所有的以外，属于集体所有。"由此中国的城乡二元土地制度确立，城市土地制度和农村土地制度呈现出不同的发展特点。

中国的城市土地制度经历了四个阶段的变迁，现已形成较为完善的流转制度。分阶段来看：第一阶段（1978—1987 年），逐步确立城市土地有偿使用制度，以深圳为先导，至 1987 年已有 100 多个城市开始征收城市土地使用费；第二阶段（1988—1995 年），建立城市土地流转制度，1990 年国务院明确城市土地使用权可以采用协议、招标和拍卖三种方式转让；第三阶段（1996—2000 年），建立土地储备制度，政府开始垄断土地供给，在城市土地国有的前提下，土地储备制度要求土地管理部门授权土地储备机构集中管理增量土地和存量土地，统一组织土地开发或再开发，根据土地供应计划分批入市；第四阶段（2001—2012 年），确立土地招拍挂制度。2002 年，国土资源部颁布文件要求商业、旅游、娱乐等经营性用地和商品住宅用地，要以招标、拍卖或者挂牌方式出让国有土地使用权，至此，政府通过土地储备制度垄断土地一级市场，以招拍挂方式出让土地的制度基本确立，并沿用至今。此后，地方政府基本确立了以土地出让收入为主要财政收入来源的发展模式，地产行业也迎来黄金发展期。

在改革开放后的很长一段时间里，农村土地都处于严格限制转让的状态。在 2013 年党的十八届三中全会后，国家推进"三权分置"改革，允许农村集体经营性用地同等入市、同权同价，拉开了中国农村土地制度改革的序幕。此后，中国农村土地制度改革持续深入。2017 年，十九大报告进一步明确提出，要巩固和完善农村基本经营制度，深化农村土地制度改革，完善承包地"三权分置"制度，保持土地承包关系稳定并长久不变，形成所有权、承包权、经营权三权分

置及经营权流转的格局。2019 年,《中华人民共和国土地管理法》修正案明确缩小土地征收范围,允许集体经营性建设用地入市,以"扩权赋能"为基本取向的农村土地制度改革取得重大突破。整体而言,农村土地制度改革虽逐步深化,但仍然任重而道远。

2. 城乡二元土地制度导致人地错配,推高地价、房价

在城乡二元土地制度下,城市国有土地使用权可有偿转让,而农村集体土地必须被转为国有土地才能转让,由此带来两个影响:第一,地方政府垄断土地一级市场;第二,农村集体建设用地难以直接入市,土地资源无法达到最优配置,造成土地闲置和私建小产权房等市场乱象。

改革开放后,部分沿海地区的经济率先发展起来,人口大量涌入,人地错配问题开始显现并日趋严峻,推高热点地区的地价和房价。人地错配具体体现在三个方面。首先,人地分离。国家控制大城市尤其是超大城市人口规模,限制新增建设用地指标,但人口仍源源不断流入收入更高的核心城市,从而导致人地分离。其次,供需失衡。我国长期存在工业用地过多、利用低效的问题,而住宅用地供给稀缺。最后,地区错配,耕地占补平衡制度下东部供地不足。1998 年修订的《中华人民共和国土地管理法》宣布实行耕地占补平衡制度,并长期跨省占补。2017 年,国务院发布的《关于加强耕地保护和改进占补平衡的意见》,提出了"以县域自行平衡为主、省域内调剂为辅、国家适度统筹为补充"的占补原则,允许重点扶贫地区补充耕地指标向发达地区调剂。但耕地占补平衡制度的实施范围大多局限在县域、地级市范围内,因此耕地后备资源不足的东部省份仍难以获得足够的建设用地指标。

3. 人地挂钩、城乡统一、盘活存量是重点改革方向

随着我国经济发展逐步从粗放式向集约化转变，土地制度改革将进一步深化。根据党的十九届五中全会公报和国务院 2020 年年初发布的《关于构建更加完善的要素市场化配置体制机制的意见》，我国将以土地制度改革为突破口，推进土地要素市场化配置，逐步消除城乡二元土地制度，促进生产要素在城乡的优化配置与流动，为促进国内大循环提供动力和保障。

具体来看，中国土地制度将朝以下五个方向演进：第一，人地挂钩的制度更加明确，户籍制度改革与农村集体土地制度改革同步进行，在推动城镇或城市常住人口落户的同时，同步推进农村集体土地用途向建设用途转换，建立健全城乡统一的建设用地市场，让农民享有更多农村土地资源的权利；第二，深化产业用地市场化配置改革，加大土地市场化配置，遏制地价的过快上涨；第三，鼓励盘活存量建设用地，提升土地利用率，适当增加住宅用地占比，削减工业用地比例；第四，完善土地管理体制，实施年度建设用地总量调控制度，增强土地管理灵活性，推动土地计划指标更加合理化；第五，城市和城市群的边界逐步向外延伸，加强中心城市的带动作用，强化城市圈或都市圈建设，向其倾斜政策资源、人口、资金、技术等。

三、税收制度：重增量、轻存量，重交易、轻保有

中国住房的保有和交易环节涉及 10 个税种，呈现"重增量、轻存量，重交易、轻保有"的特征。保有环节涉及房产税和城镇土地使用税两项，目前均对个人非营业住房免征。交易环节涉及增值税、城市维护建设税、教育费附加、地方教育附加、契税、个人所得税、印花税、土地增值税 8 个税种，对首套房、长期持有设置减征条件（见表 2–1）。

表 2-1 中国住房保有和交易环节税种一览

大类	税种	计算	纳税人	减免条件	中央分成比例（%）	地方分成比例（%）
保有	房产税	房产原值 ×（70%～90%）×1.2%；若个人出租，租金 ×4%	持有者	个人非营业住房免征	0	100
	城镇土地使用税	2～20 元/平方米/年 × 实际占用土地面积	持有者		0	100
交易	增值税	营业额 ×5%	卖方	产权证满2年免征	0	100
	城市维护建设税	实际缴纳的增值税额 ×7%（或 5%、1%）	卖方		0	100
	教育费附加	实际缴纳的增值税额 ×3%	卖方		0	100
	地方教育附加	实际缴纳的增值税额 ×2%			0	100
	契税	转让成交额 ×（1%～3%）	买方	90 平方米以下减免，首套房减免	0	100
	个人所得税	纳税所得额 ×20% 或计税价格 ×1%	卖方	满 5 年且为居民唯一住房免征	60	40
	印花税			个人销售住房凭证		
	土地增值税					

资料来源：相关机构官网、明源地产研究院。

- 房产税。房产税是以房屋为征税对象，按照房屋的计税余值或租金收入，向产权所有人征收的一种财产税，其征税范围限于城市、县城、建制镇和工矿区。税基为房产原值减去 10%～30% 后的余值，税率为 1.2%；如果房屋出租，则税基为租金收入，税率为 12%（个人出租税率为 4%）。

《中华人民共和国房产税暂行条例》规定了房产税的五类免征对象，其中包括个人所有非营业用的房产。这项规定使办公楼和商业性用房成为主要征税对象，但两者在全国存量房中市值占比不到20%，面积占比不到10%，且采用历史成本法的房屋余值作为税基，房产增值额未被纳入征税范围。由此可见，我国现行的房产税征税对象范围窄、税基偏小。目前，在地产调控常态化的背景下，房产税的立法和改革工作也有望加速推进。

- 城镇土地使用税。城镇土地使用税是以国有土地或集体土地为征税对象，对拥有土地使用权的单位和个人征收的一种税，其征税范围包括城市、县城、建制镇和工矿区（不包括农村）的国有和集体所有土地。现行城镇土地使用税依据1988年颁布的《中华人民共和国城镇土地使用税暂行条例》征收，采用定额税率，以实际占用的土地面积为计税依据。目前，个人所有的居住房屋及院落用地免征城镇土地使用税。

- 增值税。根据《关于调整个人住房转让营业税政策的通知》，个人将购买不足两年的住宅对外出售，全额征收增值税，税率为5%，税基为销售收入与购房价款之差；购买满两年的住房对外出售则免征增值税。

- 城市维护建设税、教育费附加和地方教育附加。城市维护建设税、教育费附加和地方教育附加属于增值税附加，合计为增值税的12%。城市维护建设税根据1985年颁布的《中华人民共和国城市维护建设税暂行条例》征收，城市税率为增值税的7%，县镇税率为增值税的5%，乡村税率为增值税的1%；教育费附加为增值税的3%；地方教育附加为增值税的2%。

- 契税。契税是以在中华人民共和国境内转移土地、房屋权属的行为为征税对象，向产权承受人征收的一种财产税。契税依据1997年颁布的《中华人民共和国契税暂行条例》征收，根据面积大小和是否首套房差别减征。房屋买卖、赠予、交换均需缴纳契税，契税向买方征收，税率为 1%~3%，计税依据为网签价，网签价过低则采用指导价。

- 个人所得税。根据《关于个人出售住房所得征收个人所得税有关问题的通知》，个人转让自用 5 年以上，并且是家庭唯一生活用房取得的所得，免征个人所得税。不满足免征条件时，个人所得税由卖方缴纳：如能获取房屋原值，则个人所得税 =（计税价格 - 原值 - 相关税费 - 合理费用）×20%；如房屋原值未知，则个人所得税 = 计税价格 ×1%（非普通住宅为计税价格 ×2%）。此外，个人出租房屋也产生个人所得税，按照租房收入的 10% 征收。

- 印花税和土地增值税。印花税是以经济活动和经济交往中书立、使用、领受应税凭证的行为为征税对象征收的一种税。土地增值税是对有偿转让国有土地使用权及地上建筑物和其他附着物产权，取得增值收入的单位和个人征收的一种税。但是根据 2008 年发布的《关于调整房地产交易环节税收政策的通知》，自 2008 年 11 月 1 日起，对个人销售或购买住房暂免征印花税和土地增值税。

纵观我国住房税收制度的发展历程，几次重要调整主要针对的均是居民住房消费和个人二手房交易。例如：1999 年规定"满五唯一"免征个人所得税；2005—2018 年 5 次调整增值税的免税期限；2008 年规定个人首次购买的普通住房免征印花税、土地增值税和减征契税。

目前，我国住房税收制度鼓励居民长期持有住房，具体体现为对长期持有进行税收减免，对短期频繁交易征收重税。我国对个人住房的持有和交易完全免征房产税、城镇土地使用税、印花税和土地增值税，仅对产权年限较短、大面积住房以及多套住房等情况在交易环节实行全额征税，因此居民因刚性住房需求而负担的税费并不高。大力度的税收减免条件、较低的税率，使居民长期持有住房的成本基本为零，居民居住负担和政府征管阻力大幅减轻。

第二节
政策演变：从全方位支持到螺旋式调控，再到常态化调控

中国房地产市场的发展，历来都与国家政策密切相关，而政策变化又蕴藏于经济发展演变之中。自 1998 年住房市场化改革以来，国家对地产的态度和定调从全方位支持到螺旋式调控，再向常态化调控转变，地产行业也因此震荡上行，时至今日到达一个相对平稳的阶段。就政策定调背后的本质而言，在经济起步期，地产扮演着拉动经济的核心角色；在经济增速换挡期，国家需要地产和经济两条腿走路；在经济转型新阶段，使房地产回归居住属性、维护房地产市场的健康平稳发展，成为政策制定的根本出发点。

一、政策从"扶持"逐步转向"调控"，地产行业震荡上行

纵观中国的经济发展与房地产政策演变，每个历史阶段的房地产政策在很大程度上都与经济发展阶段相关。以下我们将以中国经济发展为大历史背景，以房地产政策为主要线索，梳理房地产政策历经的三个重大阶段（见图 2–2）。

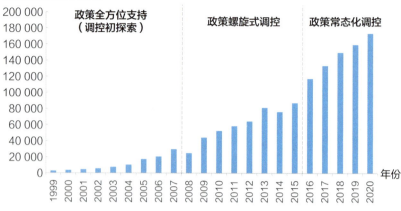

图 2-2 全国商品房销售额走势及地产政策演变三大阶段

资料来源：Wind、明源地产研究院。

1. 全方位支持：全面鼓励住房消费，促进地产拉动经济增长

1998 年房改后，中国的地产行业正式拉开了发展的大幕，金融政策、土地政策等一系列利好政策相继出台，鼓励住房消费的政策框架初步形成（见表 2-2）。在金融政策方面，我国逐步明确了个人住房贷款首付比例、贷款利率、贷款期限等内容。在税收政策方面，总体基调是给予政策倾斜，鼓励个人住房消费。在土地政策方面，2002 年确立了土地招拍挂制度，同时通过治理整顿土地市场秩序，使土地市场的供给制度更加规范。2003 年，我国更是进一步确立了房地产业的经济支柱地位，使地产成为重要经济增长点。整体来看，在 1998—2003 年的六年内，我国政府着重培育和规范地产行业，货币供给偏中性，房贷和房产交易税费政策宽松，土地市场供给制度逐渐规范，行业政策处于正向周期。

表 2-2　1998 年房改后配套金融政策及土地政策

配套政策类别	时间	政策内容	颁布机构
金融政策	1998 年	《个人住房贷款管理办法》，提出个人购房首付款不低于房价的 30%，贷款期限不得超过 20 年	中国人民银行
	1999 年	《关于开展个人消费信贷的指导意见》，指出个人住房贷款可扩大到借款人自用和各类型住房贷款，个人购房首付款可降低到房价的 20%	中国人民银行
	1999 年	《关于调整个人住房贷款期限和利率的通知》等文件，指出延长个人住房贷款期限，降低个人住房贷款利率水平	中国人民银行
	1999 年	《关于调整房地产市场若干税收政策的通知》，指出个人购买并居住超过一年和自建自用住房，销售时免征营业税；个人购买自用普通住宅，暂减半征收契税	财政部、国家税务总局、建设部
	1999 年	《关于个人出售住房所得征收个人所得税有关问题的通知》，对房地产二级市场涉及的营业税、契税、土地增值税、个人所得税实行优惠，减轻个人买卖普通住宅的税收负担	财政部、国家税务总局、建设部
土地政策	2002 年	《招标拍卖挂牌出让国有土地使用权规定》，叫停了沿用多年的土地协议出让方式，规定商业、旅游、娱乐和商品住宅等各类经营性用地，必须以招标、拍卖或者挂牌方式进行公开交易	国土资源部
	2003 年	《关于暂停审批各类开发区的紧急通知》，提出一律暂停审批新设立和扩建各类开发区，对土地市场进行集中整顿	国务院办公厅
	2003 年	《关于加大工作力度进一步治理整顿土地市场秩序的紧急通知》，强调落实清理整顿开发区的规定，严肃查处土地违法行为，抓紧建立完善土地管理各项制度	国务院

资料来源：相关机构官网、明源地产研究院。

　　2002 年，房地产市场开始出现过热迹象，地产行业迎来调控的初次尝试。《关于加强房地产市场宏观调控促进房地产市场健康发展的若干意见》是 1998 年房改以来的首次政策调控，从房地产开发贷款、房地产开发配套建设和土地供应管理方面设立监管条件。2003 年，中国人民银行发布的《关于进一步加强房地产信贷业务管理的通知》则提出对个人购房贷款实行差别化政策。2005 年出台的"国八条"和 2006 年出台的"国六条"，意味着房地产调控开始上升到政治高度。2006 年 5 月首次推出的限制套型 90/70 政策，更是对这一时期的住房供应结构带来深远影响。2002—2007 年有关房地产调控的探索如表 2-3 所示。

表 2-3　2002—2007 年房地产调控的探索

时间	政策内容	颁布机构
2002 年 2 月	《关于加强房地产市场宏观调控促进房地产市场健康发展的若干意见》，加强对房地产开发贷款使用的监管；强化土地供应管理，严格控制土地供应总量；未按规划要求完成配套设施建设的住房，不得交付使用，商业银行不得提供个人住房贷款	财政部联合中国人民银行等五部门
2003 年 6 月	《关于进一步加强房地产信贷业务管理的通知》，规定对购买高档商品房、别墅或第二套以上（含第二套）商品房的借款人，适当提高首付款比例，不再执行投资住房利率规定	中国人民银行
2005 年 3 月	"国八条"出台，提出八点意见稳定房价，主要包括：高度重视稳定住房价格；切实负起稳定住房价格的责任；大力调整和改善住房供应结构；严格控制被动性住房需求；正确引导居民合理消费预期；全面监测房地产市场运行；积极贯彻调控住房供求的各项政策措施；认真组织对稳定住房价格工作的督促检查	国务院办公厅
2005 年 5 月	转发建设部等部门《关于做好稳定住房价格工作意见》的通知，对"国八条"进一步细化，要求各地区、各部门要把解决房地产投资规模过大、价格上涨幅度过快等问题作为当前加强宏观调控的一项重要任务	国务院办公厅
2006 年 5 月	"国六条"出台，提出促进房地产健康发展的几大措施，主要包括：切实调整住房供应结构；进一步发挥税收、信贷、土地政策的调节作用；合理控制城市房屋拆迁规模和进度；进一步整顿和规范房地产市场秩序；有步骤地解决低收入家庭的住房困难；完善房地产统计和信息披露制度	国务院办公厅
	转发建设部等部门《关于调整住房供应结构稳定住房价格的意见》的通知，对"国六条"进一步细化，对套型面积、小户型比例、新房首付比例等做出量化规定，首次提出限制套型 90/70 政策	

资料来源：相关机构官网、明源地产研究院。

整体而言，在经济起步时期，国家对地产的定调是鼓励扶持。尽管部分房价过热城市开始面临调控，但调控力度总体比较温和，调控举措相对单一。地产在国民经济中占据举足轻重的地位，是这一阶段经济增长的重要力量。

2. 螺旋式调控：地产政策在调控和刺激之间螺旋式推进

2008—2016 年，中国房地产相关政策不断地在楼市调控与楼市刺激的小循环下反复。从限购、限贷到限价、限售，从"史上最严"到"没有最严，只有更严"，中国房地产市场往往间隔两三年就面临一次调控，且调控举措在不断升级。

2008 年全球金融危机期间，为了提振经济、刺激楼市，国家迅速启动了地产行业的正向宏观调控，从降低首付比例、减少房产交易税等方面进行调节，同时伴随宽松货币政策的刺激。2008—2009 年，我国地产行业出现深 V 反转，商品房销售面积和销售均价均大幅上涨，正向刺激效果显著。

2009 年 12 月至 2014 年 8 月，楼市再次面临调控。在松政策、宽货币的刺激下，2009 年我国楼市出现大幅反弹，为此，2009 年 12 月，中央召开国务院常务会议，提出增加供给、抑制投机、加强监管、推进保障房建设四大举措，国家对房价调控的表述也由以前年度的"稳定房价"转变为"遏制房价快速上涨"。一系列的调控政策随之颁布，主要从首付比、贷款利率等方面实施限制（见表 2-4）。

自 2014 年 9 月起，楼市再次迎来刺激。作为经济发展重要动力的房地产行情的转冷，直接导致宏观经济增速趋缓、地方政府财力吃紧。为此，中国人民银行进行了 6 次降息和 4 次降准，货币政策转为宽松，同时，国家对房地产市场也开始由调控转向刺激。总体来看，刺激政策聚焦于降低贷款利率、降低首付比例和税费减免等。2015 年年底，化解房地产库存，成为这一时期结构性改革的核心任

务之一，棚户区改造货币化安置等一系列举措随之出台。2014 年 9 月
至 2016 年 4 月房地产刺激政策如表 2-5 所示。

表 2-4　2010—2013 年相关调控政策发布

时间	政策内容	颁布机构
2010 年 1 月	《关于促进房地产市场平稳健康发展的通知》，提出将二套房首付比例提高至 40%	国务院办公厅
2010 年 4 月	国务院常务会议要求，二套房首付比例不低于 50%，贷款利率不得低于基准利率的 1.1 倍。5 月，将二套房确认标准认定为"认房又认贷"	国务院
2010 年 9 月	中国人民银行联合银监会发出通知，暂停发放第三套及以上住房贷款，首套房贷款首付比例调整到 30% 及以上	中国人民银行联合银监会
2011 年 1 月	"新国八条"[1] 出台，提出将二套房首付比例提至 60%，贷款利率提至基准利率的 1.1 倍。加上此前政策，首套房商业贷款的首付为 30%，第三套及以上住房不发放商业贷款	国务院办公厅
2013 年 2 月	《关于继续做好房地产市场调控工作的通知》，提出建立健全稳定房价工作的考核问责制度，严格实施差别化住房信贷政策，出售房产能够核实原值的个人所得税应按转让所得的 20% 计征	国务院办公厅

资料来源：相关机构官网、明源地产研究院。

表 2-5　2014 年 9 月至 2016 年 4 月房地产刺激政策

时间	政策内容	颁布机构
2014 年 9 月	《关于进一步做好住房金融服务工作通知》，降低了首套房贷款利率下限，同时对于第二套改善性住房的首付要求也有所降低	中国人民银行联合银监会
2015 年 3 月	政府工作报告明确提出"坚持分类指导，因地施策，落实地方政府主体责任，支持居民自住和改善性住房需求，促进房地产市场平稳健康发展"，房地产调控的关键词由以前年度的"加强调控""抑制"等转变为"因地施策""支持"等	政府工作报告

1　"新国八条"，指《国务院办公厅关于进一步做好房地产市场调控工作有关问题的通知》。

时间	政策内容	颁布机构
2015 年 3 月	《关于个人住房贷款政策有关问题的通知》，对于首套未结清的，二套最低首付款比例调整为不低于 40%；对于首套已结清的，二套最低首付款比例调整为 30%	中国人民银行、住房和城乡建设部等
2015 年 12 月	中央经济工作会议明确提出将"化解房地产库存"作为次年结构性改革五大任务之一	中央经济工作会议
2016 年 2 月	《关于调整房地产交易环节契税、营业税优惠政策的通知》，提出对个人购买的住房，按面积类别减免 1%~1.5% 的税率征收契税，对个人购买 2 年以上的住房对外销售的，免征营业税	财政部、国家税务总局等
2016 年 4 月	《关于进一步做好棚户区改造相关工作的通知》，提出推进棚户区改造货币化安置，切实化解库存商品住房	财政部、住房和城乡建设部

资料来源：相关机构官网、明源地产研究院。

综上可见，这一时期的地产调控从施政到放松再到施政的循环周期为 2~3 年。施政后，楼市逐步趋冷，经济下行，各行各业不景气；政府转而刺激楼市来拉动经济增长，楼市回暖，房价步入新一轮上涨周期；在房价过热到一定程度后，政府又开始调控……如此循环往复。总体来看，这一阶段的调控呈现出"调控周期较短、回暖周期较长"的特征，楼市在短暂的调控期内虽有小幅回落，但在放松后则快速上升且延续较长时间，地产行业整体呈现出波动上升的态势。

3. 常态化调控：地产调控步入新常态，"控地产、保产业"成为主基调

2016 年，在政策刺激之下，房价步入快速上行通道，尤其是以深圳为代表的热点城市的房价更是出现新一轮暴涨。同时，在"十三五"规划和十九大报告对经济高质量发展的政策定调之下，2016 年 9 月 30 日，新一轮地产调控大幕拉开，"控地产、保产业"成为主基调。更关键的是，此次调控告别了过去的短期调控，正式步入长周期调

控，且涉及城市范围广、政策举措多样化，调控力度前所未有。

从调控范围来看，2016 年以一、二线热点城市调控为主，2017 年从单个城市调控向城市群协同、片区联动收紧转变，2018 年以来热点城市调控政策全面升级，调控城市数量进一步增加。时至今日，"因城施策、一城一策"的政策基调进一步深化，对房价过热城市进行打压，对房价阴跌城市进行托底。

从调控举措来看，从最初的"五限"（限购、限贷、限价、限售、限商）政策到金融端的"三道红线"政策，再到土地端的"两集中"供地政策，各种意想不到的调控新政接连出台。对于房企而言，这些举措已然形成了调控的铁三角："两集中"限投资端，"三道红线"限融资端，"限价"限销售端。"三道红线"政策要求房企三年内实现"剔除预收账款的资产负债率低于 70%、净负债率低于 100%、现金短债比小于 1"，因此，努力降杠杆、做到零踩线成为诸多房企的目标。"两集中"政策则要求 22 个重点城市一年分三批次"集中发布土地出让公告、集中组织出让活动"，这给房企投融资及经营发展带来多重挑战。此外，除了新房领域，二手房领域也开始面临调控，例如以深圳为先导的多个热点城市纷纷建立二手房成交参考价格机制等。

我们可以看到，在经济结构转型升级的大背景下，国家对于不依赖地产拉动经济的诉求越来越强烈。未来，加大产业投入力度、保障产业发展一定是大势所趋，地产调控已然常态化。当然，我们也需要看到，在中国经济发展至新的阶段，不仅是地产行业，游戏行业、娱乐行业、教育培训行业等对国计民生有一定负面影响的领域都在面临大刀阔斧的改革。对于地产而言，国家的核心定调是"稳"，回归居住属性、维护房地产市场平稳健康发展是不变的基调。

二、本质：地产拉动经济的历史使命已告一段落

一言以蔽之，中国经济已经步入新的发展阶段，地产的历史使命已告一段落。当前，中国经济已经达到一个新高度，过去地产行业承担的"助力政府融资、拉动民间投资"的历史使命已经基本完成，地产行业将面临更大的政策调控压力。我们对地产在中国经济不同发展阶段所处的位置进行了梳理，将其分为四步（见图2-3）。

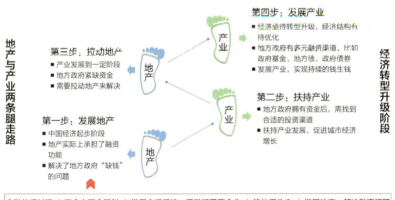

图2-3　国家在经济发展不同阶段对地产的定位

第一步，在中国经济起步阶段，地产实际上承担了助力地方政府融资、拉动民间投资的功能，解决了地方政府"缺钱"的问题。以前，我国的金融体系相对封闭，资金重点向国有企业倾斜，对民营经济的支持力度较弱。但是，要真正发展市场经济，民营经济的充分激活就必不可少。由于民营企业难以通过传统的金融体系获取足够的资金，地方政府自身的融资手段又十分欠缺，所以，通过土地财政、鼓励地产发展来解决融资问题成为普遍选择，而这也是2003年国家将房地产业确定为经济支柱产业的重要原因。

第二步，通过发展地产获取资金后，地方政府需要找寻合适的投资渠道，实现钱生钱。因此，地方政府开始大力扶持产业发展，以激活地方经济。这一阶段政府开始在一定程度上限制地产发展，转而聚焦产业发展，以拉动城市经济增长。但是对处于爬坡阶段的中国经济而言，地产仍是促进经济增长的重要力量，地产调控力度温和且周期较短。

第三步，产业发展到一定阶段后，需要进一步升级，这就需要更大的资金投入，地方政府又开始面临资金紧缺的问题。因此，地方政府再次放松地产，通过地产带动经济增长，解决资金困难。总体而言，这一阶段政府对楼市的调控或者说对房价的管制，并不是为了打压房地产，而是扮演了经济增长与房价上涨的调节器。

第四步，经过多年的快速发展，中国经济开始步入转型升级新阶段，城市基础设施日臻完善，住房稀缺性降低，同时地方政府有了更加多元的融资渠道，比如地方债、政府基金、政府债券等。这一阶段经济发展的重心是经济结构的优化，产业发展的核心地位凸显，并得到了各级政府的政策支持。因此，地产的历史使命告一段落，如何支持政府发力高科技产业，成为房企下一个阶段发展的关键所在。

中国的房地产市场是"政策市场"，地产的起伏涨跌与国家宏观经济和宏观政策息息相关。随着经济的演变和转型，国家对房地产的态度也在发生变化，从最初依靠地产拉动经济，到地产和经济两条腿走路，再到现在地产调控成为常态化机制，背后折射的是中国经济的发展之路。当下，地产承担的历史使命已经告一段落，在可预见的未来，地产长期处于调控之下的形势将很难发生逆转。房企应该顺应这一趋势，向制造业学习精益化管理，同时，根据自身的基因，前瞻布局多元产业，推动地产主业与产业的协同。

　　　　　　　　　　　　　中国房企新战略

第三节
房价演变：从高速上涨到"控房价"，引导资金流入产业

多年来，中国地产行业持续上演着涨多跌少的神话，需求端红利和供给端瓶颈共同造就了地产牛市。但进入"房住不炒"的常态化阶段后，房价迅猛上涨的势头被遏制，区域性分化加剧。纵览房价演变历程，从高速上涨、全国普涨到城市分化、温和上涨，每一次变迁无不映射出我国经济发展的步调；而一系列调控手段的背后，也彰显着国家确保经济平稳健康运行的期望和决心。

一、伴随政策演变，中国房价经历了五大阶段

政策一直被视为影响地产行业的第一大因素，从这个角度来看，房价的演变基本与政策的节奏同频。在 1998 年 7 月之前，虽然我国已有商品房，但绝大部分住宅仍是福利分配住房，其价格很难反映真实的市场供需。因此，我们以 1998 年为始，将房价的演变历程划分为五个阶段：1998 年 7 月至 2008 年 8 月为全国普涨期，2008 年 9 月至 2014 年 9 月为上涨分化期，2014 年 10 月至 2016 年 9 月为爆发增长期，2016 年 10 月至 2018 年 6 月为温和上涨期，2018 年 7 月至今为加速分化期（见图 2–4）。

1. 全国普涨期，经济活力激发房价增长动力

1998 年 7 月，国务院发布《关于进一步深化城镇住房制度改革加快住房建设的通知》，停止住房实物分配，逐步实行住房货币化，并要求加快住房建设，促使住宅业成为新的经济增长点，不断满足城

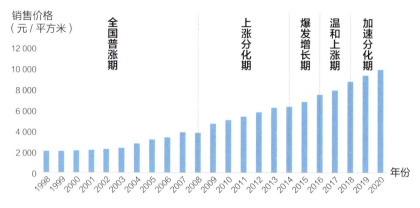

图 2-4 1998—2020 年商品房平均销售价格

资料来源：国家统计局、明源地产研究院。

镇居民日益增长的住房需求。1998 年房改进一步加快了商品房市场的发展步伐，使经济活力得到充分释放，房价的增长动力被激发。在房改当年，商品房单价便跃升至 2 000 元以上。

2003 年，国务院发布《关于促进房地产市场持续健康发展的通知》，房地产业作为国民经济支柱产业的地位得以明确，特别是国务院关于"支柱产业"和"持续健康发展"的结论，为地产行业未来数年的发展定下了基调。房价随即从温和上涨迎来全国普涨，且在此后几年维持较大涨幅。

总的来说，1998 年 7 月到 2008 年 8 月，中国经济基本面整体向好，房地产市场在政策规范下逐步进入正轨，房价上涨正是这一背景下的一种正常的市场反应。

2. 上涨分化期，城市分化带动房价分化

2008 年，由美国次贷危机引发的金融风暴席卷全球，全球经济遭遇极大冲击，国内房价受此影响，也出现了一定程度的下跌，但这一状况并未持续太久——为了提振经济，"四万亿计划"横空出世。

我国通过"以工代赈"方式开启了大基建时代，这也导致大量资金涌入地产行业，在宽松的贷款政策的助力下，房价开始暴涨。

随着国内经济的复苏和持续向好，城市分化的趋势也变得无可回避。受经济发展情况、就业机会、工资水平等因素的影响，劳动力逐渐向少数发达省份、大都市圈和区域性发达城市集中，人口的持续流入又使得资源进一步向核心城市聚集，双向循环作用加上核心城市土地、住房供给不足，成为推高房价的主要动力。反之，人口净流出的地区，房价上涨速度慢，甚至出现明显的绝对价格下跌趋势。城市间马太效应的加剧，终于在 2013 年为房价普涨画上了休止符：一、二线核心城市的房价在旺盛的市场需求的牵拉下，持续上涨，势头强劲；三、四线城市则困于购买力疲软的窘境，房价在低位徘徊，增长乏力（见图 2-5）。

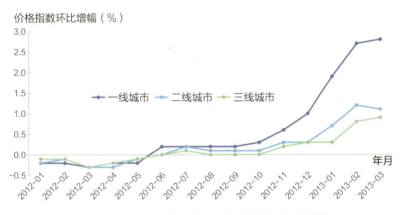

图2-5　70个大中城市新建商品住宅价格指数环比增幅

资料来源：Wind、明源地产研究院。

这一阶段，地产行业如同蓄水池般吸纳了大量资金，房价在经历了全球金融危机的短暂打击后继续攀升。城市的日益分化带动房价的分化，一、二线核心城市逐渐与三、四线城市拉开差距。

3. 爆发增长期，宽松政策助推房价上涨

前一阶段人们强烈的购房意愿创造了大量的市场需求，房地产市场蓬勃发展，开发商疯狂拿地建设。但当供给端超过需求端时，楼市很快遭遇去化阻力，按当时的销售面积计算，去化周期长达5年，这意味着我国房地产市场正处于不合理的高库存状态。受库存压力影响，房地产投资同比增幅快速下滑，直接拖累经济增长，几乎要落入负增长贡献轨道。

为此，2015年中央经济工作会议将"化解房地产库存"作为次年结构性改革五大任务之一。这一部署不仅有利于促进房地产市场健康发展，推动以人为本的城镇化进程，而且对稳增长、调结构乃至决胜全面建成小康社会都具有重要意义。

随着"去库存"口号响彻全国，货币政策再次宽松，鼓励信贷资金入市，这导致楼市新一轮爆发，尤其是一线城市的房价涨幅领跑全国。据相关机构统计，2015年百城住宅价格累计上涨4.15%，一线城市住宅价格上涨17.20%。

不难看出，宽松的政策成为房地产市场最好的助推器，房价迎来爆发增长期，且越核心的城市上涨幅度越大，分化趋势越演越烈。

4. 温和上涨期，调控政策抑制房价增速

2016年的楼市如同坐上了过山车——上半年，一系列利好政策让房地产市场成交火爆，各地楼市持续升温、价量齐涨；9月末，为了防止市场过热，各地政府陆续出台调控、"降温"政策，多地重启限购、限贷，遏制了房价的上涨势头，市场形势出现逆转。一、二线城市受调控影响最大，房价增速明显下滑。

棚户区改造作为重大的民生工程，一直受到政府的高度重视。这一阶段，我国的棚户区改造取得了突破性进展。数据显示，2016—2018年，全国各类棚户区改造开工数量分别为606万套、609万套和

626万套，规模持续上升，且九成集中于三、四线城市。自2014年以来，政府大力推进货币化安置，但由于成本因素，一、二线城市货币化安置比例较低，而三、四线城市这一比例高达80%。大规模的棚改叠加高比例的货币化安置，为三、四线城市房地产市场注入大量中期需求，三、四线城市房价普涨。

整体而言，这一阶段的房价以温和上涨为主，一、二线城市猛烈的增长势头被调控政策抑制，三、四线城市棚改对房地产市场的驱动作用还在持续。

5. 加速分化期，房价分化状况越发显著

自2016年以来，房地产调控持续升级，在"房住不炒"的总基调下，政府以强硬手段坚决遏制房价上涨，严控资金流入楼市，呼唤市场回归理性。政策干预的效果显而易见——自2018年7月以来，全国房价整体平稳，涨幅收窄，基本实现稳地价、稳房价、稳预期的目标。

但一个无法回避的事实是：中国各区域的经济发展并不平衡，且这一状态在短期内不可能被打破，城市加剧分化势必会造成房地产市场表现的进一步分化。一、二线城市整体经济增速较高，人口持续流入，楼市供不应求，房价仍有攀升动力，不过在常态化的政策严控下，涨势已逐渐趋于平稳。三、四线城市普遍经济增长乏力，人口持续净流出，地方政府不得不继续加大土地供应以维持地方财政，导致楼市供过于求，去库存压力与日俱增，而作为拉动房地产销售、减少库存的有力支撑的棚户区改造，也并不具备长期可持续性。随着棚改的推进，其对房地产市场的驱动力逐渐减弱。在多种因素作用下，三、四线城市的房价长期横盘甚至阴跌。

综上，2018年7月至今，房价水平在严格的政策调控下趋于平稳，但城市分化带来的房价分化状况越发显著，并将持续较长一段时间。

二、政府严格限价背后有其根本逻辑

自 2016 年 9 月 30 日房地产调控新政颁布以来，随后几年时间，国家不断加码地产调控力度，至今未有放松迹象，房价也在政策的积极干预下，跑出了新的趋势曲线。对此，地产行业普遍存疑：为什么政府此次调控的决心如此之大？政府严格限价的根本目的是什么？

1. 通过限价，避免地产行业陷入资产泡沫的狂欢

限价的首要目的，也是最直接目的，就是避免地产行业陷入资产泡沫的狂欢。早在 2016 年，中央就已然明确提出要"抑制资产泡沫"。何谓"资产泡沫"？我们可以通俗地理解为：价格在一个交易时间段内急剧上涨，短期内严重背离价值，并脱离了实际使用者的支撑，无法真实反映物质财富。中国人民银行党委书记、中国银保监会主席郭树清在答记者问时曾表示：房地产领域的核心问题是泡沫比较大，金融化、泡沫化倾向比较强，是金融体系最大的灰犀牛。[1]

泡沫的存在，使经济整体脱实向虚，对实体经济危害极大，对整个金融系统也造成了非常负面的影响。如果不对急剧上涨的房价加以控制，按照近年的发展态势，房地产极易陷入资产泡沫的狂欢；当潮水退去，中国经济很可能遭遇"硬着陆"，受到巨大冲击，而这是我们都不愿看到的。

2. 在经济转型升级的关键阶段，资金需大幅向产业倾斜

眼下，中国经济已然迈入转型升级的关键阶段，优化经济结构以确保经济长久平稳健康运行成为当务之急。整体来看，国民经济对房

1　资料来源：每日经济新闻，https://baijiahao.baidu.com/s?id=1693093172253675474&wfr=spider&for=pc。

地产投资的依赖度这一指标在经历了多年的持续增长后，于 2015 年开始稳步下降，这直接体现了我国在优化经济结构方面所取得的成绩（见图 2-6）。

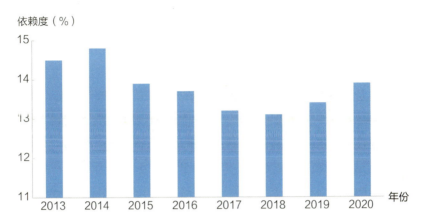

注：房地产投资依赖度 = 房地产投资额 /GDP 总量。

图 2-6　中国历年房地产投资依赖度走势

资料来源：Wind、明源地产研究院。

为了进一步巩固前期优化成果、持续深化产业结构调整，国家迫切需要找到房地产业之外的其他产业增长极。为此，国家需要向产业注入资金，增强产业扶持力度，而不是在产业"嗷嗷待哺"的情况下，把大量资金导向地产。通过一系列调控手段，使房价步入良性增长的轨道，无异于为其他产业的发展创造了机遇。

3. 在中国独有的政治经济体制下，超大城市房价调控仍面临巨大压力

尽管政府限价的决心前所未有，但我们需清醒地认识到，在中国独有的政治经济体制下，超大城市的房价调控仍然面临巨大压力。

就原因分析而言，我国特殊的政治经济体制决定了中央对各个省

市的施政导向是"雨露均沾"模式，强调各地区 GDP 总量的平衡，而非人均 GDP 的平衡。众所周知，我国内陆地区与沿海地区的经济发展水平存在明显差异，因此政府通过供地规划、人口规划等举措（比如提高建设用地供应量、提供人才购房优惠政策等），将各类资源向欠发达地区倾斜，以期拉动欠发达地区的经济增长；对于发达地区，则采取限制人口流入、严格控制建设用地指标等措施，缓解城市压力，平衡发展差距。

但是，超大城市凭借自身的高竞争力，仍在不断吸引外来人口流入，由此带来住房需求的快速上涨。同时，这些城市受到人口总量、新增建设用地指标等限制，导致土地供应乃至新房供应严重不足，供需错配形势严峻（见图 2-7）。例如，北京早在 2004 年就出台规划，要求 2020 年将常住人口控制在 1800 万人，但这个目标在 2009 年就已经被突破。人口的持续涌入与政府严格控制土地供给之间的矛盾，令超大城市的住房供需关系越发不平衡。

图 2-7　超大城市的供需错配

综上所述，区域发展不均衡导致的住房需求差异是客观存在的经济规律。在中国独有的政治经济体制下，限制超大城市发展，势必会加剧这些城市住房供不应求的局面，助长房价上涨态势。房价作为政治问题、民生问题，一旦有过热迹象，定将招致更加严厉的调控。所以，二手房指导价等政策应运而生。

通过梳理我们不难发现，政府对房地产进行严格限价有其深刻逻辑：一方面，避免地产陷入资产泡沫的狂欢，乃至造成经济"硬着陆"；另一方面，引导房价步入良性增长轨道，将资金更多地导向其他产业增长极。当前，超大城市供需错配形势严峻，房价面临巨大上涨压力，亟须政府指导和干预。房企对此应有清醒的认知，正确理解政府意图，体谅国家难处，以做出合乎政策逻辑的判断。

第四节
需求演变：从爆发到放缓，未来需求仍有空间

中国地产行业经历了制度、政策、房价等一系列演变，市场需求在这一过程中也发生了若干变化。当地产行业进入"白银时代"，了解市场需求与特性，适应市场发展规律，成为房地产商和置业者们的共同课题。下文，我们便围绕需求演变的脉络以及对未来市场的预判展开阐述。

一、经济发展叠加政策影响，地产需求从井喷到平稳

房地产开发投资额、房企新开工房屋面积、商品房销售面积以及商品房销售额等指标，可以在某种程度上作为对房地产市场需求的反映。我们以此为切入点，梳理我国楼市需求演变的几个阶段，大体分为全面爆发期（1998—2009年）、螺旋上升期（2010—2015年）和稳中有增期（2016年至今）（见图2-8）。

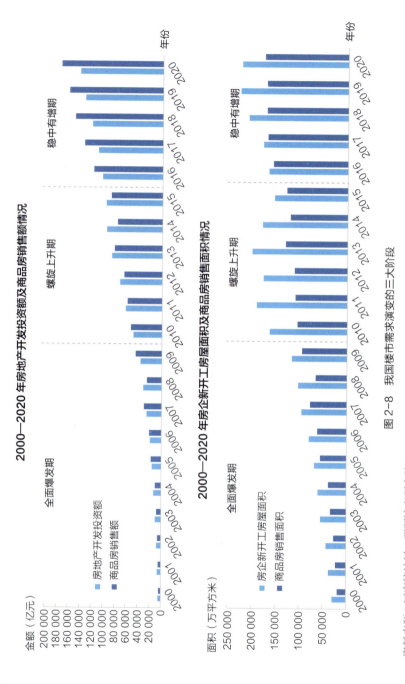

2000—2020 年房地产开发投资额及商品房销售额情况

金额（亿元）

2000—2020 年房企新开工房屋面积及商品房销售面积情况

面积（万平方米）

图 2-8　我国楼市需求演变的三大阶段

资料来源：国家统计局，明源地产研究院。

1. 全面爆发期，地产规模总量较低但增速颇高

2009 年及之前，虽然房地产整体规模较现在而言并不算大，但其增速十分可观。在经济高速增长的助推及 1998 年房改、2003 年确立房地产业支柱地位等政策拉动下，房地产开发投资额增速连年保持在 20% 以上，2003 年、2007 年甚至超过 30%。房企新开工房屋面积、商品房销售面积以及商品房销售额三项指标亦持续走高。尽管受 2008 年全球金融危机影响，商品房销售面积及商品房销售额首次出现负增长，但它们很快便在次年以 43.6% 和 76.9% 的巨大涨幅，回归正常运行轨道（见图 2–9）。

图 2–9 表明，在这一阶段，房地产的市场需求十分旺盛，商品房销售面积、销售额与房地产开发投资额、新开工房屋面积齐头并进，投入市场的大量商品房迅速被消化掉。

2. 螺旋上升期，市场增速有所下滑但仍处于高位

自 2010 年起，房地产开发投资额虽持续增长，但增速开始放缓，并在 2015 年跌至 1.0% 的低位；与此同时，房企新开工房屋面积、商品房销售面积、商品房销售额也陆续出现负增长（见图 2–10）。

这一局面的产生与国家出台的各类政策密不可分。2010 年，新一轮调控开启，随后国务院办公厅颁布"新国八条"，要求强化差别化住房信贷政策。政策的收紧，一度抑制了人们的购房需求。2014 年，国家放宽公积金贷款条件，连续下调存款准备金率，降低首付比，有效刺激了市场需求，商品房销售面积、商品房销售额涨幅很快在次年转负为正。加上这一阶段，我国 GDP 仍保持着 7% 以上的增速，房地产市场需求总体依然在螺旋上升。

3. 稳中有增期，地产规模总量高位运行，步入新周期

2016 年，以"史上最严调控"启动为起点，房地产调控步入常

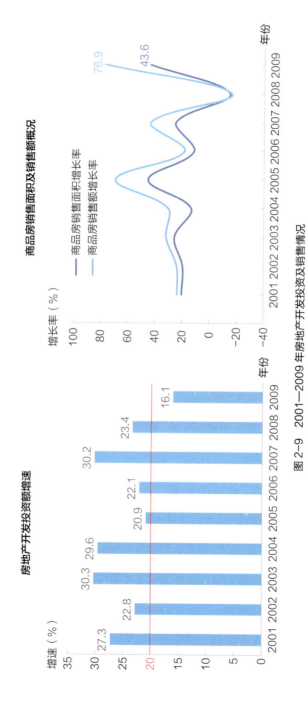

图 2-9 2001—2009 年房地产开发投资及销售情况

资料来源：国家统计局、明源地产研究院。

中国房企新战略

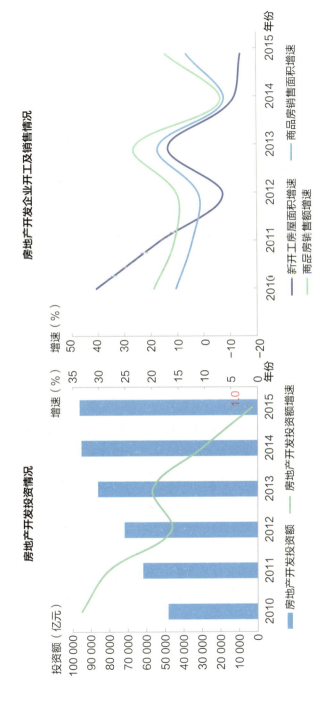

图2-10 2010—2015年房地产开发投资及销售情况

资料来源：国家统计局、明源地产研究院。

态化阶段且持续升级，地产规模总量高位维稳，各项指标增速下滑但仍然为正。在"房住不炒"的调控主基调下，地产行业"稳"字当头，楼市投机性需求渐次离场，住宅回归居住属性，市场需求稳中有增。房地产市场由此步入提质降速阶段，并逐步向存量时代过渡。

二、未来地产需求仍在，但空间逐步缩小

当下地产行业已经步入新的发展周期，提质降速成为这一阶段的关键词。那么，市场增速下降是否意味着地产需求端将很快达到饱和呢？我们分析认为，在未来较长一段时间内，地产规模将稳中有降，在到达一定水平后保持平稳，需求端较以往有所收缩，但仍有发展空间。以下我们将从四个维度对此进行解读。

1. GDP 增长：经济增长仍是地产需求的最大支撑

研究数据表明，地产需求与 GDP 增长呈线性相关。一个国家、一个城市乃至一个家庭越富有，其购置房产的需求越大、拥有地产类资产的比重越大。目前，我国经济运行状况良好，抗击新冠肺炎疫情一役也已验证了我国经济强大的韧性。从这个角度来看，随着经济的持续发展和居民收入的稳步增长，地产需求仍有上升空间。尤其在一些 GDP 较高的核心城市，充沛的人口资源为当地创造了大量的住房需求。

当然，在对地产需求前景保持乐观态度的同时，我们也应认识到，在经历了过去几年的飞速发展后，我国经济增速目前已处于 L 型增长曲线的底部，这意味着经济将在合理区间内运行调整较长一段时间。因此，相比过去爆发式增长的阶段，地产需求空间的确会有所收缩，这需要我们辩证看待。

2. 城镇化：城镇化率仍有提升空间，带来新的住房需求

追溯影响住房需求的关键因素，从来都离不开两个核心议题：人口和城镇化。相比发达国家，中国的城镇化率依然处于相对落后的位置。第七次全国人口普查数据表明，2020 年年末，我国常住人口城镇化率为 63.89%，相较俄罗斯、土耳其等中等发达国家 70% 以上的城镇化率，仍有 10% 左右的差距；而相较美国、日本等高度发达国家 80%～90% 的城镇化率，更有近 30% 的上升空间。

与此同时，我国城镇化的速度一直在加快。第七次全国人口普查得出的城镇化率数据比上一次提升了 14.21 个百分点，年均提升 1.42 个百分点。中国当前人口数量已超 14 亿人，这意味着城镇化率每增加 1 个百分点，就有大约 1 400 万人口从农村流入城镇，而这些人口将源源不断地撬动房地产市场的需求。

综上，如果按照城镇化率年均增长 1% 计算，我国至少还有 15～20 年的城镇化发展期，城镇化带来的红利将在中长期内持续释放。

3. 家族跃迁：家族向上流动，带来地产开发机会

人往高处走，水往低处流，人们对财富和美好生活的追求不会止步。每一个个体，无论是其自身，还是其所代表的家族，都在不约而同地经历着"离开土地，进入城市"的过程。一个人在某个时点可能处于同一个位置，但这并不意味着一个家族会一直停留在这个位置。人口向上流动，城市持续进化，已经成为社会发展过程中的客观规律。

我们如果认清了这一点，就会在家族发展历程与城市发展历程之间找到一个契合点，这个契合点就是地产开发机会（见图 2-11）。换言之，家族跃迁为城市地产需求提供了不竭动力。

图 2-11　城市发展与家族发展历程的契合点示意图

　　对于房地产开发商而言，一个城市甚至不需要人口净流入，只要有人口流入，就有地产开发机会。以内蒙古赤峰市为例：相关数据表明，近年来，虽然赤峰市的人口持续流入北京、沈阳等一、二线城市，导致其人口长期处于净流出状态，但大量周边人口也在流入赤峰市。赤峰市常住人口及人口自然增长率相对稳定，为当地房地产发展提供了需求保障。赤峰市商品住宅的销售表现同样印证了这一点——在人口净流出的情况下，销售额与销售面积总体仍保持增长趋势。

4. 美好生活：对美好生活的追求，激发改善型需求的持续释放

　　随着我国住房制度的变迁，居民的购房形态也在发生变化，从1998 年房改以前的买公房，到后来的买商品房，消费及居住需求逐步演化至今。住宅作为生活资料，可以满足人们的生存性需求、享受性需求和发展性需求。随着经济增长和收入增加，在满足基本生存需要的基础上，人们的享受性需求和发展性需求逐渐上升到主要地位。因此，对应美好生活需求的品质住宅，成为人们居住升级的重要方向。多年来持续处于高位的国民储蓄率，则为美好生活需求提供了强劲的购买力支撑。

但我国目前的房地产市场发展仍不充分，包括一线城市在内的各个城市仍有大量破旧房屋需要改造。人们追求美好生活的迫切需求与发展不充分的现实条件之间的矛盾日益激化，这将进一步激发改善型住房需求的释放。

本章小结

本章围绕地产制度、政策、房价及需求变化，抽丝剥茧，深入挖掘这几大要素间的内在联系，梳理出一条清晰的地产发展逻辑线。

在制度构建方面，从住房金融制度、土地制度、税收制度三大维度，分析其构建过程及典型特征。目前，我国住房金融制度以商业性住房金融制度为主、住房公积金制度为辅，商品房预售制度成为房企的关键融资手段。土地制度呈现出典型的城乡二元、人地错配特征，但通过改革，将逐渐向人地挂钩、城乡统一、盘活存量过渡。从税收制度来看，我国住房的保有和交易环节涉及10个税种，重增量、轻存量，重交易、轻保有，核心在于减轻居住负担，鼓励居民长期持有住房。

在政策演变方面，有全方位支持、螺旋式调控、常态化调控三个阶段。在第一阶段，住房制度改革启动，房改配套政策相继出台，并最终确立了房地产业的经济支柱地位；在第二阶段，房地产相关政策不断地在"楼市调控"与"楼市刺激"的小循环下反复，呈现螺旋趋势；在第三阶段，地产调控步入长效调控阶段，"控地产、保产业"成为主基调。

在房价演变方面，有全国普涨期、上涨分化期、爆发增长期、温和上涨期和加速分化期五个阶段。总的来说，在第一阶段，中国经济基本面整体向好，房地产市场在政策规范下逐步进入正轨，房价上涨正是这一背景下的一种正常的市场反应；在第二阶段，地产行业如同蓄水池般吸纳了大量资金，房价在经历了全球金融危机的短暂打击后继续攀升，城市的日益分化带来房价的分化；在第三阶段，宽松的政策成为房地产市场最好的助推器，房价迎来爆发增长期，城市分化趋势越演越烈；在第四阶段，房价以温和上涨为主，一、二线城市猛烈的增长势头被调控政策抑制，三、四线城市棚改对房地产市场的驱动作用还在持续；在第五阶段，房价在严格的政策调控下趋于平稳，延续至今。

在需求演变方面，有全面爆发期、螺旋上升期和稳中有增期三个阶段。在第一阶段，地产规模总量较低但增速颇高，房地产市场的需求十分旺盛；在第二阶段，房地产市场增速下滑但仍处于高位，需求相对平稳，整体螺旋上升；在第三阶段，地产规模总量高位运行，市场需求稳中有增。

综合分析，我们认为未来地产规模将稳中有降，到达一定水平后保持平稳，地产需求在 GDP 增长、城镇化进程、家庭跃迁及住房改善的支撑下仍然存在，但需求空间会逐步缩小。

以上就是我们对地产制度构建、政策演变、房价演变及需求演变的关键认知。多维度梳理地产的演变逻辑，对房企准确把握房地产市场脉络，研判行业未来走势大有裨益。

第三章　房企打法演变：

行业红利变迁

推动房企打法升维

在历经多年的高速发展之后，地产行业普遍在思考和总结：过往行业的快速发展到底归功于谁？是职业经理人的专业能力，还是老板的战略眼光？经过深入研究，我们认为，过往很多房企的职业经理人之所以能够创造辉煌的成绩，固然与个人能力和努力相关，但是也离不开时代大势和行业红利。而在地产行业不同的发展阶段，房企发展主要依赖的红利也有所不同。

　　在阐述了宏观经济发展演变以及中观地产行业演变之后，本章将落到微观层面，看看房企的具体打法经历了哪些变化。我们同样以历史的眼光，针对多年来房企打法的演变和典型特征，进行全新的总结和高度的提炼，力求呈现出房企打法演变的前世今生。

　　地产与经济难舍难分，所以对于房企打法的阶段划分，我们也尽可能契合第一章中对经济发展的阶段划分。总结而言，房企打法可划分为五大阶段：1994年分税制改革后的地产萌芽起步期，主要靠土地红利；2001—2007年房改后及经济支柱定调带来的地产蓬勃发展期，主要靠产品红利；2008年全球金融危机后经济增速换挡下的地产螺旋调控期，主要靠资本红利；2016—2020年经济结构转型及中美贸易摩擦下的地产持续调控期，以周转红利为主并过渡到管理红利；站在 2021 年的时点往后看，地产将步入存量及数字化红利期（见图 3–1 ）。

图 3–1　房企打法演变的典型阶段

当然，地产不同发展阶段也不只是依靠某一种红利，各种红利必然存在一定的重叠。但是，各个阶段一定会有所侧重，即某一种红利会表现得更为明显。我们不能忽略中国经济的高速增长给各行各业带来的大量发展机会，正是其推动了中国地产行业的快速发展。接下来，我们将围绕房企打法的不同发展阶段，分析其所依赖的不同发展红利，以及房企如何依靠各种红利实现规模增长的核心逻辑，同时以典型标杆企业为案例进行佐证。

第一节
地产萌芽起步期，房企发展主要依靠土地红利

20世纪90年代，随着分税制改革、住房制度改革等一系列改革，地产行业迎来了萌芽起步期，而后"中国新的经济增长点"的定位又为房地产发展注入新动力。一时间，土地红利全面释放，地产开发商快速崛起，地产行业迎来高速发展，实现了行业规模从 1994 年的

1 905 亿元到 2000 年的 4 141 亿元的翻倍式增长。

一、土地财政推动及城镇化加速，土地红利全面释放

1994 年的分税制改革，推动了地方土地财政的快速发展。为了保证地方经济发展以及 GDP 目标的达成，地方政府不断增加土地供应并鼓励开发商拿地，土地市场"供货"充足。与此同时，在当时以协议竞争为主要出让方式的背景下，土地出让价格非常低廉。

从需求端来看，1998 年商品房市场启动后，全国居民的购房需求得到了快速释放。在经济增长、居民收入提升、城镇化推进、人口基数巨大等因素的推动下，房地产作为中国新的经济增长点和消费热点，迎来了需求和价格增长的高潮。

可见，在 1994—2000 年的地产萌芽起步阶段，房企获取的土地价格低廉。而随着房地产市场的快速发展，房价、地价快速上涨，土地红利在这一时期全面释放，也就是"土地的低买高卖"。此时的房地产开发商只要获得了便宜的土地，捂盘晒地、耐心等待，就可以获得地价和房价快速上涨带来的丰厚利润，基本无须关注产品力、项目运营、企业管理等能力的提升。这一时期把握住土地红利的房企迎来了高光时刻，例如华南五虎之一 A 企，就是依托独特的商业打法最大化土地红利，实现了规模的快速增长。

二、依托土地红利崛起的典型代表：A 企

A 企 1992 年创立于香港，在中国房地产市场开启了借助香港资本和香港经验投身内地地产行业的先河。A 企先以广州为根据地，实现首次规模跨越，而后快速走向全国，并于 2004 年突破 100 亿元营收，成为当时中国的"房企一哥"。A 企之所以能谱写房企神话，主

要在于其采用的拿地策略和城市布局策略，不仅适应了当时的行业发展逻辑，更推动了土地红利的全面释放。

其一，善用资源，精准研判，低价获取高潜地块。创立初期，A企就确立了一套低价获取高潜地块的研判逻辑，即选取并购买位置偏僻、价格低廉但前景广阔的地块，尤其是那些目前还未开发但未来可能被政府定位为核心商业区的地块。凭借良好的政商关系，A企一进入广州就在当时尚属偏僻的广州天河区以低廉的价格获得了第一块地。之后A企以同样的研判逻辑，在番禺等城区用低廉的价格购买大批农田。随着城市的快速扩张，A企实现了土地资产数十倍的增长，一举成为广东地产界的龙头。

其二，全国化布局，从一线城市到二线城市，放大土地红利。2001年，A企"走出广州，走向全国"，将资源投向京津地区，连续开发多个项目和大面积土地。随后，A企乘着蓬勃的发展势头继续扩张，将珠三角、环渤海、长三角经济圈作为战略布局重点，以开发成熟的广州、北京、天津、上海为中心，向周边二线城市下沉。借助全国土地红利的释放，2004年，A企一跃成为国内首家销售额破百亿的房地产开发商。

其三，采用多元拿地方式，把握拿地窗口期，降低土地成本。早期，土地交易管理制度较松散，协议出让是所有出让方式中地价最低的，所以A企将协议出让作为土地获取的主要途径。2002年土地招拍挂制度出台后，A企尝试拓展多种拿地手段以降低土地成本，比如常用的股权合作、地方企业兼并重组等。此外，避开市场拿地高峰期，在市场低潮时错峰拿地，也是A企降低土地成本的重要举措。

其四，采用大盘战略，发挥规模效应，降低综合成本。A企是全国首个采用大盘战略的房地产开发商。大盘战略为A企赢得了规模效应：一方面，大规模拿地提高了A企的议价能力，降低了单位面积的土地成本；另一方面，大规模的开发、运营、营销，大幅降低了单位面积的开发成本。

其五，抢先利用资本优势，大量储备土地。A 企早期就意识到了资本的力量，持续扩展投资渠道以获取充足资本，从而为土地储备配足弹药。1992 年，A 企作为吸纳香港资金的融资平台在香港成立，第二年，广州珠江投资发展有限公司作为内地的开发实体在广州成立，两家公司形成稳定的战略联盟关系，牢牢把握住了资金和土地。1998 年 5 月，A 企于香港上市，抢先赢得了资本力量的支持。在资本优势的助推下，A 企于 1998 年前后再次斩获大量土储。

在地价快速上涨的时代，A 企的确依靠土地红利快速发展成为名震一时的地产巨鳄。然而，随着地产调控时代到来，面对地价推高、房价受限、土地红利消失殆尽的新形势，A 企并没有及时调整打法，而是继续沿用过去低价买地、捂盘出售的慢周转模式。这种对土地红利的坚持，使得 A 企在地产行业的发展演进之路上，错失了机会。最终，A 企在经历了 2009 年 150.87 亿元的销售额最高点之后，进入了业绩下滑的衰退期，逐渐走向没落。

第二节
地产蓬勃发展期，房企发展主要依靠产品红利

2001—2007 年，延续 1998 年住房市场化改革后的总体基调，国家鼓励房地产市场发展、鼓励住房消费，通过房地产带动经济增长。尽管其间也有短暂的楼市调控，但调控举措单一、调控力度不大，整体的政策环境宽松。同时，随着城镇化的快速推进，住房需求持续释放。因此，这一时期的房价快速上涨，地产行业步入蓬勃发展期。

尤其在 2002 年确立土地招拍挂制度后，土地市场热度快速攀升，

地价快速上涨。早期就大量囤地的房企，在这一阶段仍然坐享土地红利，享受土地增值带来的收益。与此同时，在土地招拍挂制度施行之后，房企需要更多的资本和金融支持才可以买到更多的地，因此这一时期房企的资本意识开始萌芽。

但是，整体而言，这一时期涌现出的标杆房企，大多是依赖产品红利而获得爆发式增长的。因为政策环境宽松，尤其是不限价，只要多投入一些成本，就可以获得大幅的产品溢价，所以房企纷纷开始关注产品本身的好坏以及户型、园林等。注重产品及服务体验的房企在这一阶段迎来大幅增长。

一、略微增加成本投入，以高产品溢价攫取高额利润

在产品制胜的时代，在产品方面做到极致的房企往往成为业界争相学习的标杆。其中，以绿城为代表的浙系房企和以星河湾、仁恒置地为代表的粤系房企，以苛求质量而闻名于业界。

这些房企多以产品作为载体，以打造精品为最终目的，对产品的用材用料和园林景观的打造极为考究。它们以精雕细琢的工匠精神来慢慢打磨产品，只要细节没做好，就会砸掉重来，不惜成本、不惜工期。同时，它们重点聚焦高端产品，研究如何设计不同档次的产品来匹配不同档次的客户需求，并且通过不断提升产品、服务，赚取更多的利润。这些房企赢利的核心逻辑是，成本多投入 3 000 元，售价就可以提升 10 000 元，本质上就是靠"多给客户钱，来赚更多的钱"。

在金融资本影响不大、房价快速上涨尤其是不限价的时代，房企靠产品支撑或精雕细琢打造产品来获利，没有任何问题，的确能够赢得客户的认可甚至喜爱，让客户心甘情愿买单。但是，在限价政策出台的当下，即使房企投入再多成本，产品售价也只能在限价天花板之下徘徊。所以，依靠精雕细琢的工匠精神来打磨产品，进而获得

更大的利润空间的模式难以为继。我们不难看到，从 2014 年前后开始，传统的依靠产品制胜的房企，普遍面临明显冲击，销售增速显著放缓。

在城市布局方面，因为精品住宅的产品定位，这类房企普遍聚焦一、二线高能级核心城市。而在做好产品就能获得高产品溢价的时代，这类房企普遍不关注运营管控，只注重管控项目关键节点，并且即使出错，也会被房价的一波上涨而覆盖掉，项目仍能赚得盆满钵满。

二、依托产品红利崛起的典型代表：B 企

翻开中国的地产发展史，以产品力著称的房企，无一例外都对产品品质有着异于常人的执念。以奢华豪宅著称华南五虎之一的 B 企，是这一阶段当之无愧的明星房企。2001 年，B 企一举成名，掀起了"中国楼市看广东、广东楼市看华南、华南楼市看 B 企"的热潮。此后，B 企一路所向披靡，自 2002 年起开始扩大地产版图，接连在北京、上海、沈阳、成都、青岛等一、二线核心城市拿地布局，打造多个当地的高端项目，同时不断刷新豪宅营销记录。

然而，2011 年 B 企在鄂尔多斯遭遇滑铁卢，2012 年太原项目因房屋质量引发的业主大规模维权，更是使 B 企口碑降至冰点。自此，B 企在榜单上迅速掉队。而今的 B 企，早已风光不再，增长停滞十余年，规模在百亿左右徘徊不前。那么，当年的 B 企因怎样的产品理念而大获成功？而后又为何折戟溃败？

作为 B 企在地产开发板块的开山之作，2001 年的广州某楼盘以其对极致品质的追求和创新，刷新行业标准，并一举为 B 企赢得了中国品质住宅教科书的美誉。B 企持续专注于中国高净值人群的居住方式，以做"作品"而不是做"产品"的心态来打造项目，以"舍得、用心、创新"的工匠精神把每一个楼盘当作艺术品和传世品来打

造，用百年建筑的标准来进行开发。所以，无论是规划设计、园林打造、产品定制还是后期服务，B企都精益求精，务求尽善尽美。当时业界流传着一个小故事：B企董事长的后备箱常年放着锤子、卷尺、手电三件东西，"看到不合格的地方就砸掉"。例如，B企董事长曾在开盘前一天让员工将沙盘模型、栏杆、走道全部砸掉重建。

B企走下神坛的最直接原因是城市研判的失误，鄂尔多斯、汕尾这类三、四线城市消费力不足，精品豪宅难以成为用户生活刚需。同时，B企还错失了广州等核心城市地价低迷时的拿地机会，没有坚守住一线城市，导致后续土储告急，难以扩大规模和继续走好精品豪宅路线。其背后更本质的因素是在国家宏观调控、抑制投资投机需求的背景下，高端精品路线难以为继，产品制胜的时代逐渐远去，而B企显然没有跟上市场大势。

综上可以看到，2001—2007年，在行业快速增长、政策环境宽松的大势之下，通过打造极致的精品，房企就能够赢得客户、赚取高额利润、树立行业地位。但是随着政策环境和行业形势的变化，中国地产行业所依赖的发展红利也在转变，依托产品红利崛起的企业无一例外地面临发展的瓶颈。

第三节
地产螺旋调控期，房企发展主要依靠资本红利

2008年全球金融危机之后，中国经济在政策刺激之下得到短期恢复，但从2011年开始，经济增速从两位数下滑到一位数，中国经济开始步入增速换挡新常态。在经济发展新阶段，国家对地产的态度也开始发生明显转变，不再明确鼓励地产拉动经济，而是在经济低迷

时刺激地产、在房价过热时打压地产。2008—2015 年，地产行业处于螺旋调控期。此外，中国的金融体制改革进一步深化，并逐步融入全球化金融治理体系，各行各业的资本意识也得到明显提升。在"四万亿计划"的刺激下，房地产成为社会流动资金的重要蓄水池，房地产金融化程度日益加深。

尽管这一时期由产品溢价带来的红利还未消散，但地产行业的资本属性已经越来越凸显，地产对资本的依赖不断增强，资本对地产的介入也日益深化。因此，房企普遍从注重产品服务转向注重资本回报，地产行业逐步从产品制胜时代走向资本制胜时代。同时，在这一时期的后半段，已经有不少房企开始了高周转运作，通过高杠杆、高周转来实现规模的跳涨。总体而言，2008—2015 年是一个产品红利逐步消散、资本红利占据主导、周转与杠杆相结合的时期，利用资本红利实现高速增长是这个阶段房企最典型的打法。

一、资本对地产行业的入股愈加频繁

地产行业作为一个资金密集型行业，资金来源始终是其最主要的命门，其与资本的关系自然难舍难分。房企需要资本的助力，资本也需要寻找回报更高的投资渠道，而地产行业正是为数不多的投资回报高的行业之一。自 2007 年开始，地产行业的资本属性越来越凸显，主要体现为房企的上市热潮以及资本对地产的入股和加持。

1. 资本掀起几轮房企上市热潮

登陆资本市场，就意味着拥有了更高效、更多元的融资渠道，这对房企规模发展和业绩表现的重要性不言而喻。自 2007 年以来，地产行业经历了几轮上市潮。

第一轮集中上市出现在 2005—2010 年，其中 2007 年和 2009 年最为密集。2007 年，包括碧桂园、合景泰富、荣盛发展、中国金茂等在内的房企纷纷上市。上市潮出现的原因在于，经过几年的房价上涨，部分房企发展壮大，而这一时期的房地产调控，让地产融资成本不断提升。2007 年年初，中国人民银行更是多次上调存贷款基准利率和存款准备金率，严控房地产开发贷款，房企融资压力与日俱增，不得不加快上市步伐，以拓展融资渠道。2009 年，包括恒大、龙湖、佳兆业、融创等在内的房企纷纷上市。2008 年全球金融危机爆发后，市场内需不足，楼市萧条，房企资金回笼速度变慢，政府实行宽松的货币政策和财政政策以提振经济，房企也急需资金扩大发展，直接催生了 2009 年的上市潮。

第二轮集中上市出现在 2012—2014 年。仅三年的时间里，就有超过 10 家内地房企在港股上市，包括旭辉、新城、当代、时代、龙光等。这背后的催生因素在于：其一，2012 年 A 股上市通道关闭，房企无法在 A 股上市融资，银行信贷紧缩，融资渠道变窄，在国家持续调控的背景下，内地房企为了募集资金集中赴港上市；其二，2013 年以来内地房地产市场表现趋好，港股对内地房企的估值上升，成为房企赴港融资的良好窗口期；其三，2013 年下半年土地市场供应加量，房企急需资金补充土地储备，房企间融资能力比拼加剧。

2. 资本介入地产有四种典型模式

不仅地产行业需要资本，资本也在寻找优质的投资标的，而地产正是极为重要的投资渠道之一。Wind 数据显示，2008—2012 年，房地产开发的净利润率均达到了 15% 左右，远高于医疗、消费、工业等其他行业。所以这一时期的地产行业，必然成为资本纷纷青睐的高回报行业。那么，资本是如何介入地产行业的？我们搜集和梳理了大量资本进入地产的典型案例，并总结出了资本介入地产的四种典型模式。

模式一：公开市场股权争夺。地产界的知名事件"宝万之争""融科之争"就是其中的典型案例。2015年宝能对万科的股份增持，2016年融创对金科的股份增持，都属于在公开市场争夺上市公司股份这一模式。以"宝万之争"为例，万科恰恰是因为没有意识到资本大量进入地产行业，没有提前布局一些防御对策，才导致了宝能的入侵。资本进入地产行业，首先看的就是行业龙头企业，若发现其股价被严重低估，必然会采取相应行动，而当企业反应过来时，一场股权争夺战的爆发已经不可避免。

模式二：投资入股公司。随着险资新政13条出台，原保监会开始推动险资运用市场化改革，逐步拓宽险资投资渠道，由此，险资的投资渠道得以放开，险资犹如脱笼困兽，一骑绝尘。房地产作为优质标的，备受险资青睐，险资大举进驻地产行业成为一股潮流。其中，占据头把交椅的莫过于诸多大型房企背后的隐形资本大鳄——中国平安。据统计，中国平安先后入股了碧桂园、融创、旭辉、中国金茂等十余家房企，且对于重点合作的标杆房企，其均占据了第二大股东地位（见表3-1）。而在资本的加持下，这些大型房企的股权结构也发生巨大变化。

表3-1 中国平安对主要房企的股权投资情况

序号	时间	股权投资方	持股明细	席位
1	2013年	绿地控股	平安旗下平安创新曾以基石投资者身份持有绿地控股9.91%股份	暂无
2	2015年4月	碧桂园	中国平安斥资62.95亿港元持股9.9%，成为碧桂园第二大股东	第二大股东
3	2015年11月	朗诗绿色地产	平安不动产以2.14亿港元收购朗诗3.27亿股新股，获得后者10.97%的股份，此后半个月内更一度增持至15.12%；2017年年中持股比例已减至13.05%	第二大股东（后有变化）

序号	时间	股权投资方	持股明细	席位
4	2016年11月	融创	平安银行是融创中国仅次于孙宏斌的重要股东，其持股比例高达46.70%。截至2018年2月，平安系持有的融创股份已减少至36.16%	第二大股东
5	2017年7月	旭辉	平安人寿耗资19.075亿港元举牌在港上市的旭辉集团，持股比例达9.94%，成为该上市公司第二大股东，并且很快再次向旭辉投入100亿元做战略投资	第二大股东
6	2018年7月	华夏幸福	中国平安斥资137.70亿元入股华夏幸福，为其第二大股东	第二大股东
7	2019年7月	中国金茂	中国平安通过配售及有条件认购，买入中国金茂15.20%股份	第二大股东

资料来源：明源地产研究院根据公开资料整理。

模式三：投资项目股权。除了投资入股公司，投资地产项目以获取项目股权，也是资本介入地产的一种重要模式。同样以中国平安为例，平安系除了独立拿地，还会选择与经验丰富的房企合作，即与房企组成联合体共同拿地，或通过增资方式入股房企的优质项目。2014—2015年，平安系与包括招商、金地、华润、旭辉、滨江等在内的二十余家房企在多个热点城市联合拿地。在联合体中，"平安出钱、房企出力"，平安更多充当投资商的角色，享有劣后收益权，不要求操盘，也不并表，着重强调资金的安全性和收益的稳定性。投资项目股权这一模式，核心是从项目收益中获得投资回报，一旦项目亏损，就必然要承担相应的风险。

模式四：地产金融模式。地产金融模式是通过设立融资平台，为房企融资提供通道。在这种模式下，融资平台通过多层嵌套产品，让银行资金、险资合规流入地产，并通过收取管理费、通道费、手续费等获得收益，而不用承担项目风险。仍以中国平安为例，经过多年低调深耕，平安系已经搭建了多个与房地产相关的投融资平台，这些平台不仅囊括项目开发、地产融资，还涉及股权投资、境外地产并购以及二手房经纪业务，比如平安银行、平安信托、平安不动产、平安寿险和平安资管均参与其中。

综上可见，2008—2015 年，随着时间的推移和相关利好政策的出台，资本介入地产越来越普遍和深入，地产的资本驱动属性得到进一步巩固。

二、通过杠杆效应，放大自有资金回报率

在地产行业的资本属性越来越明显的背景下，注重资本运作的房企迎来了发展的高峰。尤其是更具资本视角和投资眼光的闽系房企以及浙系房企，抓住了资本驱动地产开发的趋势，普遍获得了迅猛的增长。与通过成本投入提升产品溢价的产品制胜逻辑不同，资本制胜的核心逻辑在于以周转和投资回报为核心，通过极致加杠杆，实现自有资金回报率的倍增。具体而言：

其一，依靠资本驱动的房企普遍通过极致加杠杆，拓宽融资渠道，融到更多低成本的钱，同时，积极进行资本运作，通过与资本的公司级或项目级股权合作等方式，提升资金实力和拿地能力。有了巨额资本的支持，房企可以大举拿地扩张，为全国化布局做好铺垫，并在行业出现合适的收并购机会时，迅速拿下优质收并购标的，助力规模扩张。

其二，在资本驱动之下，地产行业存在明显的资金杠杆效应，这一时期的房企一般都能实现 3~4 倍的自有资金放大效益。其逻辑和理论模型可以参考如下公式：销售规模＝年资金周转次数 × 资金杠杆率 × 货地比 × 土地首年供货比 × 销供比 × 自有资金。项目要多用股权融资，少用债务融资，一般的融资比例可以达到 4（自有资金）：6（外部融资），更高的可以达到 2：8。对于大部分企业来说，

2.5（1 亿元的自有资金撬动 2.5 亿元的土地）是较为正常的资金杠杆率。

在土地融资中，开发商通常动用较高的资金杠杆率，比如通过前端融资来获得外部资金。土地出让金的配资比例（自有∶配资）一般为 5∶5 或 4∶6。甚至在还没成功拍下土地、只是参与竞拍要缴纳保证金时，就有资本为开发商融资。更多房企在遵守法规的前提下进行多种创新，强化前端融资放大资金杠杆率。

其三，高杠杆与高周转相辅相成。为了追求更大的资金放大效应，不少企业会在拿地、开发、运营等环节采取针对性的措施，降低自有资金的占用，提升资金的周转效率。通过高周转，房企能够实现资金的快速滚动，使自有资金通过杠杆效应进一步放大，做到极致的企业能够实现 10 余倍甚至更大的放大效应。在此模式下，企业获得的收益大幅增长，也因为如此，房企的算账模式普遍向 IRR（内部收益率）收益模式转变。

三、依托资本红利发展的典型代表：E 企

只有充分洞察资本市场，构建资本运作管理系统，明确自身的资本运作策略，房企才能提升自身的融资能力，在资本市场更加从容不迫。温州起家、迁都上海、走向全国化扩张的 E 企，除了亮眼的业绩规模增长，其资本运作也表现不俗。

在上市之前，E 企的融资渠道主要包括发行公司债券、与金融机构的战略合作、信托、资管计划、旗下子公司的资本运作等。例如，2017 年 E 企确立了"不动产＋金融"双轮驱动的发展模式，成立了旗下首家进行资本运作的子公司、私募基金管理公司——梁商资本，并与众多优秀企业共同成立"中联投"，依托各行业股东企业，进行全方位的资源整合。随着规模的快速扩张，E 企原有的融资模式

已经不能满足需要，2019 年 7 月 16 日，历经一年多的 IPO（首次公开募股）后，E 企正式于港交所挂牌上市，登陆资本市场，踏上新的征程。

E 企的成功上市，离不开其对资本市场的分析洞察和资本运作策略。

一方面，E 企构建了一套完整的"资本市场分析系统"，助力企业在经济发展周期中找到最佳融资窗口期。E 企认为需要做到四个洞察。大盘洞察：企业的资本运作离不开对外部大环境的准确分析，只有这样，在突发事件发生时，企业才能找准并抓住窗口期进行资本运作。对手洞察：除了对外部大环境的洞察，企业还要对竞争对手有清晰的了解，以提前获取政策以及渠道支持，抢占先发优势。周期洞察：E 企历来非常看重地产行业的周期性，会基于汇率市场周期、股票市场周期和房地产市场周期做出综合判断。资金洞察：E 企对行业整体融资走势进行动态的数据分析，明确房地产融资所处阶段，洞察资金的放宽或收紧趋势，进而抓住融资窗口期。

另一方面，E 企构建了一套完整的"资本运作管理系统"。首先，E 企对近十余年来房企的上市重组事件进行了全面梳理，划分了三个波段，而 E 企筹谋上市的时间，是物业拆分上市成为行业上市重组主浪潮的阶段。其次，E 企对上市企业的市值表现规律进行了归纳提炼，针对标杆房企上市前三年的市值表现进行了分析，得出结论：初次登陆香港资本市场的上市公司，在外部需要一个资本市场对其了解与熟悉的过程，在内部需要全面修炼内功，建立稳健合规及高质量的资本市场发展形象，因此其市值表现需要蛰伏一段时间。最后，E 企进一步挖掘"地产股"和"物业股"的市值估值的分化规律，发现自 2019 年以来，轻资产的物管股票受到青睐，而重资产的开发商股票低迷，由此得出物业公司上市后可以进行独立融资、自我造血。

基于这两套系统，E 企确立了自身的"业务策略系统总图"。E

企资本业务全结构逻辑的核心是融资与市值的交替双轮驱动，融资是弹药，市值是战绩。例如，在地产融资方面，E企参考标杆规模房企上市后的融资策略，着重强调抓住窗口期，加大融资规模，储备充足的弹药，蓄积力量，酝酿市值爆发。在物业融资方面，E企同样参照标杆物业企业的融资、配股及利润等指标表现，重点强调物业公司上市后独立进行融资，改善地产报表，优化主体融资条件，强化协同效应。

第四节
地产持续调控期，房企发展主要依靠周转和管理红利

2016—2020年，恰好是国民经济与社会发展第十三个五年规划时期。在这期间，我国宏观经济发展进入新常态，更加强调经济的高质量增长，经济结构加速转型升级，地产行业定位由原来的"助推器"转为"稳定器"，地产开始步入持续调控期。进入2020年，在新冠肺炎疫情突发、逆全球化势力加剧以及中美贸易摩擦等因素的影响下，"控地产、保产业"主基调持续强化。

在"930"调控后和"五限"政策下，房企能够享受到的资本红利几近消失，限价之下高周转成为房企的普遍策略。在2020年"三道红线"等政策重磅出台后，高周转、高杠杆模式也难以为继，地产行业告别快速增长阶段，行业利润持续下滑，倒逼房企向内部管理要效益，提升自身的经营管理水平、产品服务水平，全方位挖掘利润空间。

一、价格天花板之下，高周转大行其道

2016 年"930"调控开始后，在限价的大背景下，一些更具投资眼光的房企，并不依赖于提高价格的上限去提升企业的利润，而是选择在政策较宽松的低能级城市，通过高周转来打造适配的产品，从而做到远离限价红线，为企业创造更多的利润空间。借助高周转模式，许多房企的销售规模快速增长，成功实现了弯道超车，中梁、祥生等企业正是这一时期的典型代表。

高周转之所以能够在这一时期大放异彩，成为每个房企必备的神兵利器，究其原因主要在于：

一方面，高周转帮助房企提升资金收益率。"天下武功，唯快不破"，高周转的本质是资金的高周转，房企通过高周转，大幅缩短项目周期，提高资金的周转效率，加速资金回笼。同时，高周转不仅能减少现金流风险，还能充分利用预售款、合作方垫资等资金杠杆来"以小博大"，最终提升企业总体的资金收益率。

另一方面，房企通过高周转快速收割三、四线城市红利。2016 年"930"调控后，一、二线热点城市持续受到高压调控，三、四线城市则在热点城市的需求外溢、棚改等利好政策的推动下，迎来一波增长红利，诸多下沉三、四线城市布局的房企，获得了业绩的爆发式增长。在三、四线城市采用高周转策略进行"轮耕"，快速收割、不恋战，房企就能在收获业绩的同时，规避三、四线城市潜在的风险。

总之，在2016年到2019年前后，高周转成为最适合房企的打法。不少房企依靠合理的布局和极致的周转，成功实现弯道超车，一举成为行业黑马。

二、调控持续升级，倒逼房企向内部管理要效益

随着调控的持续深入和三、四线城市需求的收割殆尽，房企的高周转模式日渐式微。再加上 2020 年 8 月强势出台的"三道红线"政策对房企融资开始了严格监管，高周转、高杠杆的打法更是难以为继。在此背景下，房企之间的较量越来越趋向于经营管理能力的比拼，企业发展红利从周转红利过渡到管理红利。

在管理红利时代，企业传统的运营管控模式进一步向大运营管控模式转变。明源地产研究院提出了"大运营的 1352"方法论：1 代表一个核心目标，为企业阶段性的增长战略提供执行保障；3 代表三大典型挑战，包括权限下放、平台赋能、数据上传；5 代表五个运营赋能措施点，分别是盘家底、找缺口、定红线、保供货、促回款；2 代表两个业务执行的关键举措，即项目运营策划和项目动态收益跟踪。

房企大运营的主流管理框架和逻辑主要包含四个层次。第一，战略洞察，企业在明确规模增长目标后，通过大运营管控，对战略能否落实进行持续的观察，并动态调整企业的资金、土地、人力等资源。第二，运营赋能，通过盘家底、找缺口、定红线、保供货、促回款等管理措施，发现企业运营过程中的短板和难点，并联合业务部门制订相应的方案，为区域、项目团队进行赋能。第三，项目成功，通过规范项目运营策划以及强化项目开发过程中的收益监控、现金流监控、数据监控等方式，确保每一个项目都满足公司的整体运营要求。第四，组织活力，通过组织创新和激励手段激活每一个层级、每一个团队的组织活力，提升企业整体战斗能力。

回归企业经营的本质，提升企业产品力、服务力，也是把握管理红利的根本所在。首先，由于居住升级，购房者对居住质量提出了更高的要求，对产品品质以及相关的配套增值服务投入了更高的关注度；其次，在持续调控之下，新开盘项目去化周期拉长，去化难度提

升，房企的销售竞争压力与日俱增，而只有洞察客户需求、具备产品和服务竞争力的房企，才能比竞争对手卖得更快、售价更高。高质量的产品和服务，也是提升企业的市场认可度、打造品牌口碑的关键，对于企业的长远发展至关重要。

除此之外，如何提升成本力、营销力等，都是房企精细化练内功、把握管理红利的题中之义。对于管理练内功、做强产品及服务的具体策略，我们将在后续章节中详细阐述。

三、依托管理红利发展的典型代表：N企

在管理红利时代，提升自身管理水平、产品服务水平，已成为房企挖掘利润空间的必由之路。在这一阶段，N企依托管理红利实现了高质量发展，销售业绩跻身百强，布局从重庆扩张至全国。下面我们就从稳经营和强产品两个维度，介绍N企撬动管理红利的主要策略。

1. 建立企业持久增长的长效机制，全面提升经营能力

过去几年间，N企不断苦练内功，建立企业持久增长的长效机制，实现自我赋能。从2015年主抓运营体系、2016年抓投资，到2017年年底提出区域化，再到2018年强调大营销体系的作战能力，N企的一系列体系建设动作，对组织赋能的效果立竿见影，其经营能力快速提升。在行业整体运营效率走出了一条下行曲线时，N企逆势而上，保持增长。

2019年，N企又提出了"运营转经营"的目标。N企总裁认为，企业或项目的计划、节点、成本等指标的预算和管理只能称为运营能力，而经营能力是从企业的角度出发，管理每一个项目，即通过对每个项目单元的指标管理，实现与企业目标的全面协同。

一方面，N企要求运营总对企业全年报表负责，尤其是对报表上

的结算利润负责。为了保证企业利润及报表上其他各项指标达标，运营总自然要充分了解每个项目的开发节奏、预售条件等，并以企业目标为导向，在项目层面制定更合理的预算，推行更有效的监管方式。另一方面，N企在项目端将利润和现金流作为项目管理的两大核心指标，要求每个项目都从企业目标达成的角度，持续提升利润和现金流，并不断优化运营管理、成本管控、产品服务等能力，推动企业经营能力的全面升级。

2. 精工品质＋社区运营，保障产品价值和客户体验

保障产品价值和客户体验作为这一阶段企业提升综合竞争力的有效手段，N企也极为重视。N企认为，各家房企的产品看似同质化，却有本质上的差别，真正的产品战略是企业战略、公司经营、客户满意度等多维度结合和平衡的产物。基于这一判断，N企形成了自己的产品战略。

在主流房企的大比拼中，每家房企都手握一个"杀手级"产品系。N企的"杀手级"产品系是定位于城市豪宅的"印长江"系列，其目前已成为国内高品质豪宅的典型代表。除此之外，N企还有着眼于未来的粮仓类项目及现金流快周转类项目的"印系列"和"阅系列"。各系列产品的推出，均基于N企对城市地图与客群的切片式研究。以"印长江"为例，N企立足于客户需求，进行了大量高端客户访谈和同类型产品研究，并在此基础上合理创新，适配符合受众需求的住宅形态，在传统的豪宅产品上进行了别墅产品"扁平化"、生活"私密化"、室内空间"家庭化"、配置"精装化"的全方位升级，最终造就了"印长江"的产品基因。

此外，N企多管齐下，竭尽所能保障产品价值和客户体验。例如，N企以交付实现为原则打造体验区，反复论证能不能把社区大堂做好、能不能把一栋楼的公区做好、能不能把社区商业做好……让客

户从走进体验区到入住交付，所见即所得。又如：在限价面前，N企要求团队宁愿让渡部分利润也不能对产品降配；在交房时收到客户投诉，N企会紧急召开会议进行整改、焕新，甚至总裁本人会亲临项目现场督促。

产品价值和客户体验既体现在销售的周期里，也延伸到交付后的居住体验中。为此，N企在社区运营层面进行了一系列创新和突破。N企着眼于场景的实用性，注重对客户社区生活细节的研究，通过规划、运营推进"大社区、小社会"的美好设想。目前，N企已形成了"童梦童享""原聚场"等极具差异化竞争力的社区运营模式，为业主带来集精致产品与人文关怀于一身的全新居住体验。社区运营直接带动产品溢价能力的提升，N企不少项目的二手房价格远远高出周边的竞品价格，足见市场对其的肯定。

总之，随着房地产市场逐渐饱和以及地产调控持续趋紧，周转和管理红利的重要性日益增强。房企之间的能力比拼不再局限于单一维度，而是体现在管理过程的每一个环节中。在这一阶段，房企的当务之急是夯实管理能力，提升周转速度。诸如N企这类精于管理和强于品质的房企，竞争优势进一步凸显，并借此获得更大的发展空间。

第五节
地产发展新周期，房企需把握存量和数字化红利

2021年，《中华人民共和国国民经济和社会发展第十四个五年规划和2035年远景目标纲要》（简称"十四五"规划）出台，将GDP作为主要指标予以保留，但将指标值设定为年均增长"保持在合理区间、各年度视情提出"，这种表述方式在五年规划史上尚属首次。

GDP 增速目标的弱化，表明了我国经济在转向高质量发展阶段时，更加重视提质增效。这也使得"控地产、保产业"的政策基调被进一步巩固，加之市场需求总量下滑，房地产开发业务的增速和利润率进入下行周期已是不争的事实。面对市场增速和利润空间的下滑，寻求产业破局、发力存量运营成为房企的必然选择。

一、产业破局：注入产业基因，实现多元发展

进行多元化产业布局将帮助房企完成角色转变，增加房地产增量开发主业之外的利润来源，为房企打造第二增长曲线，助力房企实现业绩长期增长与企业转型发展。

在以物业、商业、写字楼运营为代表的地产+领域进行多元化布局，可以增强房企的存量运营能力；在当前土地市场自持要求越来越高的背景下，也能够提高房企的拿地能力。在以养老、产业园区等为代表的泛地产领域进行布局，房企则能享受到国家对于这些产业的扶持政策，并使其与地产开发主业实现协同，提升主业的竞争力。机器人、新能源车等与地产主业协同较少的非地产领域尽管对布局房企提出了巨大挑战，但这些产业未来发展空间广阔，伴随着我国高科技产业发展，也能给房企带来巨大收益。

二、存量运营：把握时代机遇，尝试战略转身

房地产市场的总量增长即将面临拐点已成业内共识，这意味着，房企单纯依靠增量住房销售就能实现快速增长的时代已经远去，地产行业迎来存量时代。如果说发展多元产业为地产开发主业插上了更多羽翼，那么存量运营便是一次把握时代机遇的战略转身。

1. 释放存量红利：从"产销模式"向"资管模式"转变

房企未来的赢利模式将从"产销模式"向"资管模式"转变，从买地造房向盘活存量资产并优化运营转变。为此，房企要勇于摆脱二十年来惯性形成的增量开发模式的束缚，通过存量运营，充分释放存量红利，为利润兑现打开"第二扇门"。

其中，物业板块能够通过为存量资产提供增量服务而实现利润增长，恰是房企在存量时代的绝佳切入点，更是每个房企都不会放过的业务拓展方向。

2020年上半年，房企纷纷分拆旗下的物业板块进行上市融资，物业公司迎来上市潮。究其原因，除新冠肺炎疫情使得物业公司的价值更加凸显之外，还有资本市场基于存量时代来临的判断，开始给予物业公司比地产公司更高的估值。从股票市价可以看出，多家地产公司旗下的物业板块市值超过地产板块，物业板块的平均市盈率也远高于地产板块的平均市盈率。当地产行业进入下半场，如何让长期被低估的存量资产发挥更好的效益，成为房企发展的重点突破方向。

2. 挖掘数字化红利：数字化是释放存量红利的重要依托

存量运营与房企典型的开发—销售模式存在明显差异，使得诸多房企在开展资产管理业务的过程中面临重重挑战，例如：缺乏细腻管理能力，日常经营风险不可控；缺乏资本估值逻辑，难以对接金融市场；缺乏资管业务意识，科技赋能价值不显性。

想要克服这些痛点，数字化工具不可或缺。因此，存量运营除了要释放存量本身的红利，还要尽力挖掘其背后的数字化红利，为存量红利释放提供依托。具体而言，数字化对存量运营的赋能主要体现在三个层面。

其一，资产盘点。存量不动产数量持续累积，相关资源不断调整，业务流程信息频繁变更，都会加深资产信息的统计难度。房企若想做好资产管理，首先要解决资产盘点的问题。

数字化工具可以优化盘点场景，使业务与数据保持实时同频。在明晰底层资产信息的基础上，数字化工具还可对资产在业态、产权上的基础信息及租赁情况等经营信息进行动态展示，并且结合 WEB（网络）图像、实景 VR（虚拟现实）等多维可视化技术，让资产呈现更加直观，让每一寸资产清晰可见。

其二，资产盘活。在资产存续期间，房企可以借助数字化工具实现运营的降本提效，提升客户服务水平，从而提升收益指标，间接放大资产估值。

在招商管理场景中，招商顾问借助移动化的管理 App（应用程序），使用手机就可以快速录入商机并及时上传资源，减少二次录入可能产生的信息遗漏，提升工作效率；招商团队的管理者只需要通过访问系统中招商顾问的跟客信息库，就能够了解客户转化率、签约进展。此外，数字化工具还能够自动沉淀客商资源，这样企业在新项目招商时就可以直接针对客商资源进行商机挖掘，掌握更多先机。

其三，资本优化。房企在做好资产盘活、沉淀大量的运营数据后，便具备了与资本机构同频的语言基础。因为资产管理的终极目标是打通"投—融—管—退"的业务闭环，所以管理者需要具备"以退为进"的投资逻辑，时刻关注资产本身的估值与投资回报率。

构建资产估值模型的难度较大，需要投资团队具备一定的行业知识与金融测算思维，即使是精通测算的专业人士，也需要耗费诸多的时间成本收集和整理外部市场数据。但现今通过爬虫数采技术，系统可以主动与第三方招租网站、国家统计局等数据资源库接驳，并通过固化在系统内部的投资模型算法，自动推算出资产的资本化率，最终结合项目的 NOI（营运净收入）指标推算出估值。这一做法显著降低了投资测算的技术门槛和信息收集的成本，为房企的资产定价策略提供可靠参考。

3. 贝壳找房：基于数字化平台，做存量市场的掘金者

地产行业在进入存量时代后，相应地需要更多的房地产经纪服务，这为中介市场带来了丰富的想象力。贝壳找房在这一背景下应运而生，并在行业中扮演着举足轻重的角色，既是存量市场的掘金者，也是存量红利的受益者。管窥贝壳找房的经营思路，不难洞见存量时代的本质逻辑。

其一，瞄准存量市场布局，兑现服务价值。在过去几十年的发展中，居住服务一直是我国地产行业的薄弱环节，因此，构建居住服务行业的基础设施、服务价值崛起是进入新居住时代的必然要求。贝壳找房从横向切入，定位于"技术驱动的品质居住服务平台"，不同于链家的垂直自营模式，其使命是缔造平台，以共享真实房源信息与链家管理模式为号召，吸引经纪人与经纪公司入驻。一些依靠自有实力无法突破管理半径、完成规模化的本土品牌，在联合贝壳找房之后快速扩张，在城市群形成的最后阶段完成了预先布局。在存量时代，人口向核心城市聚集，而这些城市无疑也是存量市场的广阔蓝海。早在2018 年，贝壳找房就在重点城市覆盖了 80% 以上的二手在售房源，深圳站线上单量成交占比稳定在 50% 以上。

其二，以数字化为依托，实现产业升级。在房地产市场发展的二十余年间，互联网也在不断迭代升级，但在传统居住领域，流程、标准、体验等诸多方面仍存在顽固痛点，亟待改善。贝壳找房直指核心，即通过数字化来完成对居住领域流程、标准、体验的改进，是存量时代产业升级的最大机会。一方面，在存量时代，鉴于存量需求和经营成本，核心城市之外的地区需要通过互联网平台去延伸和覆盖，以降低费用、催生更大价值。另一方面，采用 ACN（经纪人合作网络）模式的贝壳平台也需要通过数字化手段链接和赋能经纪人。尤其是在新冠肺炎疫情一役中，贝壳找房全面启动经纪人线上培训和 VR 带看、线上售楼，经纪人一边通过线上培训提升专业能力，一边通过

VR带看提前锁客。疫情缓和后，贝壳找房的经纪人和店东的业绩得以迅速恢复。

三、依托产业红利发展的典型代表：G企

在存量赛道拥有核心竞争力的房企将获得先发优势，进而在后续的行业竞争中获得更多的发展资源和更大的发展动能。G企在战略上、经营中对存量领域进行前瞻性布局，成为许多细分赛道的行业标杆。

从企业战略布局来看，G企2011年开启以"优土储、强运营、控成本、持商业、精团队"为关键词的战略转型；2018年开始践行并坚守"空间即服务"的战略，强调地产开发、商业运营、租赁住房、智慧服务四大主航道业务的多维驱动，协同发展。目前，G企已形成包括地产开发、智慧服务、商业运营、租赁住房、房屋租售、房屋装修在内的六大主航道。

从经营成果来看，G企的存量航道已经取得了显著成果，开始贡献稳定收入。2020年企业年报显示，G企包含物业投资、物业管理及相关服务在内的经营性业务收入规模已经与开发业务并驾齐驱，其成为商业运营和租赁住房赛道的行业龙头。

此外，G企的其他航道也已经与地产开发航道形成了协同效应。一方面，地产销售回款持续投资支持商业地产和长租公寓的发展。G企自2011年确定"持商业"战略起，每年以销售回款的10%作为上限投资持有物业，快速推进全国化布局。另一方面，长租公寓和商业地产反哺地产主业发展。长租公寓租户可以形成地产潜在用户池，在未来逐步转化为地产的客户；商业地产则可以助力地产拿地，提升片区价值和项目售价，进而提升地产业务收入规模和利润水平。

在存量红利时代，这些前瞻性布局不仅成为G企稳定的收入来

源，还协同发展，共同拓宽企业利润的护城河。

本章小结

本章基于地产行业发展的不同时期，对房企主要享受的发展红利和采取的战略打法进行了总结和提炼。如果围绕ROE（净资产收益率）拆解模型来看，即ROE=净利润率 × 总资产周转率 × 资产负债率，我们就可以进一步理解不同红利的演进脉络（见图3-2）。

在地产萌芽起步期，土地红利占主导：在地产行业粗放式发展阶段，高ROE主要依靠高净利润率，而净利润率主要来自土地红利，也就是通过"土地的低买高卖"来赚取高额利润。由于地价的快速上涨，即使土地搁置多年不开发，囤地收益也极其丰厚，所谓"拿地即赚钱"。这一时期快开发、快销售的房企，反而不如"土地晒太阳"的房企赚的钱多。

在地产蓬勃发展期，产品红利为核心：房地产整体的政策环境友好，国家鼓励地产发展带动经济增长，地产行业蓬勃发展。随着行业的深入发展，地产行业的净利润主要来源转向产品红利。因为政策总体宽松、不限价，通过产品的精雕细琢大幅提升产品溢价成为房企攫取利润的关键，注重产品及服务体验的房企迎来大幅增长。

在地产螺旋调控期，资本红利成主流：在经济增速换挡新常态下，地产行业面临螺旋式调控，即当经济低迷时，国家给地产松绑以刺激经济，当房价过热时，国家出台调控政策打压地产。随着地产的融资需求攀升和资本对地产的深度介入，地产行业的资本属性越来越凸显，房企普遍开始关注资本回报。通过极致加杠杆，放大自有资金回报率，房企的ROE开始转向依赖高资产负债率。

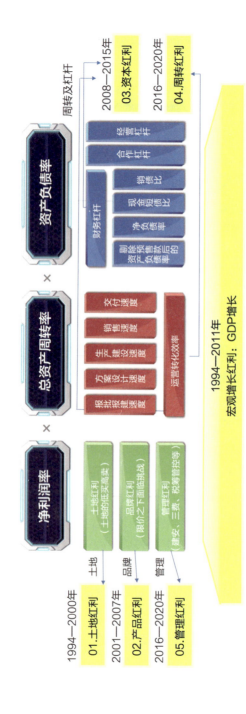

图 3-2　基于 ROE 模型的地产行业发展红利变化

　中国房企新战略

在地产持续调控期，周转红利占主导，并过渡至管理红利：中国经济发展重心从经济增长转变为高质量发展，"控地产、保产业"成为主基调，地产行业步入持续调控期。这一时期房企在限价红线之下，高周转越来越极致，房企 ROE 主要来自周转速度。此后，随着"三道红线"政策的出台，高杠杆和高周转红利均消失殆尽，倒逼房企向内看，回归自身经营管理，保障利润空间。

在地产发展新周期，存量及数字化红利凸显：新冠肺炎疫情对全球经济造成冲击，导致逆全球化势头加剧，叠加中美贸易摩擦的常态化，中国对高科技领域的自主创新诉求愈加强烈，"控地产、保产业"的基调将长期持续。站在 2021 年的时点往后看，房企只有前瞻布局存量赛道、积极布局多元产业、把握存量红利和数字化红利，才能维持企业的综合竞争力。

综上所述，随着经济的发展、时代的变迁，房企所依赖的红利也在不断变化。每个时期，房企都应顺应时代特征，因势而动、因时而变，采取适合时代需求的打法，以保证长久的生存发展。

第四章　房企现阶段策略：

"6+2"战略破局之道

时至今日，中国经济发展步入转型升级新阶段。国家政策对地产的定调，也从过去的鼓励做大地产规模，到现在的严格控制地产规模增长，地产行业面临的外部环境已然发生深刻变化，而房企多年来奉行的发展模式和理念也都不再适用。我们从行业层面和企业层面总结了现阶段地产发展的几个典型特征。

从行业视角来看，地产行业面临两大拐点。一是总量拐点，地产行业经历了多年的高速增长，销售规模已经见顶，预计未来3~5年，地产市场总量的增速稳步下降，下降到一定水平之后，行业规模将保持相对稳定。二是利润拐点，从外部来看，地价处在高位、限价红线高悬，房企利润底线面临全面被突破；从内部来看，成本费用居高不下，蚕食利润空间，企业规模和利润双丰收的时代一去不复返。

从企业视角来看，房企面临四大核心挑战。第一，从土地红利到管理红利。在地价水涨船高、市场流速下滑、"三道红线"严控等背景下，房企发展依赖的红利，从早期的土地红利、后续的周转红利和杠杆红利，向精细化管理红利转变，回归经营管理成为企业生存发展的关键。第二，从高容错率到低容错率。在房价快速上涨阶段，进错城市、拿错地块对房企的影响不大，一波房价上涨就可以弥补损失，而今，如果不注重经营管理，那么，一旦决策失误，项目就极有可能亏损，甚至产生连锁效应，拖垮整个企业。第三，从行业普涨到结构性机会，每个城市、每个项目都赢利的时代已经结束，企业的增长来自结构性红利，房企之间的竞争也转变为结构性竞争。第四，从住宅至上到产业为王，增量地产开发规模见顶、利润空间越来越小，房企拓展产业赛道已是大势所趋，拥有产业 IP 的房企才有未来。

在经济发展的全新阶段下，国家政策对地产的定调发生转变，地产行业无疑面临前所未有的变局，房企也面临严峻挑战。只有认清行业形势、转变思路和打法、紧跟时代趋势的房企，才有可能在行业下半场胜出。那么，在行业大变局之下，房企到底应该如何进行战略升级、应对行业变化？明源地产研究院长期以来持续与行业百强房企及本土标杆房企进行深入研讨，基于研究分析和交流总结，全面提炼了现阶段大环境下房企的"6+2"应对模型，包括"高质量增长、合理布局、管理练内功、做强产品及服务、合作开发、产业破局"六大核心举措和两大支撑，支撑一是组织创新及风险管控，支撑二是数字化转型升级，其中，数字化转型升级是所有战略举措的最大底座（见图4–1）。

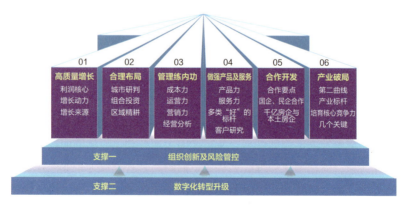

图 4-1　房企现阶段策略："6+2"应对模型

"6+2"应对模型，对于任何规模的房企来说都适用，因为当下房企面临的环境趋同、挑战趋同，所以打法也趋同，而其中的关键在于房企是否能够真正把这些举措落实到位。接下来，我们将围绕六大举措和支撑一展开阐述。鉴于地产行业目前数字化转型所处的阶段及其重要性和紧迫度，我们将数字化转型升级单列一章，在第五章进行详细阐述。

第一节
高质量增长：利润增长成为企业追逐的核心

在地产行业快速发展时期，由于我国城镇化进程快速推进，市场需求旺盛，加上政策环境相对宽松，地产行业的整体销售规模处于快速增长通道。在这一时期，销售规模成为评价一个房企行业地位的第一指标，是否达到千亿规模，是区分房企梯队的重要门槛。千亿房企具有更大的规模效应、更强的融资能力，竞争优势更加显著。因此，在较长一段时间内，冲刺更高的销售规模一直是各个房企的首要发展目标。

随着地产行业的集中度持续提升，行业格局区域固化，规模增长难度越来越大，房企的核心诉求从规模增长转向利润增长。此外，为适应新形势下的发展需求，房企需要实现增长动能的切换，把握城市和企业的结构性机会，以获取合理低价的资金和土地资源。因而房企的增长模式，从过去的规模跳涨转变为以利润为核心的高质量增长。

一、追求以利润为核心的高质量增长

随着行业竞争格局的转变，未来房企的增长模式也会发生根本性变化。行业快速发展时期的规模跳涨逻辑不再适用，以利润为核心的高质量增长成为房企新的应对之道。

从规模跳涨到以利润为核心的高质量增长，房企要改变的绝不仅仅是增长速度，还要对自身发展方向、发展模式等进行全方位的调整，学习和借鉴标杆房企的经营战略，重塑自身增长模式。以利润为核心的高质量增长的含义主要有两层。

第一，企业一定要在有利润增长的前提下实现长期稳定的规模增长。首先，要以利润为核心，追求利润的提升。有回款的销售、有利润的收入、有现金流的利润缺一不可。其次，要实现长期有效的增长。所谓长期有效的增长，就是长期可持续且增幅相对稳定的增长。企业历年的规模和利润增长出现明显波动，意味着企业可能出现资源利用不足，甚至资源浪费、利润降低的情况。因此，长期有效的增长才是企业良性发展的表现。

第二，企业一定要处在规模增长的通道中才能活下去。一方面，企业运营所需的各项管理成本、人工成本等会逐年增长，企业的销售额需要有一定涨幅来覆盖成本的增加，以保障企业的利润空间。另一方面，规模增长能够帮助企业解决很多问题。当企业的整体规模持续增长时，企业可以利用各项目不同时间的回款调配，实现滚动开发。如果个别项目出现延迟回款或者亏损，企业也能够利用其他项目的回款进行覆盖。整体规模的增长，使得企业经营的容错率和抗风险能力大大提升；反之，销售规模出现萎缩，可能会产生多米诺骨牌效应，导致风险蔓延，甚至出现现金流断裂的情况（见图 4–2）。

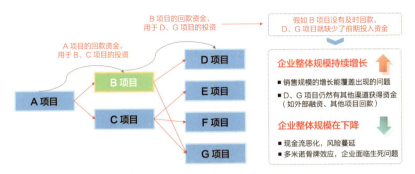

图 4-2 规模增长对房企运营的影响

同时，我们也要正视一个现实：2020 年之后，房企的规模增速普遍处于 15%~25%，行业规模增速普遍在 70%~80% 的情况已经一去不复返。除个别规模较小的房企可能由于偶然性因素以及自身规模基数较小的原因，实现规模跳涨之外，规模增速超过 25% 的房企将十分罕见。

综上所述，尽管规模增长仍是房企生存和立足的必要手段，但增长速度、增长模式和增长动能都极大不同。转变规模增长模式，对于任何一家企业来说，都非一日之功，但可以肯定的是，越快适应市场变化、调整增长模式的企业，越能在未来的行业竞争中更快地识别并抓住增长机会。因此，及早调整企业发展战略，从规模跳涨的逻辑转向以利润为核心的高质量增长，是房企应对当前形势变化的首要破局之道。

二、把握结构性机会，获取低成本的土地和资金

随着房地产市场需求逐渐饱和，房企过去随着市场总量增长就能够享受的普遍性发展机会也不复存在。我们认为，今后房企想要继续发展和壮大，只能依靠城市和企业的结构性机会，而获取低价的土地

和资金是房企增长的重要保障。

1. 把握城市和企业的结构性机会

市场总量增长的态势出现逆转，房企增长的动能来源也随之发生巨大改变，城市和企业的结构性机会成为房企规模新的增长动能。把握城市和企业的结构性机会有两种手段，一是优化城市布局，二是兼并收购。

首先，城市之间需求的结构性变化促使企业必须优化城市布局。当前，不同城市之间的市场分化已经非常显著：由于经济发展基本面较强，一、二线以及强三线城市的人口处于净流入状态，能够有效支撑房地产市场的发展；由于经济基础薄弱的弱三线及四、五线城市，人口处于净流出状态，刚需市场几近饱和，改善性需求规模不大，房地产市场需求逐步萎缩。因此，城市布局对房企增长的影响更加显著，能够提前洞悉城市发展变化、优化城市布局的企业，其未来发展将更胜一筹。

其次，优质的房企发展机会来自行业内部的优胜劣汰。行业内部不同企业之间的管理能力差异导致企业发展分化加剧，这为优质企业兼并收购创造了机会。

外部发展环境的恶化与行业竞争的越发激烈，都显著提升了企业对管理能力的要求。不断上升的地价和人力成本要求企业建立更加完善的成本管控体系，不断升级的楼市调控政策和瞬息万变的市场形势一再压缩企业的容错空间。许多企业尚未建立起完善管理体系，不能够进行强有力的成本管控，抗风险能力较弱，在越发激烈的行业竞争中随时会面临稍有不慎、满盘皆输的局面。

但危险总是和机遇相伴而来，这些企业的失败，正是另一些企业机会的到来。许多行业龙头或者区域龙头企业，管理能力和抗风险能力较强，现金流充裕，可以通过对竞争失败的企业进行兼并和收购，迅速扩大自身规模。

在今后的一段时间内，行业内部的兼并收购现象会更加频繁。随着行业下行，自2021年起倒下的房企会更多。但这并不意味着地产行业的衰退，而是意味着粗放式发展的房企将被淘汰，这给行业内的优质企业提供了一定的发展空间。房企想要生存下去，就必须"两条腿走路"，一方面让其地产主业更加精细化，提升效率；另一方面，找寻并培育与地产主业交叉赋能的其他领域的竞争力。

2. 高质量增长的背后，需要合理低价的资金和土地

如前所述，以利润为核心的高质量增长对于房企而言至关重要，而利润和规模均衡增长的背后，离不开合理低价的资金和土地资源的支撑。接下来，我们就针对企业如何进行资金运作、如何获取低价地块展开分析。

（1）资金：增高安全垫，拓宽融资渠道

资金就是企业的生命线，企业生存发展的一举一动都离不开资金的保障。因此，能否获取价格合理的资金是决定企业能否继续生存的关键。换句话说，一个企业能不能存活主要取决于两件事：一件是能否保持经营性现金流正常流动；另一件就是投资项目能否创造高于融资成本的价值，也就是创造利润。

第一个目标是保持经营性现金流正常流动，这需要做到三个方面：增高安全垫，严格按预算执行，及时处置低效资产。

首先，企业的资金运作必须建立在更高的安全垫之上。在行业整体融资收紧、投资风险上升的背景下，企业的资金运作必须建立在更高安全垫的前提之上。安全垫指的就是企业的可动用现金流，当前企业的资金运作必须保留充足的可动用现金流。根据阳光城集团执行副总裁吴建斌的观点，企业的现金余额要占总资产的15%，可以动用现金要占总资产的5%。同时，企业还要及时偿还借款，避免出现违约。

其次，企业要严格按预算执行，做好年度经营收支平衡。随着地产行业的竞争白热化，房企的首要任务就是活下来，活下来的核心就是把经营现金流管好，严格按预算执行。预算对企业的资金管理和战略规划至关重要。只有严格按照预算执行，才能够准确预测资金的支出和需求，正确制订发展规划。现实中，有许多房企由于资金链断裂而不得不被收购，正是由于预算执行不够严格，导致入不敷出。

再次，房企要及时处置低效资产。低效资产包括酒店、商业或者车位等，这些资产占用大量资金，却不能产生足够的收益。通过对外合作、出售等方式，将低效资产盘活或者变现，能够为企业获得相当可观的现金流，帮助企业渡过难关。

第二个目标是获取低成本融资，主要手段包含两个方面：拓宽融资渠道，重视非房业务剥离。

首先是拓宽融资渠道，利用多种资本市场工具进行融资。例如规模房企 R 企，广泛利用包括开发贷、公司债、ABS（资产支撑证券化）/CMBS（商业房地产抵押贷款支持证券）、优先票据、银团双边贷款等在内的多种融资渠道获取资金，2020 年的新增融资成本明显降低，平均发行利率 6.15%，相比 2019 年回落 226.4BP（基点）。

其次是重视非房业务剥离。当前国家的许多政策都是基于"控地产、保产业"这一整体出发点来制定的，对房企在地产开发业务方面的融资行为进行了诸多限制，但对于非地产领域的产业则限制较少，甚至还有许多扶持政策。因此，房企剥离自身的物业、商业等非房业务板块，利用非房业务单独进行融资，可以最大程度摆脱政策限制。除此之外，考虑到资本市场对物业等赛道的青睐和对房地产开发的冷淡，诸多房企分拆物业板块上市都获取了相当可观的融资。

总之，环境越恶劣，房企越要提高资金运作水平。如何保障企业的生存安全，如何满足企业的发展需求，是所有房企时刻都要面对的问题。外部环境风高浪急，房企必须保持定力，在确保安全生存的前提下控制融资成本，并尝试扩展新的融资渠道。

（2）土地：三大典型方式提升拿地效率

合理低价的土地从哪里来？在行业高速发展阶段，房企拿地以招拍挂为主。随着地产调控成为长效机制，房企通过招拍挂拿地基本算不过账，这就更加考验房企逆周期而动、踩准节奏、抓住土地窗口期的能力。现在，房企必须开发其他拿地渠道，才能更好地助力规模增长。我们认为，房企当下提升拿地效率有三大典型方式，即发力投拓业务、建立投拓战图、创新拿地模式，以下我们一一展开论述。

①发力投拓业务：完善投资测算标准，明确投拓流程的分层审批

首先，明确投资测算表，建立投资测算标准。影响房企拿地测算的因素主要有三个：价格、成本、去化。价格的重点是实现程度，假设一个城市的实际销售均价约为 15 000 元/平方米，区域上报项目售价为 18 000 元/平方米，如果集团总部缺乏一个准确的参考值，那么区域虚报 3 000 元/平方米的利润，将导致投资利润测算虚高。成本的关键是准确度，假设一个城市项目的实际成本约为 10 000 元/平方米，区域上报成本为 8 000 元/平方米，这意味着区域虚报 2 000 元/平方米的利润。去化的核心是去化率，如果区域故意报高首开去化、整盘去化、车位去化，也将导致利润虚高（见表 4-1）。

表 4-1　价格、成本、去化对投资测算的影响

影响因素	区域上报	实际情况	利润影响
价格的实现程度	区域上报项目售价（元/平方米）	城市实际售价（元/平方米）	区域虚报的利润（元/平方米）
	18 000	15 000	3 000
成本的准确度	区域上报项目成本（元/平方米）	项目实际成本（元/平方米）	区域虚报的利润（元/平方米）
	8 000	10 000	2 000

影响因素		区域上报	实际情况	利润影响
去化率	去化分类	区域上报项目去化率（%）	项目实际去化率（%）	去化率差距（%）（影响利润）
	首开去化	90	80	-10
	整盘去化	100	95	-5
	车位去化	80	50	-30

注：以上数据均为假设值。

为了防止区域虚报，确保投资测算更加精准，集团总部必须构建起对应的数据库，明确参考值，包括城市价格标准库、项目成本数据库，并设定项目去化红线。有了完整的数据库，集团总部对各个测算指标的参考值都能了然于胸，基于价格、成本、去化去卡位。

其次，明确投拓流程汇报的分层审批。以前，行业利润率高，房企投拓部门需要看地的数量不多，即使不太注重审批流程，也能拿到不错的地块，但事实上拿地决策效率并不高。现在，房企需要看地的数量是以前的 2~3 倍，甚至更多。如果房企再不注重投拓审批流程，那么，所有的流程都要推到老板这个层面来审批，这种方式必然无法全面顾及。所以，我们要更加强调投拓流程分层审批，强调内部的分工、流程，建立起内部的协同机制，从而真正提升土地拓展的决策质量。流程主要包括土地预审立项流程、土地可行性研究流程、投资审核决策流程以及土地获取审批流程。

②建立投拓战图：二、三线看土地溢价，四、五线看流速，并以月为单位动态监测

对于房企的投拓部门而言，建立起一套完整的投拓战图，即投拓的作战地图，动态分析城市机会和土地窗口，至关重要。

对于二、三线城市，土地溢价率是最为关键的指标，因为二、三线城市的市场需求、市场流速都有保障，但是项目往往很难赢利，土

地溢价率的高低直接影响项目利润。而二、三线城市土地溢价率的高低，主要受制于三个方面：一是地方政府的供地规划和价格预期，二是其他开发商的预期，三是房企本身的预期。房企应基于此，综合判断一个城市的土地窗口期，比如：对于政府和开发商高预期、高溢价的地块拿地风险可能也高；对于政府高预期、开发商低预期、低溢价的地块出让，可能是合适的拿地机会。

四、五线城市的土地溢价一般不高，关键在于市场流速，主要包含地方政府的供地流速、开发商的开发流速和房屋销售流速。在四、五线城市，如果地方政府无节制供地，供地流速过大，开发商的开发流速也高，而销售流速却很低，必然会导致大量的库存积压。因此，流速是房企进入四、五线城市需要重点关注的，比其他任何指标都重要。

明确了在不同能级城市投拓需重点关注的核心指标之后，我们还需进行动态的分析研判。以前我们对城市机会的判断，侧重于经济指标，可能一到两年都不会有变化。现在，外部环境变化太快，我们需要更多地关注市场指标，同时，细化到以"月"为单位进行动态监测和提示。

我们在与许多标杆房企交流后发现，很多房企都在做投拓战图，建立红、黄、绿灯的预警机制，且对城市的研判已经细化到以"月"为单位（见表4-2）。原因在于，一个城市的市场状况在快速变化，有可能3月份可以进，4月份不能进，5月份能进，6月份又不能进。假设行业普遍认为6月份杭州房市太火不能进，正因为行业认知趋同，反而使得7月份成为一个窗口期。这些房企通过在作战地图上进行标识，对这个月能进的城市打钩、亮绿灯，对不能进的城市打叉、亮红灯，进行月度高频监控。

③创新拿地模式：打开眼界，拓展多元化拿地方式

在拿地越来越难的今天，房企需要打开眼界、开拓思维，拓展多元化的拿地方式，因为除了招拍挂，其实还有很多方式。在此，我们

表4-2 以"月"为单位动态监控城市机会

南京	供地土地楼面价（元/平方米）	成交价格（元/平方米）	差额（元/平方米）	成交土地溢价率	台州	供地土地楼面价（元/平方米）	成交价格（元/平方米）	差额（元/平方米）	成交土地溢价率
2020-01	2 283.46	3 352.18	1 068.72	12.48	2020-01	416.37	1 578.80	1 162.43	31.49
2020-02	246.19	2 245.07	1 998.88	0	2020-02	899.86	319.86	−580.00	0.01
2020-03	8 703.51	1 377.44	−7 326.07	0	2020-03	4 107.26	899.86	−3 207.40	0
2020-04	1 924.81	10 726.73	8 801.92	15.24	2020-04	2 146.09	5 502.65	3 356.56	55.38
2020-05	6 661.61	2 238.02	−4 423.59	17.55	2020-05	2 119.91	1 396.14	−723.77	24.93
2020-06	8 330.81	4 753.66	−3 577.15	18.20	2020-06	2 749.57	3 488.05	738.48	27.22
2020-07	926.22	9 652.11	8 725.89	8.68	2020-07	1 526.85	5 548.29	4 021.44	23.53
2020-08	5 476.18	1 246.34	−4 229.84	5.28	2020-08	1 060.91	1 374.06	313.15	37.59
2020-09	3 125.96	5 242.05	2 116.09	7.63	2020-09	3 482.87	1 726.43	−1 756.44	14.25
2020-10	4 627.55	4 900.19	272.64	8.46	2020-10	463.49	4 999.15	4 535.66	39.63
2020-11	4 833.47	3 380.62	−1 452.85	3.10	2020-11	4 000.21	5 350.04	1 349.83	29.06
2020-12	3 878.39	5 229.47	1 351.08	11.63	2020-12	858.83	1 881.44	1 022.61	17.93

资料来源：Wind、明源地产研究院。

总结了几种主要的创新拿地方式。

第一，与国有城投企业合作。国有城投企业虽然手握大量的资源，但是开发经验不足，基本没有把资源变现的能力。民营房企恰好相反，大部分民营房企获取资源比较困难，但变现能力普遍较强，所以房企如果与合适的国有城投企业合作，可以取长补短、相得益彰。

第二，产业勾地。在"控地产、保产业"的政策主基调下，产业受到地方政府的高度重视，房企如果顺势而为，进行一定的产业投入，可以通过产业 IP 来反哺地产主业。产业勾地一定是房企需要大力拓展的方向。我们认为，亿房企有必要投入一些资金打造自身的产业 IP，这里所说的产业，不是"地产+"领域的，比如物业、酒店、公寓等，而是"泛地产"领域的，比如文旅产业、大健康产业、科技产业、农业扶贫等。

第三，收并购拿地。尽管收并购拿地交易周期偏长，且自有资金对货值的拉动效应不足，杠杆作用有限，但在当前行业形势下，它仍然是必要的途径。近年来包括融创、奥园等在内的不少标杆房企都通过收并购实现了快速扩张，尤其受 2020 年的新冠肺炎疫情影响，不少综合实力较弱的房企倒下，给行业带来了更多的收并购机会，其中也不乏一些优质标的。

在行业新周期下，小企业要做大越来越难，因为行业格局已经基本形成，垂直起飞、弯道超车的时代已经一去不复返。大量的中小房企压力很大，面临着融资成本高、品牌溢价不够、操盘能力欠缺等困境，而对于有实力的大型房企，则意味着很大的收并购空间。

此外，房企也可以根据自己的实际情况选择旧村改造、旧城改造、保障房建设、合作开发等创新的拿地模式。其中，合作开发是当今行业发展环境下的必然趋势。

综上所述，地产行业发展到 2021 年这个时间点，已然告别了规模跳涨的阶段，房企短期内跨入百强门槛、千亿门槛的概率越来越小。无论如何，对于房企而言，规模依然重要，只是应当追求以利润为核心的高质量增长。房企增长的动能也不再来自每个城市、每个项目的成功，而是来自结构性的机会。与此同时，土地和资金作为房企规模持续增长的基本要素，合理低价的土地和资金从哪里来，成为房企当下亟待解决的问题。总结来看，发力投拓业务和投拓战图、创新拿地模式，是房企当前阶段的重点方向。

第二节
合理布局：坚持组合投资，聚焦区域深耕

纵观头部房企过往投资城市的变化规律，我们不难发现城市投资潜力的轮动规律。2014 年及以前，一、二线城市经济快速发展，叠加城镇化等多重红利，房地产市场呈现商品房需求和价格齐升的态势，众多头部房企纷纷把投资集中于一、二线城市。进入 2015 年之后，一、二线核心城市的商品房限价政策接踵而至，此时三、四、五线城市恰遇棚改利好政策，各大房企的投资重点纷纷从一、二线城市向三、四、五线城市轮动。直至 2018 年，三、四、五线城市棚改红利逐渐消失，商品房供过于求的态势越发显著，投资风险快速攀升，而一、二线城市则依靠自身强大的经济实力和市场基础，保持高需求和高房价，头部房企布局向高能级城市回归。房企向高能级城市回归的轮动态势仅持续了一年多，"两集中"政策的推行将城市轮动快速推向了新的阶段。房企迫于 22 城[1] 土地及开发成本的水涨船高，开始

1　22 城：北京、上海、广州、深圳、南京、苏州、杭州、厦门、福州、重庆、成都、武汉、郑州、青岛、济南、合肥、长沙、沈阳、宁波、长春、天津、无锡。

向 22 城之外的强三线轮动，且未来仍有持续下沉的可能。

面对城市能级的轮动提速和城市间的分化加剧，房企能否顺应市场发展趋势，实现合理布局，将成为其未来能否稳健发展的重要影响因素。而房企想要优化城市布局，达到真正的合理布局，核心在于洞察行业布局的趋势，对城市进行科学合理的研判，并在选定的城市进行区域深耕。下文我们将从城市选择和布局模式两个维度入手，阐述房企现阶段如何实现合理布局。

一、城市选择：升级研判逻辑、强化组合投资

合理布局的第一步是选择具备投资潜力的城市，并进行合理投资。然而，当下地产行业城市分化持续加剧，高能级城市去化速度快但利润衰减，而低能级城市虽具有利润优势但去化风险持续走高，同时每个城市的潜力也随着宏观环境的转变而变化。房企只有借助持续优化和升级的研判逻辑，结合自身资金实力，对高能级和低能级城市进行组合投资，才能保持发展动力。

1.加强研判：遵循"二、三线城市看窗口，四、五线城市看流速"的研判逻辑

面对政策和市场的不断变化，我们对城市进行研判的逻辑也要与时俱进。当前的城市研判逻辑是二、三线城市看窗口，四、五线城市看流速。在判断窗口期时，我们也要关注多重因素对窗口期的影响，综合判断投资的最佳窗口期。

（1）二、三线城市项目利润偏低、拿地需抓住窗口期

二、三线城市的地价一直居高不下，一些比较热门的二、三线城市还推出了限价政策，在地价与限价的双重夹击下，二、三线城市的利润空间受到压缩。在限价政策不松动的前提下，若高价购入地块，

可能得不偿失。因此，房企想要布局二、三线城市，不能冲动决策，要基于严谨的投资预测，在土地价格较低的窗口期出现时抓住机会。

二、三线城市的窗口期总是时隐时现，房企想要抓住转瞬即逝的窗口期绝非易事。二、三线城市窗口期出现与否，主要取决于三个因素，分别是地方政府的供地规划、友商的市场预期和房企自身的市场预期，这些因素都受到外部宏观环境的影响。三者之间的博弈会导致窗口期时隐时现（见图4-3）。

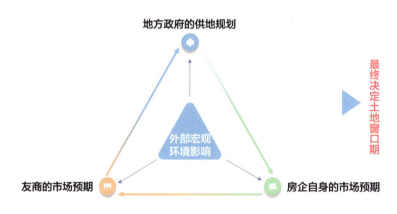

图4-3　二、三线城市窗口期决定因素

为此，房企一定要理解透彻城市窗口期的决定因素和模型，并将其真正落实到企业的研判体系之中，不要单纯靠感性认知进行判断，否则将事与愿违。房企可以在研判模型中纳入过去五年以上的市场数据，进行拉通汇总分析，并结合城市的供需情况进行判断。

（2）投资窗口期的影响因素众多，房企需从多维度综合判断

投资窗口期的判断对二、三线城市拿地至关重要，然而在政策、市场等多重因素的影响下，土地市场的投资窗口期在持续变化，且呈现出变化周期更短、判断逻辑更复杂的态势。可见，要精准把握投资窗口期，房企需要结合多个维度综合判断。

目前，对投资窗口期影响最大的是持续加码的政策调控。政策调控力度越大，越可能出现窗口期。以 2021 年为例，"两集中"政策的出台，使投资窗口期在城市和时间维度上均产生了新的变化（见图4-4）。

从城市维度来看，"两集中"政策的推动执行，令 22 城以外的城市出现拿地窗口期。例如，当杭州进行集中供地时，杭州与非集中供地城市形成了城市错配的形势，此时各大房企集中资金在杭州拿地，而非集中供地的城市就出现了投资窗口期。所以，在集中供地的政策之下，房企无须执着于 22 城的举地，反而可以把握住非集中供地城市的投资窗口期，在适合自身企业性质和特征的城市区域获取优质地块。

从时间维度来看，以"两集中"政策推出的 2021 年为例，2021 年下半年是房企投资拿地的窗口期，但同时也面临着更大的融资压力。2021 年，多数房企的合同销售目标存在较大缺口，需要加大上半年拿地力度并实现年内开盘和销售，从而保障全年业绩目标，因此，上半年土地市场竞争压力更大。房企应认识到：2021 年下半年多数房企的资金都在项目里，举地资金不足，加上政策对房企负债的严格限制，土地市场或将迎来投资窗口期；由于贷款限额的相关政策，2021 年下半年可能出现银行贷款额度不足的情况，所以导致融资难度大于上半年，需要考量多重因素综合判断。

（3）四、五线城市利润与风险并存，流速较高城市是首选

与二、三线城市相比，四、五线城市没有政府限价且地价偏低，所以就项目利润而言，较二、三线城市优势显著。但是四、五线城市的经济基本面较弱，且部分城市商品房供过于求的情况显著，去化风险不容小觑，一旦选错城市或地块就可能面临着血本无归的风险。

因此，房企在选择四、五线城市进行布局时，一定要考虑该城市的流速。流速包括供地流速、开发流速和销售流速三类。其中，供地

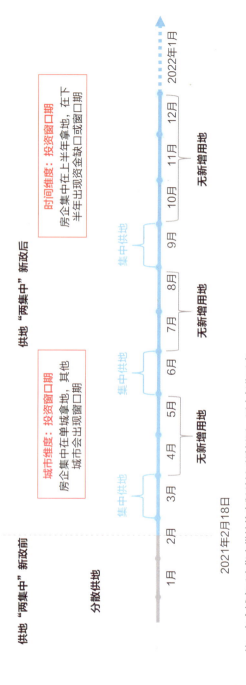

供地 "两集中" 新政前

供地 "两集中" 新政后

2021年2月18日

分散供地

城市维度：投资窗口期
房企集中在单城拿地，其他城市会出现窗口期

时间维度：投资窗口期
房企集中在上半年拿地，在下半年出现资金缺口或窗口期

集中供地　无新增用地　集中供地　无新增用地　集中供地　无新增用地

1月　2月　3月　4月　5月　6月　7月　8月　9月　10月　11月　12月　2022年1月

图4-4　"两集中" 政策下的投资窗口期变化

注：各个城市三次集中供地的实际时间不尽相同，图中仅作示意。

流速可以通过尚未取得预售证的存量地块计算，反映出政府供地力度的强弱；开发流速可以用已取得预售证但尚未出售的地块衡量，体现出开发商开发速度的快慢；销售流速则可通过本市居民持有的存量房产来表示，是对该城市商品房供需关系的度量（见图4-5）。

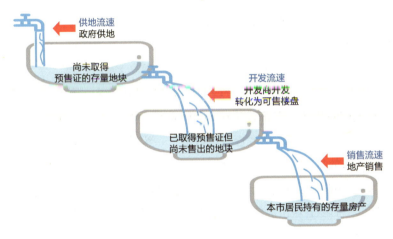

图4-5　四、五线城市流速监控示意图

梳理清楚三类流速后，房企在四、五线城市布局时，就可以汇总这三类流速近五年的数值和变化趋势，计算出该城市近五年平均的土地供需和楼市供需的数据，从而根据土地供需和楼市供需的实际情况分析该城市投资潜力。例如，通过计算发现某四线城市土地的供给比例过高，而楼市需求比例较低，那就表示投资这个城市的风险较大，此时布局不是上策。

面对二、三线城市和四、五线城市截然不同的研判逻辑，以及不断变化的影响因素，房企需要对已有研判的模型进行持续优化升级，以控制城市和区域选择的风险，为合理布局奠定坚实的基础。

2. 审视资金：城市间资金需求分化，房企需结合自身资金实力布局

城市布局不仅要关注城市的特征和变化，还必须审视自身的资金实力，选择与自身资金实力和业绩目标相匹配的城市进行合理布局，以防止因为资金使用过度引发的现金流风险和使用资金过于保守导致的业绩目标难以实现。那么，如何明确一个城市的资金需求是否与房企自身实力及目标匹配呢？这里需要引入一个重要的测算指标——货地比，不同城市的货地比可以直观反映要实现同等销售额，房企所需要的资金量以及由此对项目利润造成的影响。

我们对全国各能级的部分城市进行了货地比测算，可以看出不同能级城市的货地比有显著差异（见图4-6）。为便于后续分析，我们对各能级城市的货地比取近似整数值，一线城市的货地比约等于1，二线城市的货地比约为2，三线城市货地比约为3，四线城市货地比约为4，五线城市货地比约为5。由此不难看出，货地比在高能级城市较低，而随着城市能级的降低快速提升，部分五线城市甚至达到了7~10的超高货地比。

图4-6　不同能级城市货地比

资料来源：房企年报、明源地产研究院。

对于低能级城市，较高的货地比意味着房企可以用较低的土地成

本撬动较高的销售额。比如某房企的年度销售目标是 1 000 亿元，如果将项目全部布局在四线城市和五线城市，需要的资金量在 100 亿元左右。而对于货地比较低的高能级城市，要撬动同样的销售额则意味着巨大的资金需求和融资成本。我们仍以 1 000 亿元的销售目标为例，如果某房企的项目全部布局在一线城市，需要的资金量在 350 亿元左右，全部布局在二线城市所需资金量约为 200 亿元。可见，房企项目聚焦的城市能级，决定了这个企业所需要的资金。同样是实现 1 000 亿元的销售规模，集中布局在一线城市和集中布局在四线城市和五线城市相比，所需要的自有资金量差距接近 3 倍。

聚焦货地比更低的高能级城市，除了需要更多的启动资金，对融资成本的控制也提出更高要求。这是由于货地比越低，项目利润空间越小，那么融资成本的升高对利润的侵蚀就会非常明显。以二线城市杭州为例，在高地价和限售价的背景下，项目利润空间非常有限，几乎没有项目能够实现 10% 的利润率，如果此时再引入融资成本超过 10% 的前融模式，取货地比为 2 进行计算，可以得出 10% 的融资成本将直接造成 5% 的项目利润缩水，即使原本利润能达到 10% 的项目也将遭遇利润腰斩，这也是杭州各大房企基本不采用融资成本较高的前融模式的原因。

再以货地比为 5 的五线城市为例，房企布局实际所需的资金量仅为销售货值的 1/5，资金成本占整体销售规模的比重也仅为 1/5，10% 的高融资成本只会导致 2% 的利润缩水，融资成本对利润的影响较二线城市大幅减少。再加上低能级城市利润空间本就较高，项目利润超过 15% 并非难以实现，在 15% 的高利润之下，高融资成本造成的 2% 的利润缩水可以说是微乎其微。可见，货地比越高的低能级城市，对融资成本的宽容度越大；而在货地比较低的高能级城市，如果房企的融资成本没有得到严格控制，很有可能导致项目无利可图甚至负债累累。

所以，房企选择城市的时候，不应仅凭宏观政策和市场需求造就的城市风险和利润空间，就得出"四、五线城市去化风险高不宜恋战"或"一、二线城市流速高要加速布局"等结论，而是要在把握城市风险和利润走势的同时，清楚了解不同城市资金需求和规模实现之间的关系，结合自身资金实力及发展目标进行合理判断。

3. 组合投资："二、三线城市求现金流 + 四、五线城市求利润"的组合投资是必选项

高能级城市具备较高的流速，低能级城市拥有丰厚的利润，那么对于既追求规模又追逐利润的房企来说应当如何选择呢？

答案是组合投资。在高能级城市和低能级城市的组合投资，能让房企在获取高能级和低能级城市优势的同时，降低任何一方可能带来的风险。在当下的组合投资中，二、三线城市的项目作为现金流型项目保证房企的现金流量和规模，四、五线城市的项目作为利润型项目实现房企的利润和规模突破。

二、三线城市的项目成为房企的现金流型项目，主要是因为二、三线市场的经济基本面较好，人口处于净流入状态，需求更有保障，销售风险更低，安全性高；二、三线城市较好的楼市前景，也更受资本青睐，融资环境好，企业的融资难度更低；二、三线城市的项目单体规模大，在同等销售规模下，所需的管理体量较小，所以二、三线城市的项目可以较为轻松地将自有资金放大，做大现金流，房企可以安全地冲规模。

尽管二、三线城市的流速、融资都较为理想，但是融资难度低仅仅意味着房企可以融得的资金额度较高，融资成本却有可能十分昂贵。二、三线城市的限价政策一直没有放开，部分热点城市近年来甚至有所收紧，土地市场也十分火热，地价居高不下，这些因素都导致了二、三线城市的项目利润偏低，房企很难获取足够利润。同时，房

企聚焦二、三线城市，所需的巨大资金量会放大房企的投资风险，在二、三线城市"五限"政策严苛的背景下尤为突出，稍有不慎，便是赔本赚吆喝。

与二、三线城市不同，四、五线城市由于没有限价政策的约束，项目利润更高、项目开发周期也短。但是，四、五线城市的融资环境不好，企业的融资难度高，这意味着房企必须使用自有资金进行投资，在低流速的前提下，资金占用成本不容小觑。此外，四、五线城市人口往往处于净流出状态，市场需求缺乏保障，安全系数低。如果销售能力不足，那么，制订的投资回报计划都只能是"镜中花、水中月"。

可见，无论是在二、三线城市布局还是四、五线城市布局，都并非十全十美。房企无论聚焦于哪个能级，都有相应的风险。因此，对于规模还有一定诉求的房企，就必须进行"二、三线求现金流+四、五线求利润"的组合投资。二、三线城市可以帮助企业安全地冲销量，因此，企业要加大对二、三线城市的拓展力度，适当弱化赢利目标，同时兼顾四、五线城市的投资，保障自身利润。在二、三线城市布局，扩大品牌影响力，并向下覆盖，沉降到周边的四、五线城市，是目前很多企业已经采取的做法（见图4-7）。

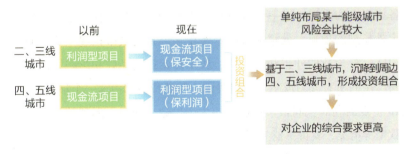

图4-7　二、三线城市与四、五线城市投资组合

总之，不同能级的城市都有其优势和风险，聚焦单一城市能级的策略风险较大，已经不能满足企业持续发展的需求。房企投资布局二、三线城市看窗口，布局四、五线城市看流速，组合投资成为房企的必选项。

二、布局模式：强化区域深耕，实现降本增效

随着土地价格不断走高，限价政策却越发严苛，房企囤地收益大幅下降，基于区域深耕的高周转已成标准门槛。很多房企都采取区域深耕策略，收缩投资范围，加大布局密度，在精挑细选的城市内进行深耕。房企通过区域深耕，抓住城市机遇，规避投资风险。

1. 依靠外拓难保利润，深耕模式成为房企布局主流

在地产行业整体形势向上的时代，每个项目都赚钱，房企投资可以广撒网。而现在，行业形势向下，房企项目呈现"三三开"局面：三分之一亏损、三分之一持平、三分之一赢利。房企在投资布局上左右为难，要么提高投资标准，拿不到地，要么降低投资标准，不赚钱。

面对当下的投拓难题，区域深耕成为优质应对方案，并引起了各大房企的重视。以一个有 10% 利润空间的项目为例，如果这是一个外拓型的项目，就意味着房企要在一个新的城市构建完备整编的团队、洽谈新的外包和供应商、从零开始打造品牌和影响力，这期间产生的所有人力成本、管理费用、营销费用都由这一个项目承担。10 个点的利润空间很快就被压榨为个位数。如果再遇到销售差或回款慢等情况，就得不偿失了。

而这个利润率为 10% 的项目如果是在房企的某个深耕城市里，这个项目所需要的完备编制的团队就可以成为多个项目的共享团队，

而外包、供应商、品牌等资源都成为多个项目的共用资源，项目期间产生的人力、管理、营销等成本也可以分摊到多个同时开展的项目上，这极大地保障了这个项目 10% 的利润，降低了项目成本和风险。同时，城市深耕令房企更了解当地居民的需求，也让居民更信赖房企，侧面保障了新项目的销售和回款。

由此可见，选对城市和区域并进行深耕，是房企应对当下行业下行局面的有力举措。鉴于此，各大标杆房企已经纷纷加大城市、省域、片区的深耕力度。城市深耕是指房企在单个城市实现高单产，例如万科在深圳、上海、西安等多个城市的销售额都超过 200 亿元并且都分别位于这三个城市的前二位；省域深耕就是聚焦某一个省份持续精耕，例如河南建业、康桥等房企均在深耕省份拥有极高的市场占有率；片区深耕是指房企重点聚焦于某个城市群，比如万科、保利等房企就在大湾区内拥有颇高的销售额且仍在持续加大拿地力度。

虽然区域深耕是大势所趋，但房企在执行过程中切忌过度局限，应适度融合深耕和外拓两个理念。区域深耕确实意味着资源和资金的集中投放，但并非要求房企摒弃区域外拓，尤其是在因城施策的大背景下，如果房企在大本营坚守不出，则将令自身的抗风险能力大打折扣。因此，区域深耕传递给我们的核心理念应当是，在行业下行、利润收窄的当下，房企不应为了追求规模配置大量"机动型部队"，在全国各地抢资源，而应在适合自身发展的多个区域或城市配置"深耕型团队"，将这些区域和城市做深做透。

2. 规模房企聚焦区域深耕，源于深耕三大核心优势

纵观各大标杆房企布局变化趋势，许多原本就具备深耕优势的房企进一步加大了深耕力度，而不少原本注重外拓模式的标杆房企也已纷纷转变开发模式。以龙头房企近几年的深耕表现为例，绿城、新城等标杆房企的新进城市数量都呈现出明显下降趋势，它们均通过减

慢外拓节奏，将资源和资金倾注于已布局的优质城市和区域。标杆房企单城市产值及项目数量的数据也显示，2020 年，万科、融创中国、保利发展等标杆房企城市平均单产和城市平均项目数量均处于较高水平，其中万科 2020 年城市平均单产甚至达到 75 亿元，每个城市平均开发 9 个项目，成为房企学习的典范（见表 4–3）。

表 4–3　2020 年标杆房企单城市产值及项目数量

排名	企业名称	销售金额（亿元）	城市数量（个）	在售项目（个）	城市平均单产（亿元）	城市平均项目（个）
1	碧桂园	7 888	289	—	27	—
2	中国恒大	7 233	234	1 171	31	5
3	万科	7 042	94	875	75	9
4	融创中国	5 753	70	—	82	
5	保利发展	5 028	98	634	51	6
6	中海地产	3 603	83	—	43	
7	世茂集团	3 003	102	434	29	4
8	华润置地	2 850	69	—	41	—

注：部分数据暂缺。

资料来源：企业年报、明源地产研究院。

　　区域深耕究竟能为各类房企带来哪些红利呢？城市深耕为房企带来的红利其实是一种综合型红利，通过帮助企业降低成本、加强营销、控制风险、构筑竞争壁垒、衍生全新商业模式等提升房企综合竞争力。我们在此总结了区域深耕的三大核心优势，可以帮助房企实现降本提效，提高发展质量。

　　第一，区域深耕可以增加项目密度，降低项目成本和费用。选择区域深耕的房企在同一城市内密集布局，多个项目之间可以实现资源共用。例如，同城多个项目之间可以共用销售、财务等人员，降低人力成本；先后开盘的临近项目也可以共享销售处等营销资源，有效降低销售成本。

第二，洞察和理解客户需求，树立口碑，保证售价和流速。通过深耕，房企可以更深刻地洞察和理解客户需求，做出更贴近本地客户需求的产品，获得市场认可。同时，多个项目的密集营销，能够保障品牌持续发声，短期内给大众留下深刻印象，实现营销上的规模效应。例如，深耕杭州的滨江集团在杭州拥有极高的市场认可度，开盘售罄率远高于区域平均值。

第三，基于深耕，衍生出现代服务等新的商业模式。随着区域深耕的推进，当项目分布密度达到一定程度，房企可以顺势发展物业、代建等周边产业，充分利用深耕区域对企业的市场认可度，产生服务和管理上的规模效应。例如，H企在长期深耕河南省的基础上，衍生出了多种相关业态，其中，H企新生活集团已成功登陆港交所，可见资本市场对这种商业模式的认可。

除以上三大核心优势之外，区域深耕给房企带来的好处还有很多。例如，同一区域内多个项目差别定位、相互协同，分别承担现金流回流与利润增长的任务，可以进一步提高企业抗风险能力；区域深耕还能实现布连环局，拉升存量货值，基于存量项目狙击新进入者，构筑竞争壁垒，建立起局部市场的竞争优势。

区域深耕不仅是房企自身的战略选择，也是行业发展、环境变化提出的现实要求。区域深耕带来的企业价值应该成为行业的共识。房企想要持续发展，就需要将"外拓"的开发模式转为"固守"的开发模式，在保证项目宽度的前提下，深挖价值的厚度。

综上所述，城市分化和区域分化特征越来越明显，城市之间的地产行情更加独立，二、三线城市已成各大房企的兵家必争之地。能否做出精准的城市研判，并基于选定的城市进行区域深耕，成为房企快速提升销量的必修课。房企要想积极应对当前局势，实现合理布局，需要及时把握行业布局趋势，建立完善的城市研判模型，并进行区域深耕。总而言之，房企只有独立思考、与时俱进，精准把握区域发展动态，才能实现合理布局，满足自身发展与安全的需求。

三、区域深耕的典型代表：H 企

在项目利润持续承压，精细化管控成为"救命稻草"的当下，区域深耕成为各大房企城市布局的主流趋势。那些长期坚持区域深耕的典型房企，在这个时期快速崛起，不仅获得了业绩的大幅提升，也在全国排行榜中证明了实力。

与一些房企扩张外拓、打游击战相比，H 企选择了在局部区域打阵地战，深挖河、高筑墙，在一个内陆省份，创造了销售规模和资产规模双双破千亿的"地域奇迹"。如此亮眼的成绩单，在全国所有的内陆省份中，几乎没有第二家房企。

1. 持续深耕河南，提升企业品牌及本土客户满意度

2002 年，H 企首创并践行"省域化发展战略"，以覆盖河南所有县级市为目标，将城市布局下沉至广大四、五线城市。2017 年，H 企实现"省、市、县、镇、村"五级联动，成为全国少数几个省、市、县、镇、村全覆盖的企业。2019 年，H 企完成河南省 18 个地市和 104 个县的全覆盖，且在其中绝大多数城市不止一个项目。

当一家企业在一个区域的深耕做到极致的时候，会产生什么样的效应？H 企在新房均价只有 7 000 元 / 平方米左右的河南省做到了千亿规模，这意味着，其销售面积要超过 1 500 万平方米。庞大的量级背后，离不开多年深耕经验积累出的丰富资源和品牌口碑，也让其打造的产品可以深度贴合用户需求，赢得客户的喜爱和信赖。

（1）基于区域深耕，借助丰富的本土资源降低项目成本，提升市场份额

H企在每一个地市、每一个县都特别强调市场份额，在一些县级市乃至乡镇的项目，最低单价只有4 000多元。对于很多房企而言，这么低的单价不仅无法获利，甚至连工程成本都难以覆盖。对此，H企有自己的优势：借助深耕，H企在当地建立了良好的政商关系，积累了丰富的供应商资源，拿地成本很低；设计方案可以批量复制，供应商也可以采用批量模式来建造。这使得H企的开发成本大幅降低，同时可以保障质量。

（2）基于区域深耕，深刻理解本土客户需求，产品高度契合客户需求

H企深谙客户需求，结合对本土市场的精准把握，目前已经形成了非常丰富且成熟的产品线，比如奢华系列的府系和筑系，尊享系列的城系、里系、半岛系、城邦系、园系等。H企以"建筑幸福人居，营造美好城市"为初衷，一城一策、一项目一论证、一建筑一创新、一户型一优化，打造人性化、高品质的人居产品，承载家庭梦想，满足客户需求。

正如H企董事长所言：企业家要有匠人精神，咬定青山不放松，在市场边界划定之后，能花费10年、20年的时间，打造一个"根据地"，只要在这个"根据地"里"深挖河、筑高墙、打笨仗"，就一定能占据一席之地。

（3）基于区域深耕，在河南本土享有很高的品牌知名度，营销费用低

H企凭借多年深耕和对客户需求的精准把握，在河南本土享有很高的品牌知名度。提起H企，几乎无人不知、无人不晓，这有效节约了企业的营销宣传费用。住在H企的小区，业主也会有一种自豪感，因此河南在各地市，即使H企的房子1平方米贵几百块钱，老

百姓也会优先考虑。

任何企业的核心竞争力都必须具备独特性、一贯性、不可模仿性。H企按照这一规律，基于自身独有的资源和能力，打造了一套竞争对手难以模仿的营销服务体系——以全员、全时段、全覆盖为核心，拉动各圈层资源进行营销，比如组织"百万客户游郑州"活动，吃H企大食堂，住H企旗下酒店，游H企电影小镇；又如让H企新筑、橙园业主享受电影小镇终身免票入场权等。

2. 基于高密度的布局网络，打造"H企+"App，整合多方资源

世界上有两种企业可以做得很成功，一种是专注于某一类产品的企业，另一种是在某一个区域内做多元化的企业，H企选择成为后者。H企于2015年发布"新蓝海战略"，开启从"房地产开发商"向"新型生活方式服务商"的战略转型，除地产开发外，布局物业、商业、酒店、科技、教育、农业、旅游、金融、文旅、足球等多元化业务板块，目前已经涵盖客户的"衣、食、住、行、娱、购、游"各个领域。

H企通过"H企+"App，将上游供应商资源与第一方客户资源链接在一起（见图4-8）。上游供应商受H企充沛客户资源吸引，汇聚在该平台之上，通过"H企+"App实现收益的兑现。第一方客户的身份首先是H企的业主，其次是"H企+"App会员。作为H企的业主，客户需要实现权益的打通；作为"H企+"App的会员，客户会产生消费需求，这时就可以通过"H企+"App，进行线上及线下的消费。

整体而言，H企基于在河南的多年深耕，无论是在项目数量上还是在多元化产业布局上，已然在河南织出了一张高密度的网络。而基于这个网络，"H企+"App可以整合来自业主、球迷、学生家长、酒店会员等多方客户资源，并打通商家资源，为会员带去更丰富、更

图 4-8 "H企+"平台的应用场景

优惠的生活服务，有效增加客户黏性。

　　综上所述，深耕河南省域的H企另辟蹊径打出了一套新拳法。首先，H企紧抓郑州优势，向周边重点县市发散性深耕布局，对外经营政商关系、塑造本土品牌形象，对内专注产品及服务力打磨；其次，H企使用多产业协同策略，打造"H企+"App多产业生态模式，实现区域商家资源、区域客群资源以及省域联盟资源三方打通；最后，H企的深耕和多产业布局并不是相互独立的，高密度城市深耕为多元产业布局带来了更多机遇，多元产业布局又恰巧迎合了不同地方政府的需求。由此可见，专注省域深耕的H企已在新拳法的支撑下，立得稳、行得快。

　　坚持深耕的企业确实在当下收获了丰硕的果实，但房企仍需要对深耕打法保持理性和正确的认识，深耕并非放之四海皆准的最佳打法，而是应对当下市场和政策环境的产物。随着行业环境的变化，深耕的优势也可能会成为风险，比如2021年河南突如其来的水灾，令坚守河南的H企遭受损失。所以，房企要想实现良性发展，就要时刻感知市场和政策环境的变化，持续升级应对举措。

第三节
管理练内功：精细化练内功是保利润的关键

在地产行业起步初期，国内经济的腾飞叠加多重政策的驱动，使得土地红利全面释放。在这一阶段，土地价格低廉且供应充足，房企仅通过捂盘晒地就能获得规模的快速增长，即使出现投资失误，房价上涨也能把原本的项目损失覆盖。也正因为如此，这一阶段房企的内部管理普遍比较粗放，甚至是手工作坊式的管理模式。

随着中国经济结构的不断调整与优化，地产行业定位由原来的"助推器"转为"稳定器"，"晒地就能赚钱"的时代一去不复返。一些房企逐渐意识到管理的重要性，开始实行规范管理，不乏有些房企借此实现进一步发展，成长为行业标杆。整体而言，这一阶段的房企为应对调控，普遍采用高周转模式，快速去化、回款成为房企运作的核心，这使得房企的内部管理更偏重于营销端，且整体精细程度不足。

时至今日，地价居高不下、政策持续收紧已成常态，房企的亏损项目数量大幅上升，利润空间被严重压缩。随着调控的持续深入，房企旧有的增长模式显然难以为继，此时，精细化练内功就成为房企保利润、稳增长的必修课。本节我们将从成本力、运营力、营销力、经营分析和基于深耕练内功五大维度，阐述房企管理练内功的具体策略，助力房企以全新视角提升经营管理能力，从而在激烈的市场竞争中长久立足。

一、锻造成本力，为利润增长赢得空间

地产行业最核心的竞争环节之一，就是成本端的竞争。在拿地时

收入已基本被锁定，要想实现利润的兑现与增长，可挖掘与调整的空间便在成本端，成本的下降往往意味着企业利润的增加。如此一来，强化成本力就成为企业破局的重要举措。那么，房企应如何强化成本力，才能最大程度地实现降本目标呢？

1. 成本管控：把握成本管控核心要点，依照正确顺序发力

强化成本力的第一个着力点，就是成本管控。我们从成本管控的核心要点以及成本管控的正确发力顺序两个维度进行解读。

（1）成本管控的核心要点：限额适配、战略集采、前置策划、对标学习、系统落地

受限价政策影响，成本管控已经成为房企经营管控的核心，谁的成本管控更到位，谁就能向下求得更大的利润空间。具体来说，房企成本管控有五个核心要点。

第一，限额适配。限额适配的本质是"好钢用在刀刃上"，在降成本和出效果之间取得最佳平衡。在行业普遍追求产品和服务品质提升的背景下，简单粗暴地降配置不是出路，房企应在确保总额不超标的基础上，在可支配的限额范围内做到成本适配。

客户自然希望产品的方方面面令人满意，但这并不现实。企业需要深入研究本地市场的客户特征，并基于客群分析，挖掘客户的需求敏感点，进行差异化的成本投入。成本结构可以分为结构性成本、敏感性成本、功能性成本，严控结构性成本、多投入敏感性成本、合理投入功能性成本。

具体来说，严控结构性成本就是在客户看不见的地方、不愿意买单的地方，比如桩基、柱、梁、板、墙等，严控成本，设定成本红线；多投入敏感性成本就是在客户看得见的地方、愿意买单的地方，比如园林景观工程、门窗工程、外立面装修、大堂精装修、智能化工程等，保障投入底线，投足而不克扣；合理投入功能性成本就是对于

实现项目用途必不可少的功能或基本功能之外的附加功能，保证合理投入即可。如此，房企才能在最大程度地压缩成本的同时，保障项目的质量和效果（见图4-9）。

严控
■ 桩基
■ 柱、梁
■ 板、墙

结构性
成本

敏感性
成本

多投入
■ 园林景观工程
■ 门窗工程
■ 外立面装修
■ 大堂精装修
■ 智能化工程等

功能性
成本

合理投入
■ 基本功能：实现项目用途必不可少的功能
■ 附加功能：基本功能之外的附加功能

图4-9　基于客户视角的差异化成本投入策略

第二，战略集采。战略集采具有大宗性、普适性、计划性以及规模性等突出优势，房企可与优质供应商达成长期战略合作伙伴关系，强化战略集采，并有选择性地扩大战略集采的品类，实现以量换价，降低采购成本，规范采购管理，提升采购效率，防范质量风险。

第三，前置策划。"成本管理必须设计先行"的观念早已在成本管理人员的意识里根深蒂固，那么没有设计图纸是否也能开始成本管理？答案当然是肯定的。前置策划是实现成本事前控制的一种重要的管理方式，成本管理人员站在企业经营战略的高度，根据项目的定位及成本总控目标整体分析，规划项目在设计、施工等各个环节的成本配置，并基于前置策划的工作成果，进行持续的成本优化；同时，沉淀前端的策划方案模板，做到只要项目启动，后面的管理动作就自动履行。前置策划让房企的成本管控更有效率。

第四，对标学习。房企要和优秀企业对标，找出自身差距，明确提升空间，通过学习优秀企业做法，持续优化、完善自身管理，从而使成本管控更完善、更到位。

第五，系统落地。通过传统的人工方式进行成本管控，不仅效率低下，还有许多力不能及的盲区，导致管控不到位、不充分。这时候，房企就要搭建信息化的内控系统，把管控逻辑写进系统，借助数字化手段提升管控质量。

（2）成本管控的正确发力顺序：区域深耕、理性投资、降低税负、生态合作、优化结构、业务管控

当前的成本管控不仅包括建安成本、营销成本等传统的成本项目，还要将布局等对成本有重要影响的前端环节也纳入考虑范围。也就是说，我们要真正从企业节约成本、创利保利的角度，全面审视各个环节对成本的影响程度，并且要站在老板的视角，强调正确的发力顺序，只有如此，才能够在提升成本管控能力时做到有的放矢、事半功倍。成本管控的正确发力顺序如下。

第一步是区域深耕，提升资源利用水平和人均效能。企业将原本外拓式的布局模式转为深耕模式，增加同一管理团队和设施所服务的项目数量，可以提升资源复用的频率，提高管理团队的人效和费效，从而大幅降低分摊到单一项目的管理费用、财务费用和营销费用。

第二步是理性投资，提高投资精准程度，确保每个项目的利润空间。投资决策环节能够对项目的总体成本产生决定性影响，因此，在前端投资拿地阶段，投拓人员要做到不轻易加预期，尽可能通过合作及勾地模式降低拿地成本，保证项目利润空间，并进一步做好利润和现金流的平衡，这是保障项目总体成本可控的前提。

第三步是降低税负，全面审视企业完整价值链。近年来，房企税收占利润的比重连年上升，在利润越发微薄的当下，税负已经对企业利润造成了很大程度的侵蚀，亟须采取应对措施。通过重组项目开

发生态链、打造供应商合作模式等途径，房企可以更好地进行税务筹划，有效降低企业综合税负。

第四步是生态合作，实现供应生态从"管理"到"合作"的转变。仅仅关注企业内部的成本并不足以全面提升成本管控能力，房企还需要从供应链生态上下游着手，全面审视和改革原有的层层发包的生态合作模式，将各个环节有机串联起来，实现合作共享，最终达到整个供应生态链的良性循环，真正实现全链条成本可控。

第五步是优化结构，提升投资回报率。市场对产品需求的变化，供应商体系和施工工艺的变迁，决定了地产开发的成本结构不能一成不变。企业需采取差异化成本投入策略，及时提升和优化成本结构，用最少的投入做出最大的价值，从源头提升成本管控能力。

第六步是业务管控，管好每一处"跑冒滴漏"。千里之堤，溃于蚁穴。尽管每个业务环节的成本费用单独来看都无足轻重，但汇总起来，对于企业整体利润仍有十分显著的影响。因此，房企需加强各个业务环节的成本、费用的管控，真正做到好钢用在刀刃上。

综上，要实现成本管控能力的全方位提升，房企要做的是跳出传统的成本管控思路，真正从提升企业利润的角度出发，按照正确的顺序发力，把对成本造成显著影响的每一个环节管控到位。

2. 费用管控：树立全新思路，提高三费管控效率

强化成本力的第二个维度是对费用的管控，也就是财务费用、管理费用和营销费用管控。三费的高低直接关联房企的净利润水平，但这并不意味着房企的费用率越低越好，关键在于资金的使用效率如何，能否最终达成预期效果。对此，我们需要树立新的管控思路和模式。

（1）财务费用管控：确保节点进度完成，尽可能多地创造融资机会

财务费用管控的关键不仅在于融资成本的高低，如果为了节约一

两个点的融资成本，而错过了宝贵的融资窗口期，得不偿失。大体上说，财务费用管控有两个关键点。第一，确保节点进度完成。企业计划在某个节点进行投资，融资到账后，若由于节点延误导致钱没有投出去，就会落入有钱拿不到地的窘境。第二，打通各类融资渠道，尽可能多地创造融资机会。

随着近年来金融信贷政策的不断收紧，房企能融到钱已属不易，因而在费用管控层面，我们应更多着眼于降低管理费用和营销费用。

（2）管理费用管控：通过总包合同费用模式，与供应商建立长期合作关系

管理费用科目多、管控难度大，其管控的关键是基于大数据，进行多年、多个区域、多个部门每笔费用的横向、纵向对比，找到一个参照系，在各个维度出具对标分析报表，从中找到问题和漏洞。只有如此，房企才能真正将管理费用管控到位。眼下，管理费用管控最核心、最值得推广的手段，便是通过总包合同费用模式，与供应商建立长期合作关系。

F 企正是通过这样的大总包合伙人模式，构建出互信互利、长期合作的"F 系"大家庭，从而有效降低了管理费用。就内容而言，F 企的大总包合作单位主要承担的内容包括基桩、土方、土建、机电等施工环节；而 F 企项目的设计、园林、精装修一般不归属总包，通常由长期稳定的专业合作单位负责；此外，对于玻璃等建材的采购，F 企也有长期、大型的采购合作商。

就合作模式而言，F 企坚持工程款按月现金支付，不用商票、保理、工抵等方式付款，在供应商圈子内形成了非常好的口碑。目前有8 家总包单位与 F 企建立了长期战略合作关系，其中合作最久的已长达 28 年。总包单位不仅是 F 企的合作伙伴，也是与 F 企深度绑定的利益共同体，双方以小股东入股的方式进一步深化互信互利的长期合作关系。

此外，F企长期在杭州建立了良好的企业信誉和经营成果，总包单位愿意让利给F企，以低于市场报价的价格为F企提供服务。F企大总包合伙人模式为房企管理费用管控提供了示范，值得广大房企学习和借鉴。

（3）营销费用管控：减少低效或无效的营销渠道，提升营销的效率和效果

房企的营销水平直接影响到企业的销售规模和利润率，在微利时代，营销费效提升已成为房企谋求长远发展过程中绕不开的话题。总的来说，营销费用管控包含三项重点内容：样板房、佣金和渠道费用。其中，样板房属于工程费用，佣金跟销售绑定，两者的管控空间有限，渠道费用就成为营销费用管控真正的落脚点。营销费用管控的核心绝非简单粗暴地降低营销费用，而是通过减少低效或无效的营销渠道，提升营销的效率和效果。

渠道费用管控可以通过数字直观呈现费效情况，比如"2450153"，即房企在某个渠道投入24万元、带来50个电话、促成15个到访、最终3个成交。通过这种费效对比数据，房企可以清晰地了解渠道带来了多少流量，哪个渠道费效高、哪个渠道费效低，从而关闭费效低的渠道，调整渠道资源的倾斜度。为此，房企需要全面升级解决方案。

3. 利润管控：锁定管控关键，以全面升级的内控体系和强大组织力量为支撑

在严厉的调控政策组合拳的冲击下，地产行业赢利能力下滑已是不争的事实，房企不得不从追逐规模切换到追逐利润的新赛道。但是房企的利润管控存在黑洞，包括拿地拍脑袋、方案变更多、目标成本高、变更签证多、节点未达成、销售不达预期、费用无管控、税务无筹划，每个黑洞都会吞噬大量的利润。于是很多房企痛定思痛，把上

述问题作为改进的核心方向。那么如何实现高质量的利润管控呢?

（1）利润管控难点：真实数据滞后，影响因素多，业务指标复杂、难处理

对于房企而言，基于利润指标管控相较于基于营销指标管控，难度系数呈几何级倍增。因为销售目标相关的认购额、销售额、回款额等指标，可以基于认购合同、签约合同、收款凭证计算出准确的数值，而利润指标却面临着真实数据滞后，影响因素多，业务指标复杂、难处理等问题。

其一，企业每一年度的实际利润由三部分组成，分别为本年度已结转项目的利润、本年度开发中待结转项目的利润和本年度未开发未结转项目的利润。由于房地产项目的开发周期较长，老板所看到的利润通常是几年前开发项目所结转的利润，真实的利润数据永远滞后，极易造成经营决策的偏差。本年度开发中待结转项目的利润是企业利润管理的痛点，本年度未开发未结转项目的利润则是企业利润管理的盲区，高质量的利润管控需要三者兼顾，全面审视和把控。

其二，影响利润的场景和因素非常多，从最初的拿地到最后的利润兑现，过程中规划的调整、方案的变化、定价的变化、工程节点的变化、实际销售价格的实现程度、可售面积的变化、公司费用的波动、各项成本的变化等，都会对利润指标产生重大影响。因而高质量的利润管控对公司业务、流程闭环的要求也颇高。

其三，影响动态利润的业务指标往往散落在公司的各个业务板块，各个部门的业务变化都会导致利润变动，且有的业务上了系统、有的业务没有上系统，有的数据准确、有的数据不准确，数据口径难以统一，这些因素都给利润管控带来了巨大挑战。

（2）保利润的六大关键：库存、利息、两费、集采、变更和税负

正所谓"擒贼先擒王"，保利润也需从要害处下手。我们进一步梳理了房企保利润的六大关键，包括库存、利息、两费、集采、变更

和税负，并分别阐明这些要素对企业利润的影响，为企业指明发力的方向，助力其有效提升利润指标。

第一是库存。过去，库存属于企业的"资产"，因为在房价快速上涨时期，项目延缓销售反而可以获得更高的售价，同时，货地比较高、项目利润率高，足以覆盖融资成本，房企可以通过将库存抵押给金融机构，将库存作为融资的手段。而现在，房价被抑制，库存的价格难以走高，新投资的项目回报偏低，企业去化速度显著下滑，存货占用了企业大量的资金和人力，库存慢慢成为企业经营的"癌症"。为此，房企需要强化去库存，并基于全新的价格动态估算新的货值，确保货值的准确性。

第二是利息。地产行业较其他行业而言资金相对密集，财务杠杆和借款利息开支较高，由此产生的巨额利息正在侵蚀房企的利润空间，部分房企甚至将近半数利润用于支付利息。在房企利润率下滑的当下，有效控制利息成本的重要性不言而喻。

第三是两费。两费是管理费用和营销费用。在房地产市场上行期，两费并非影响房企赢利的关键要素，故房企对两费关注较少；现如今，行业赢利承压，合理管控两费费率成为房企实现利润突围、品质经营的必由之路。

第四是集采。产品标准化是开展战略集采的前提，很多标杆房企已经在此维度上进行布局和发力。例如，中城联盟汇集众多房企的采购需求，整合采购资源，精选优质供应商，通过战略集采，有效降低房企采购成本及管理成本，为利润腾挪空间。

第五是变更。由于变更次数多、变更金额大导致的目标成本和结算成本差异大，是企业成本管控的一大障碍。对于很多房企而言，变更并不是一个很受重视的问题，但变更对利润的侵蚀力度不容小觑，在行业下行阶段，尤其要引起企业的高度关注。

第六是税负。普遍来看，房企税负占收入的比重呈上升趋势，不少企业统计后发现，税负已经成为挤占房企利润空间的首要因素。所以，如何统筹税负、如何减轻税负压力，是想要提升利润的房企必须攻克的难题。

（3）利润管控支撑：全面升级内控体系，优化人才结构、组织架构与激励机制

我们认为，企业的利润管控，不仅仅是绩效考核方式的调整，更是一整套多维均好的经营体系的构建，它追求的是规模、质量、成本、进度的均衡。为达成这一目标，房企需要用一整套全面升级的内控体系保障利润考核的执行落地，在战略目标制定、经营目标分解、不同阶段测算精度保障、过程业务数据动态上浮、业务目标与财务结果动态转化、未来项目利润预测等方面，进行严密管控，以确保利润管控的最终效果（见图4-10）。

图4-10　通过全面升级的内控体系，真正实现目标利润的全周期兑现

同时，优化人才结构、组织架构与激励机制，以强大的组织内生力，支撑企业真正向利润管控转型。第一，优化人才结构，从以前外拓式的人才导向，转向下沉经营式的人才导向。第二，优化组织架构，以提升组织人效为核心，强调深耕、谨慎外拓。第三，优化激励机制，激励机制不能只是激发斗志，更要鼓励深耕和下沉，强调利润

的实现：首先，将核心考核指标从"销售额""进度"转为"利润"，明确公司的标准指标数据库，避免沦为数字游戏；其次，加大"项目奖金"的比重，减少"年度奖金"的比重，鼓励员工基于长期视角，保证项目的利润兑现；最后，面向生态合作供应商，适当开放股权合作，真正实现合作共赢。

二、强化运营力，全面提升运营效率

房企练内功自然少不了提升自身运营能力，强大的运营力既能够推动经营业绩的高效达成，也能够确保业务经营过程保持健康状态。下文中，我们将围绕运营力的两大关键动作——货值管理和回款管理展开阐述，同时介绍如何通过基于全面预算的大运营体系，将房企运营力真正落地。

1. 货值管理：盘点掌握货值情况，基于财务视角去库存

对于房企来说，最重要的产出就是"房产"，而体现房产价值的指标就是货值，货值的大小直接影响房企的收入总额，其重要性不言而喻。精益化的货值管理，是房企流动性风险控制的关键，可以帮助房企灵活应对市场变化，及时调整开发策略，并最终实现动态收益的全过程监控。

（1）货值管理的关键：盘家底

房企进行货值管理的前提和关键，我们称之为盘家底。所谓盘家底，是指对货值情况进行整体盘点和掌握，对库存结构进行多维度分析，对各阶段资源及未来资源转化情况做到心中有数，从而制定有针对性的货值管理策略。总的来说，盘家底主要涉及以下三个方面。

其一，存货货值。企业管理层，特别是项目总经理和运营部门需要掌握项目的总体货值，统计现有土地资源的货值数据以及在建、在

售、库存等规模，能否满足企业的开发时长，能否满足企业未来增长的要求。

其二，产品结构。企业当前存货由哪些产品构成，货值情况如何，住宅楼有多少、商业楼有多少、车位有多少等。某企业在年初盘点时发现100多亿元的可售货值中，有40多亿元是商业楼和车位，库存占用极高，且不易变现，这样的产品结构显然与企业的高增长目标背离。

其三，区域结构。分析库存的区位特征，比如企业当前在一线城市的库存、在二线城市的库存、在三线城市的库存，以及在不同限购级别的城市中的库存。

除上述内容外，盘家底可能还会涉及未来1～3个月的供货货值，即土地储备中有多少是可以快速周转的，有多少是需要慢慢开发追求利润的。运营部门需要根据上述信息进行整体资源的统筹，及时优化产品、开发、营销决策。

（2）标杆房企去库存策略

如前所述，市场价格持续横盘，库存已经成为房企的"癌症"，会占用宝贵的资金、吃掉仅有的利润，所以积压的库存如何去化成为房企的头等大事。近年来，不少标杆房企从战略高度采取举措，加强货值管理，加快库存去化。例如，标杆A企针对去库存组织了专题研讨会，围绕六大核心策略加快去库存。

其一，分类去化。按照库龄、业态、区域对库存进行分类盘点。从业态角度，对住宅、商铺、车位、别墅、公寓等不同业态采用不同的折扣力度推动去化；从时长角度，对积压3～6个月、6～12个月、1～2年、2年以上的库存采取不同策略；同时，根据去化难易程度，将库存划分为安全库存、周期性库存、闲置性库存，优先处理容易去化的库存，成立专家小组专项应对难去化的库存，并通过巡检给予专项帮扶和辅导。

其二，源头控制。A企强调，去库存的关键不是如何处理已经形成的库存，而是如何把库存问题消灭在前期的策划和业务设计阶段。一方面，对前端投资、设计提出明确要求和约束，避免因投资决策的失误、滞销产品的规划导致后期库存积压；另一方面，以销定产、产销平衡，基于对市场及客户的研究，做恰当的产品规划和分配，合理预估去化量，从源头减少库存。

其三，联席监控。纵向贯穿，建立起从集团、城市到项目的联席监控制度，对库存情况实时预警；横向拉通，由营销或运营部门牵头，实现各部门间的横向拉通。

其四，定期复盘。A企认为，解决历史库存问题固然重要，但如何避免下一次再犯同样的错误更为关键。通过定期复盘，反向指导下一次方案的制订，更好地优化产品、提升项目去化率。

其五，奖惩考核。制定严格的奖惩机制和绩效考核机制，考核指标不仅要包括首开去化率，还要设定辅助性或结构性的指标，如约定整盘去化率、首开货量底线、时间周期要求等，避免一线故意压低首开货量。

其六，信息化加持。通过数字化赋能实现对库存的动态管控已是行业普遍选择。比如设定计算规则，若一段期限内去化率未达到目标值，则自动转化为高库龄库存，进行可视化的亮灯预警。同时，以月为单位，面向管理层推送与去化情况相关的指标数据。

货值管理手段不是一成不变的，需要结合企业发展战略、经营目标等具体分析，但无论使用何种手段，最终的目的只有一个：算好账、算对账。只有这样，企业的利润才有保障，企业才能有更加长远的发展。

2. 回款管理：借鉴标杆房企核心举措，保证企业现金流

现金流是企业赖以生存的血液，抓回款是房企保现金流、规避经

营风险的关键。当高杠杆举债扩张的时代宣告终结，加强销售回款管理工作，提高销售回款率，压缩逾期欠款周期，明确销售回款催收流程和过程风险控制，已成为所有房企的必修课。此处，我们以标杆房企 A 企为例，阐述其在抓回款方面的核心举措，以期为其他房企提供借鉴。

其一，把控好付款方式。前期付款方式的选择，在很大程度上决定了回款速度。A 企在开盘前，通过付款方式筛选优质客户，反向对营销储客和前期财务部门的相关工作提出了更高要求。

其二，做好回款的基础工作。A 企狠抓基础工作，由项目总牵头成立回款小组，并建立回款的微信群日跟踪机制，要求在关键阶段或月份对每日回款进度进行上报。很多时候，回款周期长是因为对客户资料的催缴没有跟踪到位，所以"保件齐"成为缩短回款周期的核心。一方面，A 企要求置业顾问将资料收齐后，才能对其发放相应的佣金；另一方面，A 企派专人预警和跟催。

其三，完善回款的考核目标。A 企制定了完善的回款考核方式及流程，设置了从集团相关职能中心到区域公司的销售回款奖惩标准，在机制维度层面保障回款工作顺利进行。

其四，维护好与政府、银行的关系。加强与地方政府沟通，协商监管资金的释放挪用；定期对银行放款效率进行评估，建立多级合作关系等。

从前期投拓角度来看，A 企要求每一份投资分析报告都要对项目的资金监管账户（包括监管比例、释放条件等）进行全面排查，形成全国不同城市、不同项目、不同业态的资金监管要求详细清单。

从过程监控角度来看，A 企主要做到两个动作：一方面，对于各城市已经实现销售的楼盘，全面排查监管资金的释放动态，例如积压或释放多少资金、有多少资金待跟进、主要集中在哪些城市、哪些银行等。另一方面，集团总裁办成立专门的监管账户专项小组，进行多方沟通，若发现某个项目积压的监管资金比例高于平均水平，要及时预警、跟进解决。

其五，利用信息系统加强回款。充分利用信息系统中的管理报表，加强回款工作。一方面，明源云通过信息化专项，帮助 A 企将回款天数从 65 天缩短至 35 天，极大提升了资金使用效率。另一方面，明源云为 A 企定制开发"监管资金盘活"系统，A 企领导通过管理报表能直观地看到监管资金在途、释放情况，帮助 A 企实现单月回款 100 多亿元。

3. 运营力提升关键：专业交圈，全链路打通

在行业上行期，房企往往采用高周转模式经营和发展，各业务部门不拉通对项目的影响也不大。但在行业下行期，大运营拉通对于提升企业经营管控效率变得至关重要。根据我们的实际调研，真正做到大运营拉通的企业少之又少，行业普遍存在"投"和"产—供—销"脱节，"产—供—销"和"存"脱节的现象。随着行业环境的变化，房企决策层的关注点逐渐从战略层面沉降到经营层面，这就要求各部门真正实现业务拉通、工作交圈、信息互通、密切配合。

以前房企内部并非完全没有交圈，只是往往停留在"T"字形的浅层交圈，即流程从区域公司上报到集团总部，集团总部的分管领导进行横向沟通决策。在新形势下，新的企业发展逻辑要求房企从"T"字形交圈过渡到"王"字形交圈，并进一步升级为"土"字形交圈，也就是集团总部层面仅进行整体战略和财务级的管控，真正的"大脑"位于区域公司或区域集团层面（见图 4–11）。

投、产、供、销、存的进一步拉通，是房企提升运营力的核心，房企需在权责表中明确交圈要求，推动横向协同。例如，在投拓环节，不应仅是投拓部门全权负责，营销、成本、工程等部门也要参与

图 4-11 房企部门业务交圈模式演变

配合，只有这样，才能真正避免"营销人眼中的泪都是投资人脑子里进的水"的现象重演。

同时，我们还需要基于投资的视角审视项目全过程，其本质就是"几分钱进、几分钱出"。这个过程可以分为几个阶段，每个阶段有不同的资产形态，在各环节的转化过程中，会形成投资损耗，从而导致异常资产形态出现，比如"有钱未拿地"导致资金闲置，"投资未动工"导致土地闲置等（见图4-12）。由于这种损耗通常出现在部门间各环节流转时，部门往往难以关注到。从这个角度讲，通过大运营拉通，防止各环节的"跑冒滴漏"，提升流通效率，显得尤为重要，这也正是大运营的本质。

三、重塑营销力，以全新打法提升效能

以 5G 为代表的互联网技术大爆发，使得营销阵地全面转移；房地产调控政策的持续紧缩和新冠肺炎疫情的催化，将房企营销力的重要性提升到前所未有的高度。全方位培育营销力，亦成为房企眼下的关键经营动作之一。

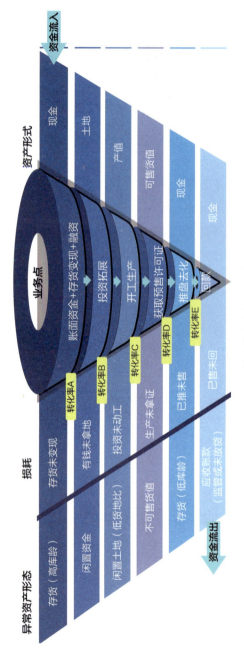

图4-12 地产价值链各环节资金损耗

1. 房企营销力建设的目标：短期降本控费，长期实现多航道统筹管理

从短期来看，地产营销普遍面临较大的去化压力，倒逼房企进一步强化营销费用管控，房企重塑营销力的首要目标在于降本控费，为房企保利润腾挪空间。

从中期来看，营销将承担起传递业务价值的任务，营销内容的重要性被反复强调，这成为不少房企的重要发力点。此阶段房企的营销力也将围绕内容生产全生命周期进行统筹，打造内容生产的中央厨房，构建全员价值传播体系，将旧派"硬销"模式改为新派"软销"模式——获得客户理解，使客户产生认同，愿意生成内容和传播，并从中得到激励，从而实现企业营销强曝光、深触达、快转化的综合诉求。

从长期来看，随着地产行业传统红利的消失，未来房企要想走得更远，核心是做对产品、服务好客户，而这很大程度依赖于对老客户的经营。部分房企开始践行多元化布局战略并重点在物业、商业、租赁、教育等领域发力，为此，房企的营销力也需围绕多航道统筹管理，实现各航道流程、数据的互联互通，并利用庞大的客户数据资源，建立起全面的服务生态体系，对客户进行精准服务，最终产生巨大效益。

2. 营销打法全面升级：通过深耕、渠道优化、生态设计和工具革新降费用

面对大环境的种种变化，营销打法也将迎来重大变化。我们认为，未来房企可以从四个维度进行发力，分别是：深耕降费用、渠道优化降费用、生态设计降费用、工具和设施革新。

其一，深耕降费用。深耕作为未来一段时间内房企保利创利的重要方向，对于降低营销费用亦有颇多助力。一方面，选择高能级的城

市进行深耕，能够有效降低营销费用，因为许多企业在实践中发现，一、二线城市的营销费用约等于零。另一方面，深耕可以提升资源复用频率，从而降低分摊到每一个项目的费用。在深耕区域，项目较为集中，房企可以建立集中展示区供多个项目使用，切实提升费效，且不受单个项目进度的约束。标杆房企 F 企在杭州深耕多年，营销费用显著低于杭州其他房企巨头，这正是源于 F 企极佳的本土口碑和极强的资源复用能力。

其二，渠道优化降费用。过去，基于线下渠道的营销费用管控因统计、监管困难，很难真正执行到位，随着线上渠道占比越来越高，营销费效的在线统计和实时监管都可以借助现有的技术条件精准落地。营销费用管控的本质绝非简单粗暴地压缩费用的比例，而是通过减少低效的营销渠道，提升营销的效率和效果。实操中，可分结构化统计、量化衡量、优化低效渠道三步走：第一步，房企要进一步细化营销费用的统计颗粒度，实现结构化的费用统计；第二步，通过营销费用的结构化统计，对不同营销渠道的费效进行量化；第三步，基于费效评估的结果，优化低效的营销渠道。

其三，生态设计降费用。具体是指，重整房企内部生态架构，重塑利益分配关系，以组织革新带动营销费效提升。在"强总部、精一线"的组织调整大基调下，以"高效、赋能、精简"为核心，通过总部下沉一线、建立策渠一体的无边界小组、资源高度共享等手段，实现更高效的作战效率及更强的费用把控。比如：实行大区管理制，将权力下放至区域，实现区域之间的帮扶、补位、学习；建立策渠一体的无边界小组，横向拉通营销内部职能，置业顾问既是内场销售，也是外场渠道；建立总部营销赋能机制，通过出征支援特定区域，降低单项目营销费用。

在过去的组织架构下，每个项目往往都有自己独立的营销团队，多一个项目就多一份营销成本。在重整房企内部生态架构后，总部能够对区域公司和项目进行营销赋能，使营销资源得到合理分配，同时，不同项目可以共享优秀营销团队，从而有效摊低单个项目的营销费用（见图 4-13）。

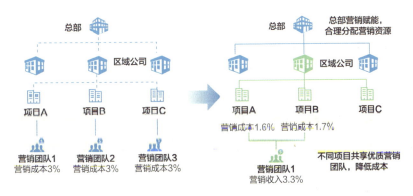

图 4-13　总部营销赋能机制

其四，工具和设施革新。简单来说，就是用数字化赋能营销全流程。营销全程的在线化，不仅是为了实现营销本身的降本增效，更是为房企全面实现数字化升级打好基础。和过去的线上营销管理相比，新时代的数字化营销可以实现全流程触达。一方面，它能够在实现客户管理、智能案场和销售管理三大模块功能的基础上，将来电、来访、接待、成交及客户分析等全过程串联起来，整合革新传统案场管理与传统营销执行；另一方面，它还能赋能房企的多元化业务，借此获取更多客户数据，为房企持续增长提供源源不断的动力。

3. 重塑营销力的典型代表

上文我们介绍了营销费用管控的关键手段，下面结合实际案例，分享标杆房企 L 企和 I 企的独特打法。

（1）L 企：成立营销公司，将营销能力打造成地产核心竞争力

为了围绕房地产产业链进行多元化探索，打造营销核心竞争力，

应对行业新变局，持续推进"轻重并举战略"，L企于2021年1月成立营销公司。L企销公司定位为"科技服务企业"，以"科技驱动美好人居服务平台"作为公司愿景，致力于成为集团的"业绩加速器"与"发展新平台"，并以转定位、提能力、强团队、谋发展为目标，聚焦专业升级、组织升级、人才升级、业务升级四项工作，把营销能力打造成自身的核心竞争力。

①三步走战略：先专业化，再市场化，后资本化

在战略上，L企营销公司将采取"先专业化、再市场化、后资本化"的三步走战略。第一阶段（2021年）：专业化，完成现有组织切分，开展区域试点、独立专业化运作。这一阶段的核心是助力公司实现业绩目标，同时降低外部渠道依赖，降低地产营销费用，提升利润水平。第二阶段（2022—2024年）：市场化，完成营销公司业务市场化，探索多元化创新。这一阶段的核心是加速市场化，围绕房地产营销价值链、客户全周期服务需求拓展新业务，同时"走出去"，服务L企之外的其他房企，创造更广阔的利润空间。第三阶段（2025年及以后）：资本化，完成规模化，具备资本化条件，实现上市。因此，L企营销公司正在以资本化作为成功标尺，倒逼公司的专业化和市场化能力建设，倒逼公司在商业模式上形成更好的逻辑闭环。最终，让营销公司成为员工职业发展平台、内部业务创新平台、外部产业合作平台，创造地产样板标杆工程，完成营销策略精准落地、线上创新引领同行、销售业绩超额达标、人员调配灵活四大任务。

②组织大变革：前后台分离、自主敏捷的营销体系、营销资源共享融合

为了实现打造整体营销竞争力的目标，落实营销公司的三步走发展战略，L企在组织上也进行了较大调整，包括前后台分离，建立自主敏捷的管控体系，促进营销资源共享融合等。

前后台分离。L企营销公司整体划分为两大模块：营销前台、职

能后台。L企没有把整个营销团队全部并入营销公司，而是保留一部分管理职能在地产公司，即"业绩打仗"由营销公司负责，"管理职能"由L企地产营销部门负责。地产营销部门负责"签回利费"等大盘经营管控，而营销公司的核心工作是聚焦业务、注重结果导向、拓展市场。保留部分管理职能，能够一箭双雕，既能把地产公司经营承接好，又能让一线队伍最大化释放战斗力。

建立自主、敏捷管控体系。传统营销职能管控，往往跟着"地产大体系"运转，而营销公司化之后，很多授权在营销公司内部快速闭合，效率的提升立竿见影。以前传统营销更多背负KPI指标，营销公司化后，考核开始偏OKR管理模式。即营销公司自己设定年度目标、业务目标，自己去完成。

促进营销资源共享融合。营销公司员工收入采取"固薪+高佣金"模式，为了摆脱传统营销项目流转中的等待期，通过大区公司化转变来提升人均管理项目数量。一方面，有助于员工获取更多的佣金收入；另一方面，公司相当于变现省掉更多"固薪"支出，即使在提佣标准保持不变情况下，人员总成本也能降下来，实现个人与组织的双赢。

公司化后，升级公司人才发展及组织体系，以实现更好的资源整合。第一，升级L企体系内已有的"荣耀生"与"荣战团"培养体系，加大储备营销新生力量；第二，推行见习与多项目管理机制，以实现营销精英的融合和共享，推动大区内资源整合；其三，"营销飞虎队"特战维度和调动升级，更容易实现全集团打"流动歼灭战"，助力跨大区资源的频繁整合。

（2）I企：建设"人才+费控+深耕+组织"的大营销体系

I企建立完善的大营销体系，主要体现在四大方面：一是资金营销人才体系；二是动态的营销费用管控体系；三是基于深耕的线上营销战略；四是集团"大平台+小集团+项目集群"组织发展模式下的营销资源整合。

①自建营销团队：建设营销人才梯队，高激励实现狼性营销

在大营销体系建设中，I企把营销团队建设摆在核心位置，通过猎聘优秀人才、内部建设培养人才梯队、狼性激励等方式建立了强大的营销人才体系。

首先，I企特别重视区域或城市营销一把手的招聘和培养，从社会猎聘优秀人才。其次，I企注重营销人才梯队的建设，其营销管培生"皓月生"培养计划享誉业内。I企"皓月生"培养计划从2014年开始，主要以高潜质且成功欲望强烈的在校大学生为培养对象，通过系统、科学的培养，使其成长为拥有I企气质的营销管理梯队与顶级专业梯队，为达成集团"二五"战略目标奠定人才基础。I企"皓月生"培养计划主要涵盖管理路径和专业路径两条培养路径（见图4-14）。再次，I企主张高激励策略。I企营销非常具备狼性，而狼性的另一面是高激励。当年I企董事长的承诺，至今为业内人士津津乐道，"帮助中高层实现富裕之家——收入过千万，帮助中层实现住洋房开豪车——收入过百万"。

②营销费用管控：构建三级动态精细化管控，与中介生态竞合

I企构建了"一上二下"的三级管控体系，通过营销标准化实现费用强管控。首先，集团会根据事业部各项目所处节点做预算，细化到每个科目；其次，事业部内部根据各项目实际情况来平衡、调配，以适应具体项目所处市场环境；再次，自建销售团队，降低代理费用，I企从2015年起就完全取消代理，分销比例不超过6%，极大降低了佣金支出。此外，I企专门成立综合管理部管控营销费用，针对营销费用的大部头科目如销售推广、代理和品牌推广等，由集团、事业部费控专员依据年度预算进行综合分析，按月预算、评估、下发、强控且不滚动，从而实现费用依销售而动态调节。

与中介形成生态竞合的关系。I企认为，不管如何与中介博弈、

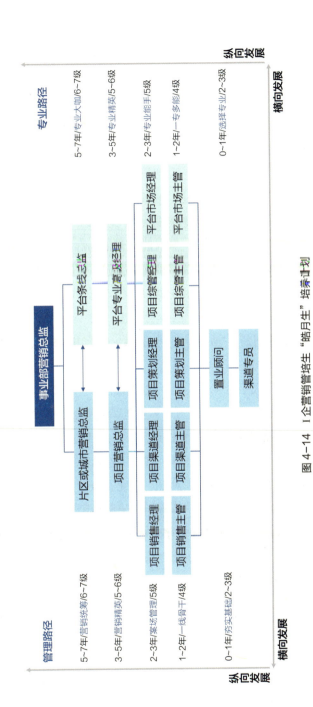

图4-14 I企营销管培生"皓月生"培养计划

对抗或者相互借力，双方最终会达到一个相对平衡状态。房企的产品服务能力、长期化的服务能力仍是根本。

③基于深耕的线上营销：深耕治百病，低成本获取流量、高精准转化

I企的线上营销以整体业务的数字化转型为基础，以深耕为重要突破。I企发表"深耕治百病"的观点源于无论是线上营销、流量的低成本获取，还是高精准的转化，区域深耕都是关键。只有在深耕的区域，企业具备一定知名度、较高的品牌认知度、足够的项目基数，把传统营销和线上营销相结合，从互联网营销进行突破，才能取得比较好的效果。除此之外，基于深耕的在线营销，还需组织支撑，建设线上团队、明确需配备的资源和工具，把线上营销转化为组织常态化能力。

④组织变革创新："大平台＋小集团＋项目集群"的组织发展模式，营销资源充分整合

I企建立了"大平台＋小集团＋项目集群"三级管控体系：集团总部主要负责投资、财务、人力、风控等战略管控，把控方向和战略，保证组织不偏航；将业务放权到区域，区域集团承接总部授权，向下延伸管辖多个项目集群，承担一线基本经营单元的角色，提供弹药；项目层面设立广桂、华西、西北、东北、河南、湖南、深圳、武汉事业部，让前线听得见炮火，保障组织灵活性（见图4-15）。

在这样有效的组织支持和集团资源支撑下，I企充分整合集团、部门、渠道等资源，通过一线的项目操盘不断积累经验，提升营销能力，优化营销战略战术。

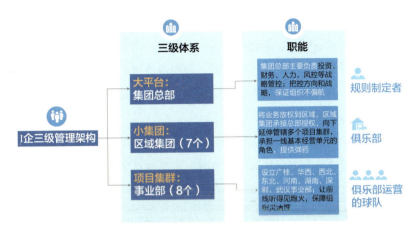

图4-15 I企组织变革提升营销力

四、以数字经营分析系统开展支撑业务

在上文中，我们分别梳理了成本力、运营力、营销力的提升要点，助力房企以全新视角强化经营管理能力。而无论是成本力、运营力还是营销力，最终都要落到具体的经营活动中，为此，房企需要构建出一个"业务互通、业财融合、生态互连、数据共享"的数字化经营分析系统，高效支撑企业业务运作和管理决策。

面对业务体系管控，不少企业都在摇摆：究竟是以业务数据为主做业务体系的管控，还是以财务体系为主做业务体系的管控？二者各有优劣：以业务数据管控，用的是业务语言，因而能够很快执行落地，但做得好与坏，集团并不清楚；以财务视角管控，效果容易量化，但是财务系统往往存在滞后性。可见，想要真正要把业务和财务融会贯通，其实不容易。而基于利润的数字化经营分析系统能够以项目为中心，实现业务跟财务之间的端到端贯通。

在业财融合的基础上，数字化经营分析系统进一步帮助企业实现业财税的贯通，将每一个业务领域与外部的组织充分打穿，通过内外部灵活、高效、移动、全面的覆盖，充分提高房企业务管控效率；然后再辅之以全面预算的大运营体系，横向解决跨业务职能部门之间的交圈问题，纵向从总部、区域、城市、项目依次贯通，确保目标不衰减，执行结果的反馈及时、准确。

搭建全闭合的经营分析管控体系，应当是企业接下来努力的方向。房企在做整个数字化蓝图规划时，也要朝这个方向适当倾斜。

五、深耕练内功：向本土最优秀的房企学习

在全新的行业形势下，区域深耕成为房企练内功、降成本、保利润的根本前提，而区域深耕型本土房企，在降成本方面也凸显优势。以下我们将结合标杆房企的案例，阐述区域深耕降成本的逻辑脉络。

1. 核心逻辑：区域深耕是练内功的基本前提

与区域深耕模式相对应的是外拓式发展，如果说区域深耕是"农夫模式"，那么外拓式发展就是"狩猎模式"，前者是"圈养"，后者是"散养"。对房企而言，区域深耕模式的优势显而易见，在同一个城市布局多个项目，可以由一个管理团队来统筹管理，通过管理团队、管理平台的复用，大大增强管理的规模效益和经济效益。反观外拓模式，抗风险能力较弱，因为进驻一个新的城市，需要成立一个新的建制完整的管理团队，当外部环境下行时，即使该项目团队的管理水平有所提升，降低成本、费用的效果也十分有限，很难反转外部利润的下滑态势，极易造成项目亏损。

通过对比，我们不难发现，要对冲、抵消外部利润空间的下滑，就要回归到区域深耕模式，由一个团队管理多个项目，分摊管理费用，并通过建立本土口碑、拓宽市场渠道、构建供应商网络等手段，

进一步实现营销费用和财务费用的下降。这时候，如果管理团队再通过精细化练内功进一步降低成本、费用，由此带来的规模经济效益将更加显著。

也正因为如此，常年深耕一个区域的本土标杆房企，逐渐成为其他房企学习和效仿的对象。过去，行业整体形势向上，每个项目都能赚钱，集团总部可以一刀切地给区域下达指令、制定标准，区域遵照执行就能成功完成项目。而现在，城市加速分化，总部的指挥棒一定要下沉，将重心落在区域公司，让"一线听到炮火"的团队去指挥战斗。而如何更好地判断市场变化、洞察客户偏好，构建一套适合本土市场的打法就变得至关重要。此时，向本土标杆企业学习，无疑是最快速、有效的途径。

谈到深耕做得好的区域，业界公认的无外乎三个省份：四川、广东、河南。中国地产看华南，华南地产看广东，许多老牌房企都集聚于此，导致外来房企没有太多机会进入。川渝地区地产市场有三个典型特点：成本高、售价低、客户刁。这样的市场土壤使得川渝地区的房企个个都讲究精工品质，从重庆走出的龙湖便是其中的典型代表。河南基于庞大的人口基数和海量的农民工群体，使得不少本土房企仅深耕于此就做到了不小的规模。

2. 重庆 J 企：从"小池塘里的大鱼"变身成"大池塘里的小鱼"

以下，我们以川渝地区的典型代表——重庆 J 企为例，深入解读它的独特打法，解码区域深耕修炼内功的关键所在。

起家于重庆万州的 J 企，常年深耕万州及三峡库区周边四、五线城市。2020 年伊始，J 企开始了自己的"二次创业"，跨出万州，向重庆主城区拓展，并进一步向大西南地区辐射，从"小池塘里的大鱼"，变身"大池塘里的小鱼"。并不是所有区域深耕的本土中小房企都敢于迈出这一步，J 企能够从四、五线城市成功迈入二、三线城市，背后离不开其多年来基于深耕的内功修炼，主要体现在以下几个方面。

（1）深耕强化成本力：构建成熟的银行与供应商关系网络，狠抓"跑冒滴漏"

基于深耕，J企在融资成本方面极具优势，其资金来源是"70%的自有资金+30%的银行贷款"。J企凭借与当地银行多年来建立的良好关系，极大程度压低融资成本，并且还有大量的银行授信额度没有使用。

如图4-16所示，J企对于日常经营中的成本控制也有着非比寻常的功力。基于区域深耕，J企有自身完善的供应商关系网，构建了企业级清单，建立成本标准；狠抓每个环节细微的"跑冒滴漏"，建立标准合同，进行标准管控，加强战略集采，优化施工工艺，通过进行成本管控的二次优化，从中抠出更多的利润。

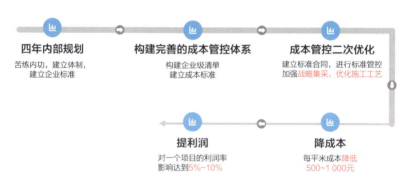

图4-16　重庆J企成本管控特色

长三角或珠三角地区房价较高，房企节省一点成本对项目利润影响不明显，但是大西南地区房价不高，只要狠抓成本管控，就能提高不少的项目利润。据J企测算，通过强成本管控，每平方米成本可以降低500~1 000元，对一个项目的利润率影响达到5%~10%。

（2）深耕聚焦商业运营力：聚焦四、五线城市街区商业，避免与龙头房企的正面竞争

在快周转成为行业主流的时代，坚决赚"慢周转、高回报"的钱，是 J 企独特的发展策略。论周转速度，J 企很难匹敌大型标杆企业；论资金量，远不及龙头房企，因此 J 企除打造精品住宅外，还聚焦"必成商业"，慢工出细活，通过提升商业运营力强化自身竞争力。

从规划、拿地、平整、招商、方案、建设到投入运营，总周期超过五年、八年的商业项目不胜枚举，这类自持的慢周转项目，是大多数房企谋之不及的，而这恰恰给 J 企留足了施展空间。基于多年深耕积淀，J 企成功开发运营了包括滨江国际、长江之星、茶庄印象在内的众多城市级、标志性的商业精品项目。我们从商业开发、商业运营等角度分析，主要包括以下几方面。

首先，"愚公 J 企、移山造城"，是 J 企对商业追求的真实写照。在奉节这座三峡移民城市，当地赫赫有名的滨江国际项目，正是 J 企所建。该项目所在地在十余年前，还是荒草丛生、时常有滑坡泥石流的深壑荒沟——李家沟。这条位于奉节新城中间地带的沟壑，将奉节新城区一分为二，导致奉节的城市规划无法连成一片，城市"心脏"严重供血不足。如何让李家沟化茧成蝶、真正发挥城市中心的带动作用，成为当地政府的心头病。

面对这条令人望而生畏的沟壑，具备丰富区域深耕经验的 J 企成为"第一个吃螃蟹的人"。李家沟地势陡峭，J 企在长江中填土二三十米之后，高差仍然有近百米。从 2003 年起，J 企就开始做前期的土地整治、边坡整治、防洪排洪整治工作，遇山开道、遇水搭桥，把山移平、把沟壑填起，累计回填 600 万平方米，终将"天堑变通途"。直到第 8 年一切就绪后，该项目才正式动工，可谓"八年磨一剑"。功夫不负有心人，建成之后的滨江国际住宅及高端商业街区，成为奉节的地标项目，创造了李家沟的辉煌不夜城。

其次，在商业领域重点发力的大型房企也有不少，J企从两个维度与大型房企进行差异化竞争，夹缝求存。

一方面，城市能级布局的差异化。大型房企的商业项目普遍位于一线或二、三线核心城市，并且都集中布局在主城区、市中心。J企选择避开这些热点城市或区域，沉降到四、五线城市甚至县城。对于四、五线城市的商业，大多数房企普遍认为市场空间太小、需求基本已经饱和，但是，深耕的J企凭借对本土市场的精准把握，从中找到了自己的生存空间。

另一方面，商业形态的差异化。大型房企的商业形态一般为大型商业综合体，但J企并不绝对地以购物中心为主，而会根据对地块及周边客群的洞察理解，进行商业形态的选择。适合做商业综合体的项目，J企就以综合体的形态来落地；适合做街区商业的项目，J企也会毫不犹豫地选择街区商业。街区商业虽然规模较小，但可落地、可存活，又真正匹配了四、五线城市接地气的消费需求。

万州长江之星项目便是J企街区商业项目的典型代表，该项目仅用一年半时间，就实现了95%以上的开业率，并成为万州的时尚潮流聚集地。在项目建设前，J企基于对当地市场的充分分析，详细规划了未来要做哪类商业，如婚宴、儿童娱乐、餐饮等，之后再对应地进行开发建设，比如某栋楼的商业定位为婚宴，就会匹配婚宴厅所需的层高要求。建成之后，J企还对应不同的商业类型，提供不同的配套设施，做好门店的基础装修、水电、消防等。如此一来，J企的商业街区招商就水到渠成。在后续招商过程中，J企先把主力店招齐，确保业态齐全，剩下的就可以自然发展，大商家进驻了，小商家自然也就跟着进驻了。

正是通过以上两方面的差异化打法，J企规避了与商业龙头企业的正面竞争，在深耕区域找到了属于自己的商业生存空间。

本节我们全面梳理了房企管理练内功的三大途径：一是强化成

本力，通过成本管控、费用管控、利润管控，为房企利润增长赢得空间；二是提升运营力，通过货值管理、回款管理以及基于全面预算的大运营体系，推动经营业绩高效达成；三是深化营销力，通过营销打法全面升级，提升效能。而这些举措，都离不开数字化经营分析系统的加持。此外，区域深耕亦是练内功、保利润的不二法门。

总而言之，随着行业加速洗牌，房企"瓜分蛋糕""你死我活"的竞争局面将成为常态。只有苦练内功的房企，才能抓住行业结构性机会，获得长足的发展。

第四节
做强产品及服务：产品和服务是企业发展的本质

产品和服务是企业发展的本质，房企对于产品服务的理解和定位，也经历了几个典型的阶段：第一阶段，依靠土地红利的粗放式发展时代，因为晒地就能赚钱，企业对产品的品质普遍不关注；第二阶段，依靠产品红利的时代，因为不限价，多投入一些成本就能大幅提高产品溢价，所以房企强调产品的精雕细琢和工艺考究，甚至不计成本、不惜砸掉重来，过分追逐产品的细枝末节；第三阶段，高周转大行其道的时代，因为追求快周转、快开工、快销售，助力规模扩张，产品标准化开始盛行，所以产品方面不再追求"慢工出细活"，这也导致这一时期产品质量问题频发，包括一些素有建筑品质著称的标杆房企也被曝出质量问题；第四阶段，随着地产调控常态化，地产行业步入管理制胜时代，房企销售竞争加剧，产品和服务品质又重新回归房企的视野，但此时对品质的定义不再停留在过去的工艺层面，而是转为专业、企业和客户三者的平衡——在有限的成本限额下做到产品价值的最大化，以及为客户提供多维的服务。当然，不同阶段房企对产品的定位和打造也不能一概而论，每个时期都有优秀的房企走在行业的前面。

回到当下，为什么我们越来越强调房企的产品力和服务力？一方面，从市场角度来看，二、三线市场和四、五线市场的流速都在下滑，房企销售面临前所未有的挑战；另一方面，从政策角度来看，三道红线推动房企加速销售，加快现金流回笼，市场供应量骤增，同时，在"两集中"政策下，集中供地的后续是集中开工、集中销售，必然带来供应踩踏，房企之间的销售竞争前所未有。整体而言，未来房企在销售端的难度越来越大是必然趋势，也是房企亟须思考和解决的核心命题。

要在激烈的销售竞争中胜出，产品和服务仍是核心本质。企业的产品力、服务力决定了销售价格的天花板，也决定了项目销售的流速。经调研发现，每个城市卖得最好的、价格最高的项目总是产品品质最好的项目。尤其是在2020年新冠肺炎疫情的冲击下，每个城市的改善型需求进一步释放，中高档产品愈加受客户青睐，而反观产品品质一般的项目，则很少有人问津，很难卖出好的价格。

未来，房产真正回归居住属性，锻造自身产品力、提升物业服务水平，这是每个房企应尽快去思考的问题，并且要快速推动。在当下的地产行业中，无论是大型房企还是小型房企，都把做强产品提到了前所未有的战略高度。那么，在地产行业新形势下，如何真正提升产品和服务？以下我们结合标杆房企案例，分别对产品力、服务力以及客户需求等方面展开阐述。

一、产品力：强调多维平衡，做强产品标准化

既然在激烈的市场竞争之下，产品力是企业的制胜关键，那么

什么才是真正的好产品？对于好产品的界定，我们需要刷新认知。此外，继续做强产品标准化，仍然是企业在不确定大环境下提升运营效率、规避经营风险的重要策略。

1. 好产品的真正定义：基于限额标准，用最少的钱实现产品价值最大化

对于产品品质的定义，我们需要做一个延伸和扩展。好产品不仅档次高，更应该在同一档次的产品里性价比最高。

假设一个项目给出 10 个可供选择的材料选项，客户希望每一项都选择最好的材料，但是对于房企而言，在限定的成本要求下，不可能每一项都选择最好，而是要满足客户最核心的几个诉求，暂时放一放其他诉求，这才是真正意义上基于客户需求的好产品。如果不计成本，对所有项目都用最好的材料去堆砌，一味地精雕细琢、打磨产品，不达标的地方推倒重来，那么对于企业而言必然会是一种巨大的耗费。

真正意义上的好产品需要兼顾和追求企业、客户和专业三者的平衡，需要"三双眼睛"来审视，而不仅仅是材料的堆砌。除了传统的客户视角，好产品还需兼顾企业视角和专业视角（见图 4-17）。

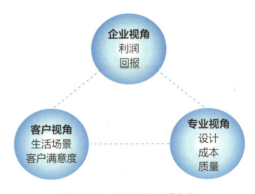

图 4-17 好产品的三重定义

客户视角：我们要有一种场景感，基于客户的每一个生活场景，提供更细致周到的服务，保证客户满意度真正稳步提升。如果纯粹地从客户视角出发，只考虑客户的生活场景和满意度，的确可以圈不少粉丝客户，但是在企业层面和专业维度上必然遭受冲击，导致三角的不平衡，那么企业的发展就不能持续，更无法持续为客户创造更多的回报。

企业视角：企业说到底还是要赢利，并且要可持续的赢利。好产品应该为企业持续创造利润和回报，在打造精品的同时实现项目赢利。

专业视角：兼顾设计、成本费用和质量等问题，通过多维审视"好产品"，真正提升产品质量，提利润、促去化。

以N企为例，N企在业内被称为"小龙湖"，在好产品方面有自己的深入见解和落地实践，我们对其打法进行了总结。N企认为，好产品的核心是基于限额标准，用最少的钱，让价值最大化。打造好产品，需构建起以产品为支点的企业经营战略，其中产品组织、客户体验、品牌营销需重点把握，而这些背后都离不开以企业的组织和文化作为支撑（见图4–18）。

图4-18　N企以产品为支点的企业经营战略

首先，好的产品组织是好产品的保障，要明确研发、生产型组织和设计管理部的定位、分工和协同。其次，在 N 企看来，客户体验要坚持实景体验，达到所见即所得，同时，不应因为市场下行而减配降标。再次，产品口碑就是品牌口碑，好的产品正是品牌的长期竞争力。最后，企业组织和文化是土壤，企业的基因中要有产品意识，尤其是老板层面需要重视，同时，构建起相应的内部机制、管理流程和制度。只有这样，企业才能真正推进产品的优化升级。

不少房企为了做强产品，首先想到的是大力引进产品经理类的人才，但是我们认为企业反倒需要先关注一个根本性的问题，就是人才在企业中真的能够生存下去吗？换句话说，企业或者说企业老板的核心追求是短期的回报还是长期的回报？这需要有清晰的界定。如果老板仍然坚持短期利润导向，就算把人才请过来也无法真正发挥效能。

产品经理即使能力再强，进入一个新的企业后，如果没有老板的高度支持、深度认同，也很难生存下去。长期以来，地产行业的高速增长使得房企对产品品质普遍不太关注，对产品人才也不够重视，但是未来，随着行业形势下行，产品力越来越成为企业在激烈竞争中胜出的关键。房企的管理层需要从根本上对产品力有所认识并扭转思维。怎么做好其实并不难，难的是想要什么，有没有相应的文化和土壤。

2. 产品标准化：提炼并固化产品成功的关键要素，在此基础上进行迭代创新

除了打造好产品，在行业形势剧变、市场竞争加剧的背景下，做强产品标准化，对于房企而言仍然至关重要。产品标准化包含的维度众多，主要包括"户型标准化"、"建筑立面标准化"、"结构标准化"、"水暖电标准化"、"精装修标准化"、"园林标准化"、"采购标准化"、"成本标准化"和"验收标准化"等。从产品、方案、用材用料和成

本控制维度，将项目的开发思路基本定义清楚，可一定程度提升开发效率，降低管理风险。推行产品标准化，不是简单地照搬照抄、一成不变，而需要关注四个方面的核心要点。

第一，拿地标准化是重要前提之一。要做到产品标准化，首先必须要解决拿地标准化的问题。一方面，地产企业要秉承"土地—客户—产品"的基本决策逻辑来判断；另一方面，地产企业也需逐步沉淀自己的市场作战经验，适当拓展自己的产品线，以便能够拓展可拿地块的范围。

第二，产品标准化是企业综合实力的体现。标准化的过程往往是由设计和成本主导的，其他专业部门和一线区域的参与度非常低，这也是企业在提炼和落地产品标准化时的一个关键挑战。地产企业一定是在提升自身综合竞争力的基础上，将成功产品的关键要素进行总结提炼，认真做好每一个项目、每一个产品，将自己对客户的理解、产品的改良、模式的优化逐步固化下来，形成自己的产品标准化，而不应该只是盲目地抄袭标杆企业的产品标准化。如果企业自身的设计管理水平、供应商管理水平、施工管理水平、销售管理水平不能支撑，那么完全借鉴标杆企业的产品标准化不仅不会带来管理的增值，还会引发一系列的管理问题。

第三，产品标准化需随着市场的发展不断与时俱进。对于很多地产企业而言，产品标准化从无到有的建设往往不会很难，可以通过"集中战役"的模式重点攻关解决。但是，如何定期总结自身产品的优势和不足，定期根据竞争对手的产品表现，不断快速迭代自己的产品标准化内涵，这些工作量往往更大。很多地产企业花了比较大的气力建立起自己的产品标准化体系之后，几年内都没有对产品标准化体系进行大的优化，久而久之，这种"不迭代的产品标准化"的劣势就显现出来了。如果竞争对手的产品在不断地迭代，而你的企业仍然原地踏步的话，那么你的产品销售一定会落后于人。

第四，产品标准化落地需要强大的信息化平台支撑。对于地产企业而言，标准化的落地有两个关键环节：一个是总部提炼的产品标准化如何快速到达一线；另一个是一线人员在执行产品标准化的过程是否能够及时被总部获知。只有真正解决了这两个关键环节，产品标准化的迭代和落地才真正有了实施的土壤。

产品标准化涉及的内容包罗万象，总部要确保更新优化的内容能够及时传递到一线，光靠手工线下作业，工作量很大。更关键的是，一线人员在执行各个标准化时，靠线下的 Excel 表格传递，基本无法实现应用动态被总部及时获知。因此，地产企业需要有一个强大的信息化平台来支撑产品标准化的落地。只有这样，地产企业才能形成"提炼标准——线生产—市场检验—优化标准"的闭环，才能形成有生命力的产品标准化体系，也只有这样的产品标准化才能在企业真正落地。

整体而言，回归企业经营本质的好产品，是房企在销售竞争中胜出的关键。而用最少的钱做出最大的价值，在企业、专业和客户三者之间取得平衡，是好产品的核心要义。与此同时，迭代具有一定创新的产品标准化，并通过信息化体系有效落地，是房企规避管理风险、提升开发效率的关键。

二、服务力：构建全景、全龄服务体系，突破资本壁垒

当下，服务和产品同样重要。客户已经从关注居住转向关注生活方式和生活场景，而能打造崭新的生活方式、生活场景的就是服务。在居住体验中，家庭对全景、全龄的服务需求成为新的热点。以下，我们以标杆房企 H 企为例进行重点介绍。

1. 服务创新：H企搭建生活服务平台，升级4.0服务体系

H企在多年的发展变革中，一直致力于对服务体系的升级改革，是拥有优质房企服务力的标杆企业。其服务体系的升级可以划归为4个典型阶段（见图4-19）。

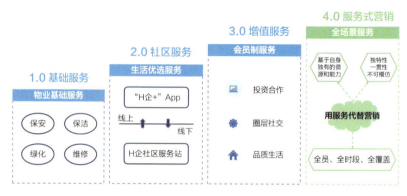

图4-19　H企服务体系升级历程

1.0基础服务阶段。H企为业主提供保安、保洁、绿化、维修等基础物业服务，将其称为服务的1.0版本，这也是很多传统开发商的一些基础服务范围。

2.0社区服务阶段。从2011年开始，依托于自身的多元化产业布局，比如足球、教育、酒店等服务资源，H企开始提出"大服务体系"，为H企的业主、客户提供多元化的生活优选服务。彼时，H企还研发出了一款线上App——"H企+"，为业主提供多元化的线上服务。同时，H企还在线下成立了社区服务站。H企充分利用省域深耕带来的密度优势，将5或8个小区做成一个片区，在每个片区配备一个服务站，将可共享的物业服务人员放在服务站内随时待命。这一方面提高了客户满意度，另一方面也利于对物业服务人员的动态管理，节约了人力成本，为提升项目利润率腾挪出了更多的空间。线上、线下的多元服务融合，H企将其称为服务的2.0版本。2015年，

H 企还召开了新蓝海战略发布会，确立了由房地产开发商向新生活方式服务商的整体转型战略。

3.0 增值服务阶段。2016 年，H 企成立了君邻会，再次进行了服务升级，开始基于高端业主进行圈层经营，为 H 企君邻会会员提供定制化或私人化的创新服务，比如帮助高端业主做一些理财、投资合作、圈层社交等，H 企将其称为服务的 3.0 版本。

4.0 服务式营销阶段。2020 年，H 企提出服务体系要在 1.0 版本、2.0 版本、3.0 版本的基础上升级再造，打造 4.0 服务体系，目标是"用服务替代传统营销"，也就是用全新的服务内容和更多维的服务场景，来取代传统的单频次售房营销。H 企 4.0 服务体系的落地由 H 企新生活集团来统筹，旗下还成立了服务营销事业部，下设营销公司。之前地产城市公司的营销人员，全部被纳入这些营销公司来管理，用服务的方式来做营销的工作，真正实现"以服务驱动营销"。

H 企 4.0 服务体系站在人性的底层逻辑视角来做全新的设计，核心思路就是把传统的营销费用以服务的方式反馈给业主。H 企强调与客户建立长期的深度关系，借鉴保险经纪模式，与客户形成长期人脉，作为枢纽促成价值裂变；强调陪伴经济，面对大众从物质向精神需求的转变，提供多场景、多时段的陪伴。

从底层逻辑出发，H 企 4.0 服务体系通过打造"三全"的服务框架，增加用户触点、提升客户体验，与客户形成长期的高度绑定关系。"三全"包括：全员，即面向业主家庭成员中的孩子、青年、中年、老人等全部的成员提供服务；全时段，H 企为业主、客户提供结婚、生子这些人生重要节点的服务，以及月、周、日、时等例行服务，依托于 H 企的八大产业，设立旅游月、教育月、酒店服务月、春节感恩回馈月等，几乎每个月都有相关的主题活动；全场景，即线上、线下结合的全场景服务，包括网络购物等线上服务，以及物业、社区活动等线下服务（见图 4-20）。

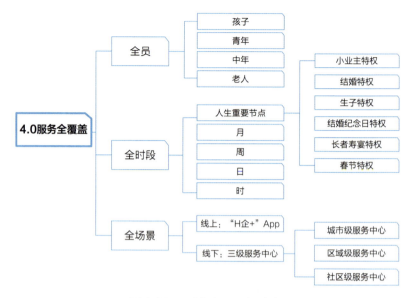

图4-20　H企服务4.0建设框架

　　以全场景服务体系为例，H企打造了以"H企+"App为核心的线上服务平台和以"三级服务中心"为核心的线下服务网络。

　　线上，H企通过"H企+"App，为客户提供全面的线上支持和服务。"H企+"App整合本地优质资源，提供网上购物、基础社区服务、生活服务、增值服务等业主服务，同时为业主、球迷等会员提供多元化服务。"H企+"App的第一个核心理念是引流，把客户资源全部都纳入平台，相当于是H企的一个私域流量池。基于流量池中的种子客户，H企进行深度挖掘，通过推荐、全民营销、口碑等，发展外拓客户，最终影响到河南省人口的1/10。"H企+"App的第二个核心理念是资源整合，除了其自身资源，H企还有很大范围的可协调资源，H企将所有的相关资源，包括旅游、教育、绿色基地、健康蔬菜等服务全部聚集在这个平台上为用户提供服务，同时还会与一些联盟商家合作，打造综合在线交易平台，最终实现资源的打通和共享。

　　线下，H 企通过建设"三级服务中心"，为客户提供卓越的线下交互和体验。"三级服务中心"，包括覆盖十八个地市繁华商业中心的"城市级服务中心"，以售楼部为主的"区域级服务中心"，以及一家服务站升级后的"社区级服务中心"。服务中心主要提供两方面的服务：一是面向房产业务办理相关的服务，H 企称之为"好房子"，可以展示样板间，进行签约服务的一站式办理；二是 H 企大服务体系的展示服务，通过电视、视频等设备，展示 H 企的足球、教育基地、文旅、旅游等多元服务，H 企称之为"好服务"。总体而言，服务中心相当于一个城市的综合展厅，去了展厅，不管是购房、看房、办签约手续，还是想了解 H 企，客户都能够在这里得到全方位的服务。

　　以上就是 H 企目前正在重点发力的 4.0 服务体系，以服务驱动营销，能够有效地缓解甚至解决目前 H 企遇到的三大难题，包括怎么拓展拿地，怎么更好地把房子卖掉，怎么提升客户满意度。

2. 资本运作：突破传统赢利模式，找准窗口期，铺设上市融资之路

　　近年来，房企的物业服务分拆上市成为热潮，这一现象背后有两个核心原因：第一，资本对互联网模式、存量资产运营更加看重；第二，在资本市场的估值模型里，对于物业与地产主业的关联交易适当放宽。

　　当前主流上市物业企业多数为上市房企的业务延伸，与房企及相关人员存在较多的关联性，因此，关联方和关联交易是上市物业企业的重要关注点。过去，在很多情况下，关联交易往往是一些企业进行利益输送和利润调节的法宝，比如从地产板块的报表中腾挪一部分利润给物业板块。因此，证监会一直以来"重点关照"关联交易，甚至明确要求拟上市公司在辅导期应该减少和停止关联交易，如果物业与地产主业的关联交易占比过重、资金占用过大，都会导致企业的上市

之路更加艰难。

这与传统物业赢利模式很容易面临增长和拓展的瓶颈有关。以前，物业公司的主要收入来源，一是靠物业费，二是靠增值服务。单纯依靠物业费，当物业费到达一定水平，就只能靠管理面积的增加。增值服务太多，则可能影响物业基础服务水平和利润空间。因此，很多企业开始通过顶层设计，将物业服务板块更名为新生活集团或者现代化服务集团，把一部分收入合理归到物业收入，物业的赢利模式得以升级。随着地产主业达到一定规模，房企将很大的收入空间腾挪到物业板块，使整个物业板块的发展欣欣向荣，进而为物业分拆上市铺平道路。

通过物业分拆上市，房企获取更多的融资，又可以进一步反哺地产主业。但是对于物业拆分上市的融资窗口期一定要做到准确把握，标杆房企物业是如何做的？基于资本市场的估值，标杆企业更看重收入结构的多元化还是让收入结构以及背后的存量用户资产或数据资产体现出其更高的价值？这些都是房企需要思考的关键问题。

三、从客户需求出发，以客户导向去做产品

好的产品离不开对客户的洞察，也就是从客户需求出发，以客户导向去做产品。在产品越发重要的当下，客户研究的重要性显著提升。以前房企的客研部门一般是放在营销或客服部门下面，现在已经升级定位为一级部门，独立于营销部门或客服部门。对于客研部门来说，当下最重要的工作就是确保产品定位更精准，更契合客户的需求。

那么，如何通过客户研究来确保定位的精准？核心在于以下三点。首先，在前期挖掘客户需求。在进入一个城市拿地之前，做大量的客户调研是必经的程序，通过前期调研去发现客户的现实需求和潜

在需求，从而有针对性地进行产品定位。其次，浸入式观察，让客户参与到设计中。在产品打造阶段，有了客研的支持，房企就很容易找到客户的敏感点及居住偏好，将有限的预算投向客户关注点。最后，过程纠偏，通过与调研机构合作、一对一深访等形式，深入了解客户喜好，根据客户意见实时调整。以下，我们以 P 企为例，对其客研体系进行介绍。

P 企自 2005 年开始对客户进行细分，是房企客研的滥觞。作为地产行业客研领域的先锋，P 企学习宝洁，借鉴其快消行业客户细分经验，梳理出地产客户的细分逻辑和客户类型，并将住房产品与细分市场一一对应，为项目开发的每个阶段提供指引，从而保障落地产品的市场认可度。

1. 借鉴快消行业客户细分逻辑，搭建客户研究体系

2005 年，P 企通过研究宝洁发现，宝洁旗下的品牌众多，且多个品牌会竞相生产一个品类产品，每个品牌下的一个品类也会包含多种型号和配方，这使得宝洁旗下一个产品品类就有十几到几十种产品。宝洁的这种经营模式，是为了通过丰富的产品种类，满足各类用户的不同需求，提高市场占有率。宝洁这种经营方式的诀窍在于，先根据不同需求将购买者划分为不同的群体，形成细分市场，再针对不同的细分市场树立品牌，专注于生产符合该细分市场客户需求的产品。通过这种方式，宝洁覆盖并俘获几乎所有偏好群体的消费者。

P 企充分借鉴宝洁的经验，领先于业界其他公司开展客户细分工作，并树立了客户研究领域的行业标杆。首先，P 企梳理出对客户进行细分时可供分析的维度，为 P 企总部对全国客户的细分，以及区域公司对地方居民的分析提供分析思路和框架（见表 4-4）。

表4-4　P企细分客户的分析维度列表

细分基础	优势	劣势	应用
客户特征 所处的生命周期（如性别、年龄、婚姻状况、收入、教育程度等）	■ 可计量的 ■ 可获得的（容易得到外部数据）	难以和使用行为联系起来	■ 客户保留及获取战略 ■ 了解市场结构其他方法的补充
客户行为 ■ 来访频率 ■ 认购量、价值 ■ 房型偏好 ■ 居住质量 ■ 应用服务	■ 能够多次记录及确认 ■ 在一定范围内可实行 ■ 已有内部客户数据 ■ 可将使用记录录入数据库	■ 根据对客户行为的初步分析做出决定 ■ 不可预见 ■ 数据可信度	■ 业务战略 ■ 战略性客户细分的选择 ■ 重点财务分析 ■ 数据库可为公司各业务的战略提供支持 ■ 历史数据分析
客户态度 ■ 价格敏感度 ■ 对促销的敏感度 ■ 品牌忠诚度 ■ 整体满意度	■ 可了解客户态度、提高有效性 ■ 可计量的 ■ 在一定范围内实行	■ 不可评估、确认 ■ 难以获得 ■ 难以和外部数据连接 ■ 和内部评估有直接联系	■ 目标客户的保留和获取 ■ 新产品开发 ■ 品牌战略 ■ 客户需求的确认 ■ 认识改善的机会

其次，P企从分析维度列表中筛选出最具代表性的三大维度，分别是家庭生命周期、家庭收入、房屋价值取向。P企通过这三个维度对全国用户分析，并将客户分为5个大类和8个子类。5个大类分别是以高收入群体为代表的"富贵之家"类，正处青年阶段且收入不错的"社会新锐"类，人到中年收入较丰的"望子成龙"类，老当益壮、家境殷实的"活跃长者"类和经济实力一般的"经济务实"类。每一类细分客户对商品住房的需求都有显著差异（见表4-5）。

表 4-5 P 企细分客户类型列表

客户类型	家庭结构	家庭特征	特定要求	产品要求
经济务实	经济务实	对价格较敏感，将购房作为重要投资、家产、生活保障	质量好，物业费低	低价格 + 生活便利
社会新锐	青年之家	25~34岁，享受独立个人空间	小户型，方便出游和娱乐互动	交通 + 休闲配套
	青年持家	无子女的夫妻，有一定经济基础，重娱乐交际	户型好，品质高	产品品质 + 休闲配套
望子成龙	小太阳	家有读幼儿园或小学的孩子，家庭收入较丰	对教育配套和交通有较高要求，兼顾事业和生活	教育 + 生活便利
	后小太阳	家有读中学的孩子，家庭收入较丰	注重孩子的生活条件、学习条件，对教育配套和交通要求高	生活便利 + 教育
	三代孩子	家有孩子和老人，注重家庭生活氛围，经济基础殷实	注重教育、医疗、社区环境	教育 + 医疗 + 环境 + 生活便利性
富贵之家	富贵之家	高收入、受到社会认同的成功人士，关注社会地位	社会地位相当的邻居，物业管理好	产品品质 + 社会标签 + 私车交通
活跃长者	活跃长者	空巢家庭或有老人家庭，关注幸福晚年家庭	注重生活规律，饮食健康，安全问题	医疗 + 环境 + 生活便利

　　由于房地产市场特征地域性很强，梳理出的全国客户细分结果，并不能体现每个地区的实际情况和区域差异，因此，用于直接指导一线实际工作存在明显缺陷。例如，不同城市收入的高低线存在差异，一、二线城市普遍较高，如果划定统一的收入分界线，必将对各地的实际客户分析造成影响。综上，全国客户细分仅为各区域公司提供统一的衡量标尺，各区域公司还需结合各地市场特征，进一步深化市场细分研究。

2. 客研贯穿地产开发各阶段，保障产品的客户满意度

P企认为，客户研究对房地产开发各阶段的分析决策均有助益，应贯穿房地产开发的整个生命周期。前期，在城市和区域选择的阶段，企业可以通过客研对不同地区的客户购买力、市场容量和购房消费特征进行分析，助力土地价值评估和地块选择。以深圳P企拿地决策为例，深圳P企建立客户地图，通过抓取网络数据并结合已成交客户信息，对当地整体客户来源及分布情况进行梳理，分析得出各区域客户不同产品的成交情况，从而指导深圳项目的选址及产品打造。

在土地获取阶段，客研助力P企摸清客户定位、客户需求等，加快从土地获取到设计规划的速度。进入项目定位和设计规划阶段，P企可以通过客研精准把握客户对产品、价格、设计的诉求，提炼共性指导定位和设计，为后期产品的市场认可度打下坚实基础。为充分发挥客研成果的作用，P企总部的产品规划框架将每个产品系列对应列出目标细分客户。在营销阶段，客研是获取客户偏好宣传方式和优惠活动的最佳途径，助力企业在提高营销效果的同时优化营销费用投入。当客户入住后，客研还承担了项目复盘总结的责任，通过客户回访、调研等方式，了解客户对目前产品和服务的评价及现存痛点，为后期项目开发提供经验，为产品和服务体系优化提供资料输入。

综上所述，在行业形势向下、市场销售流速普遍下滑的背景下，好产品、好服务决定了销售价格的天花板，也决定了项目销售的流速。无论在哪一类城市，产品品质高、物业服务好的项目，都是售价最高也是卖得最快的项目，回归产品本质是房企当下的必选项。我们也需要重新构思好产品、好服务的定义，在限额的资金内把产品做到最好。对于不同定位、不同档次的产品，行业内都有值得学习的标杆企业，房企可以通过研究、对标，提升自身运作能力。同时，好的产品离不开对客户的洞察，做好客户研究是打造好产品的关键前提。

第五节
合作开发：优势资源互补共享，实现合作共赢

　　房企之间的合作开发由来已久，但过去的合作往往存在合作心态不够开放、经营理念不一致、合作界面没厘清、算账模式不统一等诸多问题，引发了不少矛盾。不少房企在合作开发上踩过坑，这也导致其对合作开发的态度变得更加谨小慎微。在行业快速发展的年代，房企独立拿地、开发就可以过得不错，即便拿错地、建筑品质一般、销售能力一般，房价的一波上涨也可以覆盖企业的决策失误或能力不足，因此，这一时期房企选择"单打独斗"。

　　而今，在行业步入调控新周期、竞争日趋激烈的背景下，房企拿地、销售都越来越艰难，行业对房企的资金实力、研判能力等综合能力要求越来越高。合作开发已经是摆在房企面前的必然选择，是房企破局突围的一把金钥匙，尤其是"两集中"政策推出后，房企间的合作力度进一步加强。未来，房企不仅要合作开发，更要"合作开放"，不能因为在合作开发上踩过坑就拒绝合作。对于各类合作对象，要全面开放心态，思考如何去合理解决合作开发中的种种问题，合作开放能力成为未来房企的必备能力。

　　以下，我们将围绕当前房企为什么需要加速推进合作开发、过往合作开发存在哪些典型问题以及当下房企合作开发破局的关键要点进行讲解，同时，结合标杆房企案例，对房企当下的几种典型合作模式进行介绍。

一、合作开发难点：难以形成合力，1+1 往往小于 2

　　合作开发的初衷是基于各方优势和核心需求，找到合适的合作伙

伴并实现优势互补，形成合力，从而达到"1+1>2"的效果。可是我们在走访全国房企的过程中发现，虽然合作开发逐渐成为常态，但效果却不尽如人意，往往是一家独立开发尚能做到既定目标的100%，而两家合作就只能做到70%，三家合作仅能达到既定目标的一半，四家及以上的合作效果更未可知。究其原因，目前房企在合作开发中遇到的问题主要有以下三个方面。

1. 经营理念不契合，算账模式不统一

经营理念契合是房企合作的首要前提。相似的开发理念能够有效驱动并确保合作双方同向发力，经营理念相悖，则会导致开发过程中问题不断。以当前热点——国企、民企合作来说，稳健经营是大部分国企选择的开发路线，但如果合作对象奉行高周转，格外强调现金流目标，那么在开发过程中两者必然会因为理念不合、思路不同而产生大量矛盾，降低开发效率，出现风险防控漏洞，进而影响项目收益。

算账模式的统一也极其重要。众多标杆房企站在算大账以及动态账的视角，关注资金投入的持续收益以及利用效率，更加看重动态的财务指标（如 IRR）。而部分缺乏持续投资经营理念的房企，却更加关注单个项目的静态收益，只关心项目本身的利润。在很多关键环节决策上，因两者理念不同带来的分歧就会显现。

例如，在某大型标杆房企与某本地中小成长型房企合作的项目中，由于多方面原因所布局城市的市场行情有所下滑，在面对未来1~3个月可能到来的市场低谷期时，大型房企认为在当前环境下，适当降价可以加速去化。虽然降价必定会造成实际利润相较预期有所缩减，但是快速去化带来资金回笼：一方面，能够有效降低资金的使用成本；另一方面，富余资金也可以快速滚投到下一个项目中。综合评判，以价换量是平衡市场风险、资金利用效率、项目收益的最优解。然而这一提议却遭到了合作方的极力反对，本土房企坚持要保障

项目的利润空间，不同意降价。最终该项目在双方的多次博弈中，失去了最佳的降价去化时机，被竞争对手抢占先机。

2. 收益分配模式不统一，资金的使用调配惹争议

高周转企业的本质在于资金的高效利用，以减少富余资金的闲置，站在区域乃至集团的角度对现金流进行统筹管理。但部分中小成长型房企的并联开发项目数较少，其更看重项目资金的及时回笼，待下一次投资机会来临时，再将资金投入。因此，如果合作双方对于收益分配模式不统一，在项目开盘现金流逐渐回正后，对于资金的使用自然会产生分歧。

3. 合作分工机制不明确，双方缺乏信任基础

合作分工机制不明确，也是合作开发过程中问题频现的主要原因之一。如果在前期没能厘清、细化项目合作界面，明确双方权责，那么等到实际开发时极易出现责任主体不明确，相互推诿扯皮的现象，从而严重影响开发进度。

中小房企在与大型房企合作过程中，往往拿不到操盘权，对资金使用、项目管控、利润情况等，都无法实时了解。由于缺乏信任基础，又没有一个统一、共享的信息平台来对接数据、流程，初次合作的企业都在所负责的领域各自为政，这形成了极大的信息沟壑，很容易埋下不信任的种子，对后期开发极为不利。

此外，合作开发本身涉及两个主体、两种理念、两套机制的快速磨合与协作，自然需要一套完整严密的监督预警机制来发现问题、及时纠偏。但机制本身是需要通过恰当的工作提醒原则、便捷的工作汇报机制以及合理的数据红线预警原则才能实现，这是很多企业所缺乏的。

二、合作开发要点：心态开放、厘清诉求、信息共享

基于以上痛点，结合标杆企业合作开发经验，我们认为在合作开发中需要重点关注以下三个关键要点，分别是找到同路人、开放心态、建立共享的信息平台。

1. 找到同路人：严选合作伙伴、厘清合作诉求

严选合作合伙、厘清合作诉求，是合作开发的第一步。

（1）严选合作伙伴：选对志同道合的合作伙伴是项目成功的开始

首先，需要尽量选择价值取向趋同，例如开发理念、经营管理理念一致的合作方。这样可以减少后期发生纠纷的概率，同时，在问题发生时，双方也可以尽快协商出较好的处理方法，减少问题不断发酵的风险。这一点非常重要，就像男女结婚，三观不合会使双方很痛苦。在项目开发之前，这方面的问题往往难以被察觉，但在项目推进过程中，合作双方会发现对关键问题的分歧非常大，意见很难达成一致。比如某家做高端住宅的房企与某地本土开发商合作，以便快速在当地立足。在项目推进过程中，前者却发现自己对产品打造追求极致的理念与对方一味追求控制成本的理念形成了鲜明对比，这带来许多摩擦，导致项目推进极度困难。

其次，房企要关注合作方的资金实力、资信、政府关系、企业口碑等。优先选择拥有资金投入能力的企业，对资金实力弱的企业可以通过前期兑现利益、后期不做出资要求的方式降低其风险；辩证地看待当地企业拥有强政府关系带来的影响，不仅关注强政府关系对报批、报建等审批流程带来的便利，也要注意合作双方一旦出现矛盾可能造成的项目停摆的风险；拒绝与信用不好、涉黑背景的企业合作。

最后，房企要尽可能去选择能力互补型的合作伙伴。标杆房企

关注的往往是本地成长型房企的资源和本地品牌优势，而中小成长型房企在坐拥"地头蛇"优势的同时，也需要关注"强龙"到底强在哪里，以便尽快补足自身短板。

（2）厘清合作诉求：良性的合作必须是"双赢"和"公平"的

在合作中若一方受益、一方受损，导致纠纷的可能性极大。实现"双赢"和"公平"的前提是要梳理清楚合作方的真正诉求。面对合作方的根本诉求，首先要做到不拖延、不逃避，将纠纷消灭于前期，而不是使问题发酵或恶化；面对合作方提出的超出合约或预期的诉求，不应一味坚持"一刀切"或"全盘接受"，而要分类分结构梳理，针对不同类型诉求给予合适的处理结果，将风险降到最低。

2.心态开放：基于赋能的心态合作

房企在选择合作对象时要保持开放的心态，明确合作的核心目标是要完成财务目标，达成计划指标。必要时，房企应适当让渡利益以推动顺利合作，撬动合作杠杆，共同将蛋糕做大，使企业利益最大化。

在合作开发过程中，由于品牌房企在开发成本的管控、品牌溢价的提升等方面具有一定的优势，往往话语权较大；而中小房企在合作过程中往往出于锤炼自身的经营管控能力的考虑，处于合作的弱势方，在过程环节拥有较小的话语权。

事实上，不论是从集团战略层面还是从项目层面而言，项目合作团队更像是一支共同作战的球队，出资方、土地方、运营操盘方都是这个球队里不可或缺的一员。组建球队仅仅是第一步，关键的第二步是要想方设法让这支由各方球员组成的球队能够赢得比赛。

因此在合作开发过程中，更应该基于一种赋能的心态去做事。不论双方拥有多少股权，都应充分尊重每一个合作方，通过首通会达成目标共识，清楚界定权责边界、授权深度，然后双方共同来维护规则。即使双方团队在能力、经验上存在差异，也应鼓励彼此在合作过程中取长补短，共同进步，朝着共同目标努力。

3. 建立共享的信息平台：重视履约和管理升级

在履约方面，必须要制订详细的双方合作履约计划，并严格按照计划执行。在支付钱款之前，必须确保约定的要求已达成，重要的权益和约定的控制权已到手。同时，需要组建履约小组，将履约责任落实到人，通过履约小组推进履约计划，加强执行力度，及时发现和处理履约中存在的问题和风险。

在经营管理方面，一是加强内部管控和充分交圈，如投前投后的充分交圈，经营团队变更时前后团队的充分交底和交圈等；二是当出现合作纠纷和问题时，立即组成专项处理小组，实现专人对接、专人谈判、快速决策、专项解决，防止拖延造成的纠纷升级。

为保证履约过程的执行落地，加强经营管理过程中的横向交圈，一个共享的信息化平台是不可或缺的，其价值具体体现在以下三个方面。

第一，固化权责、流程，减少人为干扰因素，在授权范围内过程、操作透明、留痕。合作开发项目需要通过信息化平台的搭建，对事先约定业务的权责、流程进行固化，有效提升业务执行效率，防止人为干扰因素。同时，通过授权范围内的业务过程全留痕，使合作双方业务动作同步进行。确保双方都在规则范围内做事情，是合作双方权益的最基本保障。

第二，经营数据在授权范围内实时可知。由于操盘环节不同，合作项目容易形成"信息壁垒"，大量经营数据无法实时知晓，导致经营决策不能及时调整，最终影响项目收益。合作双方只有在授权范围内及时掌握完整、准确的经营数据，才能够有效地参与项目、进行高效决策。而信息化平台的搭建，能够实现授权范围内数据的及时上传与呈现，通过这种方式一来能够准确地披露项目经营数据，二来也能够确保合作双方及时掌握项目经营状况。

第三，风险自动预警，保障弱势方权益。在经营数据实时可知的基础上，共享的信息化平台能够有效地实现业务风险的自动预警。通过制定红线，并将其与业务动作和经营数据进行有效联动，实现对业务的预警管控。风险预警机制的建立，一方面，能够有效预防、实时发现业务风险并进行纠偏；另一方面，也是对于弱势方权益的保障。

二、重点加强与国企、本土深耕型房企的合作

合作开发的对象选择，一般包括知名标杆型龙头企业、大中型国企、专业领先型特色企业、资源优势型中小企业。在当前形势下，比较热点的是与国企的合作，以及与本土有独特优势的中小民营房企的合作。

1. 全面开放心态，尽快突破与国企的合作

与国企合作的优势在于，可以提升资源竞争力和品牌溢价，协作减轻资金压力，降低自开发经营风险。但是长期以来，民企普遍认为，国企项目周转比较慢，流程更加繁杂，有国有资产不流失的底线要求，因此双方在合作细节中容易产生冲突。

但是，在集中供地政策下，与国企合作、减轻资金压力这一优势开始进一步凸显，很多民企已经开始重点突破与国企的合作。当下，要不要和国企合作不是问题，如何实现与国企更好的合作，自身怎么去配合，才是最主要的问题。以正荣为例，我们很难想象一家千亿房企的总包只有4家，而且4家总包里有3家是国企，这一点非常值得行业借鉴。

整体而言，房企应该全面开放心态，推进与国企的合作，规避风

险，确保企业的生存发展。尽管体制不一样，业务模式不一样，管控理念不一样，但是房企可以把这些要素共识沉淀至企业的管控平台，从而淡化体制差异带来的负面影响。

2. 与国有城投公司强强联合，是房企破局的关键之一

1994 年分税制改革后，中央和地方的财权、事权不匹配，导致地方政府的投融资存在较大资金缺口。地方政府虽然财力有限，但掌握大量的土地资产。通过少量的财政拨款配合较大规模的土地资产注入，使得大部分地方城投公司在成立之初，账面上就拥有较大规模的土地资产。但近年来，随着国家对地方债务的清理，以及国家产业结构调整的大趋势，特别是随着《关于进一步规范地方政府举债融资行为的通知》及《关于规范金融企业对地方政府和国有企业投融资行为有关问题的通知》两份重要文件的出台，地方城投公司逐渐剥离政府融资职能，亟待转型升级。

地方城投公司手握大量土地资源，急需大量现金流缓解债务压力。因历史原因，城投公司的组织体系相对落后，专业人才队伍不强，管理效率低下，不具备高效开发能力，这自然成为具备良好的市场化运作、又需要获取优质低成本土地扩充土储的民营房企眼中的"香饽饽"（见图 4-21）。

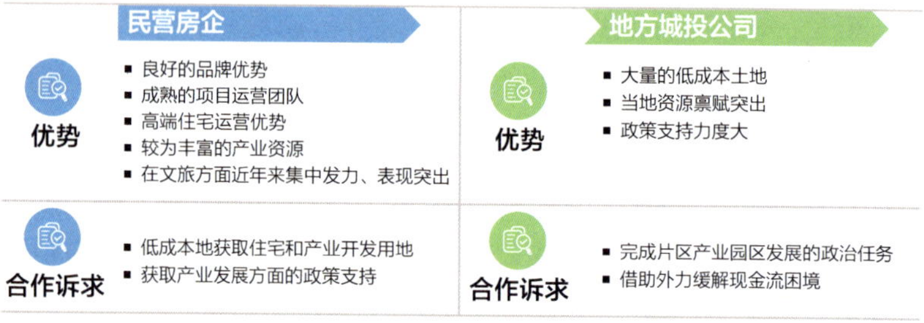

民营房企		地方城投公司	
优势	■ 良好的品牌优势 ■ 成熟的项目运营团队 ■ 高端住宅运营优势 ■ 较为丰富的产业资源 ■ 在文旅方面近年来集中发力、表现突出	优势	■ 大量的低成本土地 ■ 当地资源禀赋突出 ■ 政策支持力度大
合作诉求	■ 低成本地获取住宅和产业开发用地 ■ 获取产业发展方面的政策支持	合作诉求	■ 完成片区产业园区发展的政治任务 ■ 借助外力缓解现金流困境

图 4-21　民营房企与地方城投公司的优势及合作诉求分析

通过与地方城投公司建立战略合作关系，民营房企可以获取大量低成本的开发用地。并且，基于城投类企业良好的政府资源背书，民营房企还可以获得产业发展方面的资源支持。而对城投类企业来说，与民营房企合作，一方面可以解决手里优质资产快速变现的难题，另一方面也有助于其快速实现片区发展建设的政治任务。

地方城投公司引入优秀的民营房企进行合作，借助民营房企市场化的运营管理理念、较高的品牌价值和优秀的资本运作能力，快速实现其有预期收益的经营性资产变现。同时，在商业、住宅等建设项目完成后，城投公司还可以针对商业冠名权、户外广告资源特许经营权等后期运营方面的项目，进一步展开合作，从而获取长期稳定的经营性现金流。

在与地方城投公司合作的过程中，民营房企需要重点关注以下两个关键因素。

（1）理解体制差异，守住三条红线

一方面要把握三条红线：一是保证国有资产不流失，二是讲政治，三是确保经营管理的合规性。

其一，对于国有城投公司来说，资产是国家的，确保管辖下的国有资产保值增值是城投公司的领导者必然要承担的责任。比如某城投公司手中的一块地，拿地时总地价 2 亿元，现在评估地价 10 亿元，其中有票部分约 6.4 亿元。如果民营房企要收购该地块，价格不能低于 10 亿元。至于民营房企关注的土地增值税成本、市场销售价格等因素，往往不在城投公司考虑的范畴内。若出售价格低于 10 亿元，就相当于变卖国有资产，使主要负责人背上职务犯罪的罪名。想要谈合作，合作价格必须高于 10 亿元，否则不行。

其二，对于民营房企来说，追求利润是市场经济下必然的发展要求，而城投公司则不一样，经济利益可能不是城投公司的优先选择。国有城投公司一直把讲政治放在第一位，民营房企一定要注意这一点。

其三，确保经营管理的合规性。例如，城投公司支出资金的路径必须合规，每一笔支出都要有理有据，对无票的支出是零容忍的。此外，城投公司不可以为房企垫资，不可以通过协议转让国有资产。

相对于民营房企，地方城投公司在运营层面的典型特征是决策流程较为烦琐。一方面，涉及国有资产的处置行为，在初期必须报国资委同意后方可采取该处置方案。在处置前，需要第三方评估机构进行权威评估，合理估值，并且必须在产权交易所公开挂牌，让市场来检验评估价值是否合理。另一方面，地方城投公司内部决策必须要通过上会集体表决，一旦出现争议，通过的时间不可控。上会通过后，还需要负责的领导逐个签字。而这些对于追求高周转的房企来说，时间成本偏高。因此在合作时，房企需要理解体制差异。

（2）找准彼此需求平衡点，选择恰当的合作方式和交易架构

那么民营房企该如何选择与城投公司的合作方式呢？对于想借助城投公司的资源优势形成发展互补的房企而言，需要慎重选择合作方式，科学设置交易架构。

第一，优先选择全部股权收购。全部股权收购的优点就在于不拖泥带水，城投公司手里的土地通常问题较少，且与项目公司的债权债务关系清晰，民营房企拿到地之后可以快速开发。剩余主要问题就是需要在产权交易所公开挂牌，以及怎样控地。有些房企可能会担心，一旦上了交易平台，有可能会出现一些不可控因素，比如地块可能拿不到或者需要高溢价拿到地块，那么这种情况可以尝试用以下两种方式解决。

一是在挂牌时设置遴选条件。这一点难度相对较大，因为通常情况下是不允许设置条件的，一旦设置了过多的排他性条件，就违反了国资委要求的原则。但是如果由于项目自身的条件要求及城投公司对合作方有一定的要求时，比如要做成高品质的项目或者政府的标杆项

目等，还是有一定空间可以尝试。

二是先"小"后"大"再不对等增资。根据《企业国有资产交易监督管理办法》中企业增资的相关条款，企业原始股东增资可采取非公开协议方式进行。民营房企可以预先与国有城投公司谈好合作条件及方案，并上报国资委批准，通过产权交易所先挂出 1%~5% 的股权。待顺利获取后，房企成为企业原股东，再通过非公开协议方式不对等增资，从而获取前期沟通好的股权部分。

第二，适时选择代工代建模式。代工代建模式主要是为了避免自有资金投入，特别是避免因城投公司决策效率较低，导致项目并发进度缓慢。虽然城投公司考虑代工代建，多数时候可能会倾向选择同体系内的保利、中建等国企，但也不排除一些拥有较强品牌实力的民营房企会获得一定的机会。虽说代建城投公司的项目开发进度会滞后一些，但是相关费用的结算则不存在问题。只要前期代建协议对各事项约定较为清晰，后期的进展通常较为顺利。

第三，谨慎选择合作开发模式。选择收购城投公司项目的部分股权，进行合作开发的房企，需要事先对项目的运营延期风险、开发过程中城投公司的决策流程和制度掣肘问题有充分的预计；需要在自有资金投入与项目净利润、项目投资回报，或者市场进入等指标之间进行权衡，找准双方都可接受的点。在合作中，房企可以预先与目标城投公司谈好股权收购条件及方案，鉴于股权交割所涉及的相关自有资金投入比例较大，房企可分步进行支付。比如在第一阶段仅支付一定比例的交易保证金；在第二阶段支付 50% 左右的股权交易金额；在第三阶段支付部分股权转让金，剩余的可通过支付一定的利息，进而将时间延长至 1 年内完成。此种方式既不影响双方的交易进程，又能在一定程度上缓解房企资金周转问题，合作双方相对容易接受。

虽然民营房企与城投公司具备良好的合作基础，在彼此的优势与需求方面可以很好互补，但由于双方体制的差异性，双方合作起来也并不容易。双方都应该基于各自的特点，谨慎选择恰当的合作方式，科学设置交易架构，找准双方都可接受的平衡点，从而实现合作共赢。

3. 千亿房企与本土房企合作，实现优势互补

近年来，千亿房企与本土龙头房企的合作案例比比皆是。例如千亿房企 R 企早在 2016 年，就开始以开放共赢的姿态广泛开展多元合作。至今，R 企开发的项目有 80% 以上都是合作项目，合作企业已达 76 家，仅在 2020 年当年，合作项目已经超过 20 个。

此外，R 企与许多企业建立了长期合作关系，后续开展多次合作。在 R 企的众多合作方中，合作 2 个项目以上的企业有 39 家，合作 3 个项目以上的企业有 26 家。可以看出，R 企在合作开发方面已摸索出一套行之有效的体系，帮助双方达到共赢。

（1）合作对象：与本土标杆房企合作，深耕高效能城市，共同发掘土地价值

好的合作伙伴，是合作成功的基础。在选择合作伙伴方面，R 企有一套非常明确的标准，那就是合作理念一致并且进行区域深耕的房企。

R 企虽为千亿标杆房企，但在合作方面不自我设限，接受开放式合作，不仅主动合作拿地，而且积极拓展股权合作。在中小合作伙伴的选择上，R 企也体现出自身一贯的稳健风格，通常会选择那些在本地具有一定影响力，发展相对稳健，具有独特竞争力的中小房企。在具体的合作上，R 企并不仅仅聚焦于公司级的股权收购，项目端的合作也是其关注的重点。虽然作为千亿房企，R 企和本土房企在项目布局方面可能存在较为明显的差异，但双方在战略发展与管理方式上则可以形成互补。

近年来，R 企与许多深耕本土的中小房企开展合作，取得明显成

效。许多中小房企长期深耕一些三、四线城市，在当地树立了良好的口碑和信誉，拥有一定的品牌优势、成本优势。这些企业可以与R企形成明显的优势互补，R企借助自身低价资金帮助合作方盘活资源，而合作方自身的品牌优势、项目资源又帮助R企降低项目获取难度和成本，真正实现强强联合。R企与本土标杆房企T企的合作就具有典型代表性（见图4-22）。

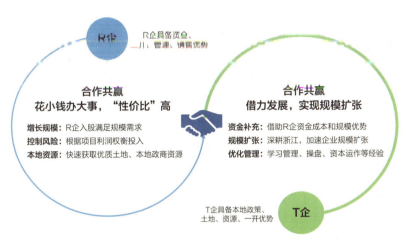

图4-22　R企与本土T企合作开发案例

此外，R企一直坚持股东利益至上、重视信誉的合作理念，也要求合作方达到合作理念一致。股东利益至上是指谁能够发挥最大价值，为股东创造效益，就考虑由谁来操盘，R企不会对合作方式提出过多要求。重视信誉是指合作方要实现经营承诺。对于能够实现经营承诺的合作方，R企给予最大的信任度，尽量减少对对方经营活动的干涉，并在其需要时提供最大支持。当然，R企也会综合考虑项目本身的定位，充分尊重双方的优势，基于成本与销售价格等方面的综合考量，最终决定项目由哪一方来操盘。

R企成功收购S企的案例也广为业界称颂。R企收购S企之后采取了一系列举措，为 S 企的后续发展提供较大空间，实现发展双赢，这让业内房企对于和 R 企开展合作有了更多信心。

这些措施主要有：经营授权，即 R 企对 S 企的经营层面不做过多干预，重点关注财务状况、核心指标追踪和风控；团队保留，即 S 企被收购后，R 企保留了 S 企所有的高管团队，并且默认新增的项目可以由合作公司团队独立完成；疆域保护，即 T 企原有区域总对应的区域，R 企几年不进入，S 企深耕的区域，R 企肯定不进入。在人才使用方面，R 企秉承一视同仁的态度，双方人才不分彼此，公平晋升。同时，R 企充分授权，准予合资公司在原有项目之外获取新的项目来创造利润，合资公司得到良性发展。通过这样的方式，R 企既赢得了合作方的尊重与信任，也树立起了自身在业内的良好品牌。

这种尊重合作伙伴的举措，让 R 企与 S 企的后续合作一直十分顺畅。2017 年至今，双发合作项目已经达到 55 个。S 企获得了 R 企的资源支持和极大的自主空间，而 R 企也通过 S 企获得了许多利润丰厚的优质项目，真正达到了共赢。

（2）合作方式：创新运用"股 + 债"模式，公平灵活

在合作方式的选择上，公平灵活是 R 企的重要原则之一。因此，R 企为合作伙伴提供了十分多样化的选择，包括合作开发、管理输出、融资代建、业绩并表、"股 + 债"等。其中，R 企特有的"股 + 债"模式一直备受瞩目，受到许多合作方的欢迎，在实践中选用的比例也最高。

在"股 + 债"合作模式下，R 企与合作企业共同出资建立项目平台公司进行项目开发建设。从股权分配层面来看，R 企与合作方各占 50%；从实际出资层面来看，R 企除股权 50% 所需的出资部分，还通过债权关系向合作方借出部分资金，因此，合作方实际的出资数额远低于 50% 股权所需的资金规模。在后续的项目利润分配方面，优先偿还债务部分后，双方按照股权比例正常分配利润。

"股+债"合作模式，对于合作企业有许多帮助。首先是降低融资成本。R企可以用低于市场其他融资渠道的成本对项目进行财务费用包干。"股+债"中的债务利率一般为10%~12%，根据每家企业的合作情况、企业本身的情况以及项目情况而有所不同。但R企保证债务成本低于市场上除项目开发贷之外的所有渠道成本。

其次，R企在原则上不干涉项目团队经营管理，除合作方需求之外，仅在财务端和风险端进行监管，采取多种措施增进双方互信。在过往很多中小房企与大型房企合作的过程中，中小房企往往会显得较为被动。中小房企由于没有实际操盘，对资金使用、项目管控、利润情况等，都无法实时了解，容易对项目整体的生产经营情况产生一定顾虑。对于中小房企来说，项目数量不多，维持项目团队是一个重要需求。R企在合作中根据合作方需求，灵活进行团队和人员支援，绝不随意干涉项目运作，所有的运营资金按股比分配，为合作方提供更大自由度。此外，R企会通过充分的沟通，将合作方式、合作流程、合作界面都进行清晰的约定，并通过数字化信息平台，将合作流程和财务数据基于契约进行及时、准确的推送，让股东方对项目进展情况了如指掌，从而进一步加强双方的互信程度。

最后，能够以同样的资金投入规模创造更多的利润。"股+债"的合作模式可以帮助企业用相同的资金规模撬动更多的项目，使总体利润实现倍增。例如：货地比为2、货值为20亿元的项目需要投入土地款10亿元，在利润率为10%的情况下股东利润为2亿元。而采用了"股+债"的合作模式，假设R企占股50%，为合作方提供借款25%，那么合作方可以用10亿元资金投入货值80亿元的项目中，由此获得的利润就达到了4亿元。

综上所述，在行业风险加剧、利润下滑、政策调控的多重压力之下，合作开发成为各种规模房企的破局路径。然而，目前的合作开发往往呈现"1+1<2"的结果，究其原因，主要是企业经营理念不合、

收益分配模式不统一、合作分工机制不明确等一系列问题和纠纷，影响到后期的开发进程。

面对这些共性的合作痛点，本节梳理出三大合作要点助力房企之间的合作开发顺利推进。首先，在合作初期一定要谨慎选择合作伙伴，挖掘其根本诉求，在满足合作伙伴诉求和利润间求得平衡；其次，在合作过程中需要秉持开放的心态，平等对待每一个合作伙伴，实现战略发展、项目管理等方面的能力互补，并树立良好的行业合作口碑，为未来合作铺平道路；最后，在合作执行过程中应当重视履约管理和经营管理，通过固化权责和流程、利用信息化平台分享信息、风险自动预警提升管理能力，减少过程中因执行问题产生的纠纷。

除此之外，与国企合作、国有城投公司合作也是民营房企破局的关键举措。但由于体制的不同，在合作过程中，民营房企应当理解体制差异，守住三条红线，慎重选择合作方式，科学设置交易架构。千亿房企与本土深耕型房企的合作也成为普遍趋势，双方应发挥优势，实现合作共赢。

第六节
产业破局：多元化布局，打造企业第二增长曲线

房企拓展产业赛道早已有之，而在调控常态化的形势下，房企布局多元产业的步伐加速，力求打造第二增长曲线，并通过产业反哺地产主业，实现地产与产业的协同。为帮助企业全面、深入了解产业地产投资的全链条内在逻辑，本节将通过四个维度，对产业地产的投资要点进行分析，分别是：为什么是产业地产、地产与产业协同的关键要点、房企培育差异化竞争力的关键要点等。同时，我们还对几类在

产业领域发展取得一定成绩的房企进行案例分析，希望能为读者建立全面的产业地产分析体系。

一、纯靠住宅地产一条腿走路，空间越来越小

土地一直是地产开发最重要的生产资料，土地价格自然也是房企最重要的成本支出之一。随着各大城市土地招拍挂价格的逐年增长，叠加限价红线、"两集中"、三道红线等政策调控因素，房企的利润率普遍下降，利润空间被严重挤压，房企亟须寻找新的利润增长点。在此背景下，房企凭借住宅地产一条腿走路的空间将越来越小，把握政策脉搏、切入产业赛道、培养差异化核心竞争力，已是房企的必然选择。

具体来看，房企差异化的竞争力可以体现为拿地方式或开发模式的不同，比如旧改、多元化布局、产业地产等，但究竟如何打造出真正的差异化竞争力，需要具体分析。

旧改领域虽然有机会，但很难复制，只能作为拿地的补充手段。近年来，随着地产行业逐渐由增量市场向存量市场转变，旧城改造受政策支持的力度明显增加，有一些房企在旧改领域取得了不错的成绩。但是，旧改领域也存在诸多风险：首先，竞争越来越激烈，成功概率低；其次，不同城市的旧改政策差异大，存在不确定性；再次，旧改的时间周期很长，利益瓜葛多；最后，旧改的利益相关方极多，同时需要沉积各方面的资源，很难在全国迅速复制。总结来看，旧改的这些典型特征导致房企难以复制住宅地产的高周转模式，房企想在旧改领域获得更广阔的发展空间，成功的可能性很小。旧改只能作为传统拿地方式的补充，不能作为房企发展的主要航道。

多元化布局，进入产业赛道，产业 IP 帮助房企获得优质的外部发展环境。房企进行产业布局并非一帆风顺，很多房企都在多元化布

局上踩过坑，通过总结在产业领域取得巨大成功的企业共同点，我们发现，产业 IP 发挥了关键作用。拥有产业 IP 的房企，在地产调控如此严厉的当下，丝毫感受不到行业的寒意。产业 IP 之所以能为房企带来核心竞争力，关键在于：一方面，能够帮助房企获得优质的外部发展环境，当前从中央到地方都会给予具备产业基因的房企大量的政策倾斜；另一方面，因为有政策的支持，拥有优质产业 IP 的房企拿地成本大幅降低，并进一步反哺地产主业。

综上所述，住宅地产的利润空间越来越小，为打造差异化竞争力，旧改可以作为传统拿地方式的有效补充，而具备产业 IP 的房企才拥有独特的竞争力。

二、几类典型的具备差异化竞争力的房企

近年来，许多标杆房企都积极进行产业多元化布局，在地产开发主业的相关或者非相关产业领域都做出了积极探索。尽管有许多房企在产业领域折戟沉沙，但是也有相当一部分房企在产业领域站稳脚跟，成功培育了企业发展的第二赛道。

1. V 企："房地产开发及服务 + 智能产业在和建筑工业化"的"一体两翼"发展格局

V 企创立于 2004 年，是国内领先的"房地产 + 产业"的复合型房地产商，目前已经基本形成"房地产开发及服务 + 智能产业化和建筑工业化"的"一体两翼"发展格局。

（1）"一体两翼"：地产主业智能化升级，同时布局智能产业化和建筑工业化

V 企的住宅地产开发及服务持续智能化升级，V 企紧扣 AIoT（人工智能物联网）科技时代用户对智慧、健康人居需求的趋势，独

创 "5M 智慧健康社区"产品战略体系，从"智慧 M-Smart、健康 M-Health、品质 M-Quality、服务 M-Service、生活 M-Life"5 大维度，为客户精细"智造"美好生活体验。

同时，V 企母公司的品牌优势与制造业基因，有力支撑了 V 企地产开发业务发展。一方面，V 企天然具备更好的品牌认知度，并且在这一基础上持续强化产品力建设，这使其产品在市场上享有很高的美誉度，从而使 V 企享有更高溢价。另一方面，V 企秉承母公司制造业基因，从项目获取、建设开发到后期的销售、物管，每个环节均具有高要求、高标准的制度约束，在项目品质、赢利能力与效率上取得了极佳的平衡。

在地产开发业务取得良好发展的基础上，V 企依托母公司智能电器产业基础，发展泛地产智能业务，打造智慧社区、智慧家居系列产品，布局装配式建筑，研发整装家居等系列业务，实现在智能家居和建筑工业等领域的布局。

（2）产业协同：智能精装支撑高单价，进而支撑规模和利润，利润又反哺智能产业发展

当前，V 企的地产主业与智能产业已经形成了良性循环。一方面，V 企依托地产主业的利润基础，在智能产业研发上持续投入，布局智慧家居、智慧健康等设施，其旗下产品实现 100% 精装、100% 智能，建设智慧健康社区。因而，其产品在智能、健康等维度打造出了差异化的产品及服务的市场竞争力。另一方面，差异化的产品竞争力又可以支撑其旗下产品更高的销售单价，在当下地产行业销售面积无法大规模增长时，依然能保持地产开发业务销售额的提升，进一步提升地产开发业务的利润。而取得的利润又可以持续投入发展智能产业，由此实现地产主业和智能产业的良性循环（见图 4-23）。

图4-23 V企地产主业与智能产业循环发展模式

2. W企：聚焦"大农业＋新消费＋民生地产"

根植四川的 W 企，围绕民生进行全产业链布局，在大农业、新消费和民生地产三大赛道都取得显著成绩。W 企总资产规模超过 2 100 亿元，年销售收入超过 1 600 亿元，全球化业务覆盖 30 余个国家和地区。

在以农业为主业的 W 企中，地产板块仅是一个辅业。在传统住宅业务上，W 企始终坚持在新一线城市和强二线城市布局，坚持都市圈城市群深耕战略，坚持以产品为中心，把客户放在最重要的位置。在地产行业利润下行的大环境下，已有很多房企在做营销、家装等相关领域的业务，W 企也在寻找一些新的增长点。在 W 企看来，地产业务要向管理要红利，向制造业学习。同时，地产也是一个流量的入口，用好业主流量，是推进 W 企业务多元化发展的关键。

在 W 企大集团多元产业的支撑下，地产业务与其他产业 IP 形成了巨大的协同效应，主要体现在两个维度。

第一，在投资协同效应维度上，地产板块在融资和产业勾地方面都极大受益于产业板块。一方面，有集团公司高信用的背书，能够有效降低地产的融资成本。W 企地产的债券票面利率长期稳定在 4%～5%，大大优于其他的民营企业。另一方面，W 企地产拥有强大的产业 IP 支撑，有效降低地产的拿地成本。未来，W 企能够拓宽获地的方式，从原来在公开市场的招拍挂，转变为产业和地产联动，通过产地联动的方式获地。比如 2020 年 W 企总部与天府数字经济产业园项目成功签约合作，又如种子乐园在 2020 年国庆中秋西南人气景区排名前十，均是 W 企产业拿地的典型案例。

第二，在客户协同效应维度上，产业赋能服务，依托集团快消产业链，打造"线上 + 线下"邻里生活服务平台，逐步参与社会治理，帮助地产板块实现城市运营商的定位（见图 4-24）。W 企地产通过链接产业，不仅为业主提供一个房屋的空间和社区，同时希望这些房屋限社区成为一个服务的流量入口和载体，把更多产业引入社区，这也是 W 企实现产业和地产联动的路径。例如，W 企地产依托集团农牧食品产业提升业主满意度，依托集团民生产业丰富社群活动场景，依托集团医疗健康产业让健康走进千家万户，依托集团快消产业链做透社区零售服务。以服务兑现价值，从小区走向社区，再从社区走向城市，使 W 企的服务能力得到全面和长足的提升。

图 4-24　W 企产业赋能服务模式

充分调动集团资源，实现地产和产业链接的双向赋能，凸显长期主义的竞争优势，这也成为确保企业稳健前行的关键筹码。地产形势风云变幻，许多房企都在寻找突破口，而 W 企凭借独特的发展模式，为业内贡献了产业破局的优质样板，值得其他房企借鉴和学习。

3. 小结：差异化核心竞争力的关键在于"协同效应＋全国复制"

通过上述案例，我们不难发现，锻造差异化核心竞争力、筑牢优势壁垒，是房企在面对变幻莫测的外部环境时的生存法则。尽管各家房企基于自身不同的发展状况、发展目标，会制定细节各异的发展策略，但剥离具体的方式，其差异化核心竞争力的本质仍存在某些共性。我们深入梳理众多标杆房企的所思所为，总结为两点：一是与地产主业的协同效应，二是产业的可复制性（见图 4-25）。

图 4-25 产业布局要以可实现性为基础

就协同效应而言，由于房地产特殊的内在基因和投资属性，房企跨界发展难度较大，因此在拓展多元产业时，要充分考虑其和主业的协同效应，转型而不转行，从而达到"1+1＞2"的效果。这里所说的协同包含三个层面：投资协同、融资协同、客户协同。具体来说，在投资协同方面，产业要能对地产投资起到一定的利好作用，帮助房企找到投资的确定性；在融资协同方面，产业能够通过上市等方式拓展地产主业的融资方式；在客户协同方面，多元产业可以将各种类型的用户汇聚起来，从而为房企的商业模式的创新打下基础。

就全国复制而言，房企的策略如果无法复制，那就只能算作机会主义的产物。一方面，全国复制意味着策略的确定性——这是房企核心竞争力的明确体现；另一方面，通过复制，房企可以层层筑牢优势壁垒，继续强化竞争力，更好地抵御外部风险。

综上所述，房企差异化核心竞争力的关键在于协同效应和全国复制，若失去这一根基，经营的闭环便无法形成，多元布局只能成为空中楼阁。

三、尽快孕育第二赛道，增强地产主业核心竞争力

我们已经在前文中提出，在市场竞争更加激烈、政策调控更加严苛的背景下，房企单靠住宅地产一条腿走路的发展空间越来越小，对于差异化竞争力的需求也越来越迫切。因此，房企进行战略升级，就是要尽快孕育第二赛道，培育新的利润增长点，并反哺地产主业，增强地产核心竞争力。具体而言，房企需重点关注以下三个方面。

1. 仍要维持主业规模

房企需孕育住宅地产之外的第二赛道，这并不意味着地产开发主业的重要性降低，也不意味着地产销售规模不需要增长，事实上，房企仍要维持主业销售规模的适度增长。无论对于企业的住宅地产开发业务还是其他产业板块发展来说，充足的资金都是必不可少的，而销售规模仍是房企获取充足资金的关键。一方面，地产主业带来的可观收入可以适当用于项目投资，尽管当前房企受限于行业利润的大幅下滑，多元化投入有缩减趋势，但我们仍不可否认地产是产业输血的核心来源；另一方面，庞大的销售规模有助于企业维持高信用评级，进而获取满足企业发展所需的融资。

需要强调的是，尽管规模仍需坚持，但是增速要适当控制。行

业形势已经发生变化，规模跳涨的时代已经一去不复返，加上外部环境的制约，房企无论是拿地还是融资规模都受到严格限制。在这种情况下，房企的各项成本（包括时间成本等）也不允许规模的快速增长，房企应当将资金、精力和利润适度投入产业的第二赛道（见图4-26）。

图 4-26　地产开发规模增速需适度控制

　　除了资金需求，地产主业规模还是房企获得政府和市场认可的关键。相较于小房企，规模房企更容易取得外界信任，这是由于规模房企的资产更加丰厚、管理机制更加完善、产品质量把控体系更健全等。因此，无论是普通消费者还是政府，都更加信任规模房企。在规模房企需要进行政企合作、寻求政府扶持以及推广旗下品牌和项目时，都更加便利。

　　总之，保持主业规模的适度增长仍然是房企的必然举措。只有在维持主业规模的前提下，孕育第二赛道、培养新的核心竞争力等战略举措才能够得到保障，也能够更好、更快地收获利益。

2. 培养住宅地产之外的核心竞争力，并与地产主业形成协同效应

　　孕育第二赛道，关键在于培养住宅地产之外的核心竞争力，并与主业形成协同效应。地产开发和产业开发各是一个闭环：地产闭环

包括从开发、采购、建设到销售后获取销售收入；当地产主业达到一定规模后，可以腾出一部分利润，贴补到产业板块，赋能产业"投—融—管—退"全流程闭环，助力产业 IP 的打造，优化财务报表，提升资本市场认可度，这对于企业的后续融资发展有重大帮助。而打造出的产业 IP 又能反向助力地产主业发展，降低地产板块拿地成本，这就是地产板块与产业板块的协同发展（见图 4-27）。

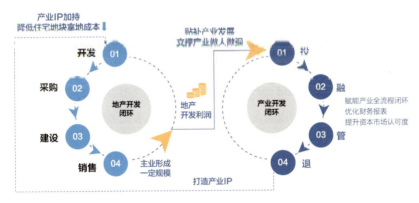

图 4-27　地产板块与产业板块协同

在商业、物业、长租公寓等与地产主业能够形成协同效应的领域，许多房企已经培育出了优质的产业 IP，赋能地产主业发展。住宅地产之外的核心竞争力与住宅地产主业相结合，发挥协同效应，在拿地、融资、营销等环节，发挥"1+1 > 2"的效果。总结而言，产业地产布局能为房企带来如下四大利好。

第一，规避集中拿地竞争。在"两集中"政策下，22 城及之外的核心城市，土地市场竞争更加激烈，对于中小房企而言，想要通过传统的招拍挂方式在公开市场拿地更是难上加难。而具有产业基因的中小房企，优势非常明显。它可以避开招拍挂市场，绕道通过产业地产拿地，有了产业，就有资格跟政府谈判。谈判内容包括区域如何规划、项目如何引进、土地如何配比，这极大地降低房企获地成本，从而降低拿地风险。

第二，拓宽融资渠道。近年来，信用贷款和抵押贷款等传统债权类渠道大幅收紧，而产业地产能够为房企提供新的融资方向。例如，利用资产贡献的稳定现金流打包做成 CMBS 和 REITs（不动产投资信用资金）等证券化产品，在资本市场上进行融资。更有实力的房企，还进一步探索产业基金、投资孵化等高端玩法，引入更多的社会资本与金融机构参与，进一步拓宽融资渠道。

第三，受资本市场青睐。以物流园区为例，近年来的电商发展突飞猛进，高品质物流仓储需求逐年攀升，新一轮物流地产投资盛宴正全面铺开。以普洛斯等为代表的传统物流巨头，以京东和阿里巴巴为代表的电商大军，以及绿地和万科等房企为代表的新兴大军等，均在物流地产领域投下重注。

第四，多产业协同提效。通过多产业布局，房企还可以实现客户资源、供应链资源、品牌资源的协同以及各项能力的共享，真正达到协同提效的目标。典型案例如 H 企，H 企下辖足球、教育、旅游、酒店等多个板块，依托多产业布局，可以为业主提供丰富的多元化服务，而地产又能为产业提供源源不断的客户资源，实现多方资源的协同。

综上所述，在维持主业规模的同时，通过孕育第二赛道，培育地产主业之外的差异化竞争力，与主业形成协同效应，进一步提升地产的核心竞争力，是房企实现战略升级的关键。

3. 算账模式从"基于地产算账"向"基于协同板块算账"转变

房企进行战略升级，孕育第二赛道，本质上是为了获取更多利润。因此，在进行产业布局的时候，房企也必然会关注到投资收益比等关键指标。但是，在进行产业投资的初期，或者差异化核心竞争力的培育阶段，单纯依靠产业项目，很难产生真正利润。对产业板块进行单独财务核算，我们可以发现，绝大部分的产业板块都处于亏损阶段。

尽管产业板块单独来看是亏损的，但是并不意味着集团对产业板块的投资是亏损的。这时，房企需要学会转变算账模式，从"基于地产算账"向"基于协同板块算账"转变，从整个集团的视角来进行利润核算（见图4-28）。

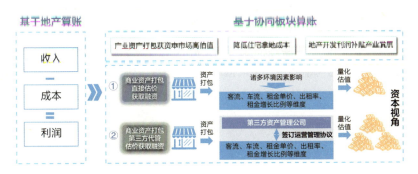

图4-28　房企多元化业务算账模式转变

如图4-28所示，"基于地产板块算账"是指单纯地通过地产的收入减成本来计算利润，不考虑其他因素。而"基于协同板块算账"的算账逻辑是指房企通过培育差异化竞争力，与地产主业形成协同效应，促进地产主业的利润增长，并将新增利润贴补到产业协同板块，让协同板块发展得更健壮，形成一个利润的正向循环。

以长租公寓运营为例，房企可将通过住宅地产开发获取的利润，投入长租公寓的建设和运营。长租公寓在实现正常运营，开始产生收入之后，可以获得资本市场的认可，此时，房企可以利用ABS（资产证券化）等资本市场工具将长租公寓资产打包融资，并将融到的资金用于新项目的开发。如此，房企就实现了产业项目"投—融—管—退"的闭环模式，加快了产业板块的发展。长租公寓在获得良好发展之后，可以建立优质的产业 IP，此时，产业 IP 就可以帮助房企提升在拿地环节的竞争力，甚至降低拿地成本。这样，房企就实现了长租公寓项目与地产主业之间的协同，尽管长租公寓的收入还不能完全覆盖项目投资，但是从集团整体角度来看，已经取得了正面收益。

因此，转变算账逻辑能够帮助房企更好地识别真正的投资回报，更好地选择第二赛道。房企切不可将集团内的各个板块割裂看待，否则将可能错失一些优质的投资机会，在后续的发展中落后于其他竞争者。

综上所述，孕育第二赛道是当前房企必选的战略升级方向。但是在战略升级的同时，房企也不能忽略地产开发主业的规模，并要注意培养出能够与主业协同发展的核心竞争力，同时实现算账模式的转变。如此，房企的战略升级方向才能适应企业的生存发展需求。

四、培养差异化竞争力的关键：融资、运营、退出、切入

培养差异化竞争力对于房企的重要性，已经成为业内共识。但是，产业破局并非易事，如何有的放矢地培育自身的差异化竞争能力，对于许多房企来说还是一个需要重点攻克的难题。由于产业思维与地产思维之间的差异较大，不少品牌房企在进行多元化布局的路上纷纷折戟。为帮助地产企业在产业破局的路上少走弯路，我们从钱从哪里来、如何做成、如何退出、如何切入四个关键环节，来总结产业破局的核心要点。

1. 钱从哪里来：既可以借助传统渠道获取，也需不断探索新路径

融资是产业布局的头等大事，融资渠道的畅通与否、融资成本的高低、融资期限的长短都对后续的开发、运营有十分重大的影响。因此，房企在产业布局之前需理清各个融资渠道的特点和要求，这也会

帮助房企更好地选择后续开发和运营模式。传统的投资渠道与住宅地产的融资渠道比较接近，可以分为直接融资和间接融资。融资方式不同，适用条件和成本也不同。

直接融资主要是指房企直接向投资者募集资金，不通过金融机构，根据融资的性质不同可以分为债权融资和股权融资。债权融资主要包括公司债、短融、中期票据、民间借贷等方式，股权融资主要包括合作开发、小股操盘、引入政府成立专门投资基金等方式。

间接融资主要是指通过金融机构而非直接融资方式向投资者获取资金，根据借助的金融机构性质不同可以分为银行融资和非银机构融资。银行融资主要包括开发贷、信用贷、政策性贷款、流动性贷款等类型，非银机构融资主要包括信托贷款、基金、带回购协议的资产或收益权转让、融资租赁等类型。

在产业地产项目融资过程中，传统的融资方式由于融资项目自身的资质、融资期限等因素，产生相应的成本，呈现不同的特征。产业地产融资模式的主要不同在于包装数据资产表等创新融资途径。

通过创新商业模式整合资本，可以为产业地产探索出一条新的融资渠道。产业地产的融资创新就是要发掘沉淀资产、盘活资产，其中最重要的、最有希望变现的就是数据资产。数据资产是由企业及组织拥有或控制，能给企业及组织带来未来经济利益的数据资源。数据本身不产生价值，但是可以帮助企业在创造收益、降低成本上有更好的表现。企业可将生产经营中产生的数据进行收集、整理、分析，用于服务自身经营决策、业务流程，从而提升业绩。当前，数据资产的重要性已经越来越受到大众瞩目，为数据资产融资提供了重要条件。

例如，建业集团基于互联网思维，创新融资模式。建业集团利用数字资产的逻辑，面向资本市场将商业模式包装为一个酷炫的故事，获得资本市场的高估值，源源不断地获得资本投入。数据资产表基于业务数字资产构建了新型价值评估体系，为其他房企提供了重要的借鉴。

综上所述，产业地产的融资不能够完全依赖传统的融资渠道。意图进行产业破局的房企，既要持续扩展原有的融资途径，也要努力探索新的融资途径，不可偏废。创新商业模式融资尽管仍有许多不成熟之处，但却可能成为产业地产未来的重要支柱。

2. 如何做成：达到经营性现金流持续回正，形成产业 IP 才算真正做成

继投资和融资方式的分析之后，房企需要关注的方面还有如何成功经营产业地产项目。衡量一个产业地产项目是否成功，离不开财务维度的判断。从一个企业的角度来考虑产业布局是否成功，要看这个企业是否建立起一个可以复制推广的成功商业模式，形成成熟的产业IP，拥有品牌化经营的成熟团队。从单体项目的角度来看，最为直观的衡量指标就是项目的经营性现金流是否达到持续回正，项目经营期间的收益是否能够覆盖经营成本，具体包括以下两方面。

一方面是积极拓展多元化经营收入，达到经营性现金流持续回正。达到经营性现金流持续回正的最重要手段就是扩展经营性收入来源。多元化的经营性收入不仅规模更大，上升空间更广，而且波动性更小，对外部环境变化的抵御能力更强。

另一方面，房企不仅要扩展收入来源，使得项目运营收入能够覆盖经营性支出，还要进一步优化收入结构，降低传统租售收入比重，提升运营服务等收入比重（见图 4–29）。

我们总结了几个比较常见的产业项目经营性收入来源，分别总结了各自的发展前景和实践经验，具体包括如下几项。

一是物业租售收入，天花板效应明显，可降低占比。绝大多数产业地产项目都以此作为主要收入来源，可以在短期内回收资金，满足后续开发资金需求，如华夏幸福、金地威新等产业园区项目。但是这

图4-29　合理的收入结构与经营性现金流持续回正

种收入来源有明显的天花板效应，随着产业地产的投资热潮高涨，产业地产供应量越来越大，在相互竞争压力之下，物业租售价格不升反降。因此，房企后续应尽可能降低对物业租售收入的依赖程度。

二是产业运营收入，与地产关联较低，比较考验房企的产业运营能力。这类收入主要适用于物业、文旅、养老、医疗等细分领域的项目，如华侨城运营主题乐园、万科运营养老机构等。这部分收入主要依赖产业本身的市场前景和企业的产业运营能力，对企业的产业运营能力要求较高，与地产主业关联程度较低。

三是产业服务收入，核心是要识别客户深层次的产业发展需求，建立服务体系。例如，星河控股通过整合旗下优势资源，从智能化、数字化、信息化三大方面入手，为企业提供高效便捷的发展空间。优质的产业服务不仅能增加收入来源，还能够形成竞争优势，降低招商难度，降低空置率，增加品牌溢价，进而提升自身的物业租售收入。

四是产业创投收入，前景广阔，但需要对产业具备深刻了解。例如，张江高科提出"科技投行"发展战略，将企业定位从单一的园区开发运营商转变为"房东+股东"的双轮驱动模式，实现"一体两翼"即以物业销售为主体，企业服务和高科技投资为两翼的业务结构。

以上四种主要收入来源，可以涵盖大多数的产业项目收入来源。从中长期的角度来看，房企应当着力提升产业运营、产业服务以及产业创投收入，这三种收入都蕴含着巨大的发展机会，能够帮助产业地产项目实现长期可持续发展。

此外，房企还需要通过建立成熟的运营模式与团队，品牌化经营，形成产业 IP。对于企业层面而言，单个成功的项目所带来的财务收益还不能够决定企业产业布局的成功与否，是否具有成熟的产业 IP，才是真正至关重要的部分。产业 IP 不仅是房企向政府争取政策优惠的利器，也是房企产业地产发展的支点所在。成熟的产业 IP 不仅有着明确的产品定位、商业模式，是项目的核心竞争力所在，也是产业项目能否在各地进行推广复制的关键。在同质化竞争仍然非常严重的产业地产领域，成熟的 IP 能够为房企带来巨大的竞争优势。产业 IP 可以解决许多产业项目最难解决的招商难问题，也是最有力的武器之一（见图 4-30）。

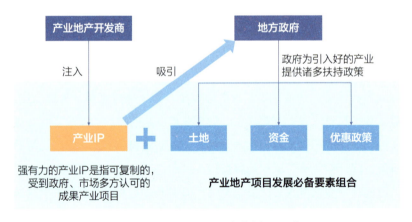

图 4-30　产业 IP 在项目开发中发挥重要作用

从标杆房企在产业地产领域形成成熟 IP 的实践经验来看，成熟的产业 IP 是房企建设、运营、服务全方位实力的综合体现。而产业 IP 的形成过程，往往是从单体项目的成功开始的，如龙湖的天街项目。龙湖在单体项目的成功经验中提取出了真正的、可复制的商业模式，培养出高水平的运营团队，并成功进行了异地复制，获得行业内外的认可，这才形成了优质的产业 IP。可见，单体项目的经营成功是产业 IP 培育的第一步。

综上所述，衡量产业地产项目的成功与否，既包括单体项目的视角，也包括企业层面的视角。房企想要成功实现产业破局，就必须实现单个项目的经营性现金流持续回正，进而实现成功项目的普遍复制。成功的项目要有始有终，如何实现项目退出也是产业地产布局的必修课之一。

3. 如何退出：过程退出和结果退出机制，都在探索和完善中

相较于住宅地产，退出机制不完善可谓是产业地产最大的难点所在。产业地产的投资体量大，回报周期长，却没有足够有效的退出途径，使得许多实力不足或者现金流不够宽裕的房企，在开发过程中由于现金流紧张导致项目难以推进甚至失败。下文将从过程退出和结果退出两个方面讨论产业地产的退出困境和可能的解决路径。

一方面，过程退出机制，至今仍受限于金融系统支持不足而难以推进。过程退出机制是产业地产最为薄弱也是最需要的。过程退出是指产业地产在开发建设过程中或者产业培育过程中，即尚未实现稳定经营收益之前，进行部分的资产变现，为项目后续开发提供资金支持。

由于产业地产自身的特殊属性，以及我国金融体系对这种需求的支持不足，产业地产的许多资产无法单独和提前变现，只能成为沉淀资金，开发商被迫重资产经营，现金流压力巨大。例如，文旅地产的重要资产往往是"好山、好水、好节目"，而这类资产是一种专属

性很强的有机组合，很少有活跃的市场报价，或者市场价格不能体现其真正价值，资产的组合价值难以分解计算，不利于分割转让。这些都使得想要在过程中实现部分退出的文旅地产苦于难以估值或估值过低，现金流十分紧张。

同时，产业地产在我国兴起时间较短，而培育期往往较长，培育期间的未来收益波动性较大，不能作为过程退出的估值依据，导致产业地产的过程退出难以实现。产业地产本身的不确定性，也使得金融机构和其他投资者降低估值，甚至望而却步。解决产业地产过程退出难的问题，不仅需要我国金融产品的不断升级。产业地产开发商也可以通过进行品牌化连锁经营，形成优质的产业 IP 和可推广的商业模式，提高未来现金流的可预测性，增强对投资者的吸引力。

另一方面，结果退出机制，有待于资本市场工具的不断创新和开发。相较于过程退出机制，产业地产的结果退出机制已有一定基础。结果退出主要是指在产业地产项目已经实现比较稳定的经营收益之后，进行部分或全部的资产变现，开发商可以获取资金进行滚动开发。

较为常见的结果退出机制有整体出售、部分出售、股权转让等。当前，资本市场上已经有许多工具可以帮助房企在保留控制权的前提下，实现资产变现，打造"开发＋运营＋金融"的全链条轻资产运营模式。因此，这里主要讲房企如何借助资本市场工具实现轻资产运营。

相关资本产品比较常见的有 ABS、类 REITs、房地产投资基金等，这些金融工具不仅可以保留资产所有权，充分享受地产增值红利，还能够增强短期偿债能力，实现风险转移。当前已有许多公司通过资产证券化实现轻资产运营。但是，这类产品依然有一定的局限性，如当前的类 REITs 本质上是短期融资手段，不能向公众募集资金，后期一般要进行回购，并不能实现真正退出。不过，值得庆幸的是，中国证监会与国家发展改革委联合发布的《关于推进基础设施领域不动产投资信托基金（REITs）试点相关工作的通知》，标志着境内基础设施领域公募REITs试点正式起步，使退出机制的完善过程又进一步。

总之，退出机制的完善与否对产业地产的未来发展至关重要，完善的退出机制，能够帮助房企更加轻便地进行产业项目开发，不必因为后续资金不足而捉襟见肘。因此，房企进行产业布局，需时刻关注产业退出机制的发展动向，了解当下主流退出机制的内涵和优缺点。

4.如何切入：外部资源和内部战略保障，是房企产业转型不可或缺的重要因素

前文中已经详细探讨了产业地产在融资、投资决策、经营和退出方面的经验做法，然而，房企如何快速精准的切入产业领域，不走弯路，也是一个值得深度探讨的话题。选好切入点，可以为房企后续项目顺利开展奠定基础。下文将从产业选择原则、快速获取产业IP、树立产业思维、建立组织保障这四个方面，讲述房企进入产业地产时必备的条件。

（1）产业选择原则：找寻符合企业自身基因的产业领域

对于房企而言，住宅地产开发之外的领域都属于产业，但是这些产业的类型纷繁复杂，和地产主业之间的关系也各有不同。在资源有限的情况下，房企如何在有限的产业赛道内进行恰当的选择和布局至关重要。整体而言，有三个基本原则：按照地产＋、泛地产、非地产三层逻辑推演，选择能与主业形成产业协同效应的产业领域，选择符合自身企业基因的产业领域。我们根据产业类型与住宅地产之间的关联程度进行分层，将产业地产分为三个层面（见图4–31）。

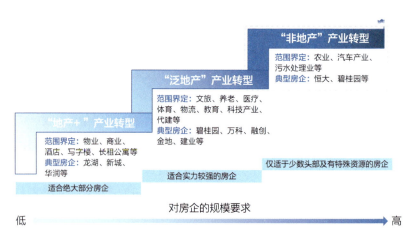

图4-31 产业地产的三层定义

"地产+"层面，与地产关联最为紧密。"地产+"主要包括物业、酒店、商业、写字楼以及长租公寓等产业类型，这些产业与地产主业关系最为紧密。几乎所有的房企都在这一领域有所布局。"地产+"层面的产业类型与住宅地产的主业最为接近，也最容易形成协同发展效应，是房企进行产业破局最为便捷，也是要求最低的层面。销售规模达到500亿元以上的房企应当考虑在这一层面进行布局，但是房企绝不能因此掉以轻心，应当主动进行战略规划，形成顶层设计。

"泛地产"层面的关注重心是产业发展。"泛地产"层面的产业类型主要包括文旅、养老、医疗、体育、物流、教育、科技产业、代建等产业类型。这些产业类型仍然以地产开发为基础，在此基础上进行产业运营，关注的焦点已经由地产转移到产业。"泛地产"层面的许多产业类型都尚未摸索出成熟的商业模式，单体项目赢利对房企来说较为简单。因此，房企布局"泛地产"层面的产业一定要从整个集团的角度去算大账，需要有长期布局的耐心，应考虑到产业板块对整个集团业务的提升，而非单体项目迅速赢利。销售规模在500亿~2 000亿元的房企可以在这一领域适当布局。

"非地产"层面属于与地产关联极小的创新尝试，不宜有过高的回报预期。该层面的产业发展逻辑与地产完全不同，当前布局这一领域的大多是龙头房企，如碧桂园布局现代农业等，一方面是受到这些行业本身的发展前景吸引，另一方面是由于这些产业带来的附加收益。"非地产"领域涉及的现代农业、新能源汽车、环保服务等大多属于国家鼓励发展的战略性新兴产业，投资难度和规模较大，但是可以享受多重产业扶持政策。销售规模达到 3 000 亿~5 000 亿元的企业可以进行少量探索，但不宜有过高的回报预期。

综上所述，房企进行产业破局的三个层面各有其不同的发展特征和赢利模式，房企要在布局之前深刻理解投资产业所在领域的产业发展逻辑，根据自身的优势和核心需求进行选择。同时，充分了解产业地产的融资渠道也至关重要。

（2）快速获取产业 IP：通过外部合作模式

选定恰当的产业类型后，打造该产业领域的 IP，是房企发力产业的重要方向。除了自建 IP，通过与拥有产业 IP 的公司进行合作，恰恰是快速获取产业 IP 的有效途径。外部合作不仅能够跳过较长的培育期直接拥有成熟的产业 IP，还可以在合作过程中，向 IP 合作方学习到许多产业开发的实践经验。对于想要快速切入产业地产航道的房企来说，外部合作是一个极佳的选择。

外部合作主要有两种类型，分别是项目级合作和公司级合作，各有优劣，也都有很多实际案例。项目级合作是指企业之间在某一个项目上进行一次性合作，例如碧桂园和富士康共建科技小镇。项目级合作的优势在于灵活性，但劣势在于后续发展红利和合作机会难以保障。公司级合作是企业相互签订框架协议，在某一领域建立长期的合作，例如金科通过和置信长期合作，获取国色天香游乐园的产业 IP。公司级的合作优势在于可以锁定后续发展红利，但是合作方之间的磨合和选择对于房企是个重要课题。产业公司和地产公司之间截然不同的发展逻辑，对于双方能否顺利进行合作是一个不小的挑战。

（3）树立产业思维：避免用住宅地产思维评价产业地产

产业地产开发运营与住宅地产开发截然不同，一定要避免住宅用地产思维评价产业地产。在项目开发的各环节，企业需围绕产业这一核心，从产业地产需求角度出发来决定产品细节。同时，产业地产的培育周期往往长于住宅地产，房企需要树立"长期思维"，不能急功近利、追求短期回报。

此外，在赢利模式方面，房企布局产业地产赛道，需从住宅的"产销模式"转型到产业的"资管模式"，从赚快钱到赚慢钱，实现价值观的重塑，顶层设计的价值共鸣。传统地产开发的思维方式是"销售型"的，追求高周转、赚快钱，快速开发、快速去化、资金快速回笼。然而产业地产的思维方式是"自持型"的，追求慢周转、做内容，自持运作经营。在自持模式下，房企就不可能赚快钱，而是赚运营的"慢钱"（见图4-32）。

图4-32 地产思维与产业思维逻辑差异

房企高层如果仍然是从传统地产思维出发，那么确实很难逃脱高周转的影子。在这种思维之下，不管是对产业部门的KPI（关键绩效指标）考核，还是对产业资源集聚的长期理解，都不太可能真正落实到位，于是才有了许多房企以做住宅地产的思维来经营产业地产。因此，房企进军产业地产，首要的是思维重塑，从"销售型"转换到"自持型"、从"赚快钱"转换到"赚慢钱"，真正从开发商向运营商转型。

另外值得强调的是，房企布局产业地产，有一些典型的坑不能踩。近年来，众多房企纷纷布局产业地产，而成果却大相径庭。究其原因，大多在于房企在入局之前缺乏产业研究，仍然以住宅地产开发的思维进行产业地产开发，没有理解产业链的逻辑，没有找准产业切入点，产业定位不明晰。例如，许多产业园区面临招商困难，原因在于园区开发商对产业理解不深刻，建设大量的办公楼而非制造业所需的产业楼，园区的空间类型不符合需求，导致园区内都是无效空间。

（4）建立组织保障：地产开发团队与产业团队绝对隔离

房企要确保产业项目的顺利进行，离不开组织制度的保障。为了确保产业项目的顺利进行，房企一定要做到房地产开发团队和产业团队之间的相互隔离。组织架构必须独立的原因有以下几点。

一是开发模式。产业地产与住宅地产之间的开发逻辑、赢利模式、赢利能力千差万别。例如：住宅地产追求的高周转模式用在需要长期运营的产业地产开发中，很可能导致项目失败；赚地产项目的快钱和赚产业项目的慢钱，又是鲜明的对比。因此，对两大团队进行隔离、保证产业团队不受到地产思维的干扰，是非常重要的一个环节。

二是考核导向。独立的组织架构保证产业地产独立的考核目标，从根本上将传统房企从追求短期利润的考核中解放出来，不会笼统地将产业板块变成地产开发板块的附属成本来对待。

三是编制预算。独立的组织架构保证有独立的编制和招聘需求。

如果没有独立的组织架构，房企在做预算编制的时候，有很多预算无法纳入。比如产业运营费用可能是很大的成本，如果只作为地产开发里的一个部门，这个成本其实很难做到编制里。再比如人员编制，做产业就需要有专门负责产业规划或产业运营的人，从产业地产思维来看，他们润物细无声，可能短期内看不到效果，但投入绝对是必要的；而从地产销售思维来看，他们也许会被当成是一群只会纸上谈兵和一群长期不出业绩的人，所以一定要剥离出来，在独立的组织架构中进行预算的编制。

四是内部市场化。独立的组织架构还能为内部各细分产业的市场化建立基础，更重要的是将产业的运行价值显性化。最典型的就是通过产业拿到的地，赚到的钱有多少应该归功于产业价值？没有独立的组织架构，产业价值体现不出来。

综上所述，在住宅"一条腿走路"空间越来越小的形势下，孕育第二赛道、打造住宅之外的核心竞争力，已然成为房企能否华丽转身的关键。而产业地产能否真正成为房企第二增长曲线和新的利润增长点，解决融资来源和运营、退出机制问题，选择合适的切入方式等，是重中之重。

第七节
重要支撑：强化风险管控，组织变革创新

我们总结了行业新周期下房企战略破局的六大核心方向，分别是高质量增长、合理布局、管理练内功、做强产品及服务、合作开发和产业破局。而所有战略举措的背后，都离不开企业的风险管控和组织创新，这两者组合起来是企业战略破局的第一大核心支撑。行业形势

向下，企业面临的风险骤增，构建完善的风控体系，是企业防范风险和实现健康可持续发展的关键保障；同时，高效组织也是房企快速发展的重要推动力，只有顺应行业形势，适时进行组织创新升级，才能有效应对越加不确定的外部环境，更好地生存发展下去。

一、风险管控：完善风控体系，向标杆国企学习

企业的风险管控是企业安全的最后一道屏障。一直以来，国企在国有资产不流失的红线之下，对于风控普遍十分重视，建立了相对完善的风控体系。而民营房企在过去房价高速上涨的时代，对风险管控的重视程度并不高，即使有风控，也存在几个典型缺陷：其一，风控仅聚焦在某几个业务环节上，比如在投资拿地环节控制拿地的风险，抑或在工程质量、项目交付环节控制质量风险或交付风险，没有从企业经营的视角去全盘审视，并建立全周期的风控体系；其二，风控往往是后端的被动防御，而非主动在前端完成风险识别、风险评估和管控，导致风控的效用大大降低；其三，缺乏风控标准的沉淀，风控体系往往没有得到有效地执行和落地，在企业规模越来越大、跨区域布局越来越广的形势下，风控管理能力面临被摊薄的问题，无法在多区域实现逐级落地。

如今，行业调控趋严，项目风险骤增，房企项目亏损的事例越来越多，为渡过当下难关，面向未来发展，构建一套完善的风险管控体系是保障企业经营安全底线的关键。新冠肺炎疫情的冲击也给了地产行业教训，有些企业在这场突发危机中倒下，而有些企业则顶住了压力，不仅生存下来，还把危机转化为了机遇，风控体系无疑是支撑企业抵御突发危机的有力武器。我们也可以看到，除了一些标杆国企，一些有远见卓识的民企也已经主动构建起企业的风险管控体系，为企业后续的生存发展保驾护航。接下来，我们就围绕当下企业风险管控

的核心举措展开阐述，并以标杆企业的风控体系为例进行解读，以期对地产行业带来一些启示。

1. 风控举措：信息公开，建章立制，建立完整的风控体系

广义的风控主要有三大举措。

一是信息公开，也就是把企业经营数据通过数据管理平台进行全面呈现，通过在线化经营管控系统，使企业各项经营数据都可以经大、中、小屏动态呈现、实时监控，真正做到足不出户，洞察公司的经营动态，从而提升高层决策效率、规避经营风险。可以说，只有构建起信息公开平台，风控体系才有基础保障。

二是建章立制，也就是对企业的知识成果进行梳理沉淀，借鉴标杆国企的流程、表单、报表等，将"名人名企"的优秀做法内化至企业中。所谓"引进牛人、消灭牛人"，引进"牛人"，不仅要求其充分发挥才能，"牛人"背后的业务工具、管理报表、决策逻辑，都是沉淀的关键。这样做才能确保个人智慧内化到企业、组织体系之中。例如：某标杆 E 企通过构建项目成果知识地图，积累了 78 项项目知识成果；通过共享沉淀项目经验和教训，保障员工不重复犯错。

三是建立完整的风控体系，即狭义的风控体系。具体包括：风险指标的提炼、风险的评估、风险的预警、风险的防控追踪。例如，构建企业全周期的风控业务架构，明确在不同的阶段，到底有哪些风控点、风险预警的等级到底怎么样。风控体系的核心是以运营为轴，将企业经营的风险检查点落实到位。

标杆 E 企很早就构建起了自身的风险管控体系，针对开发链条的每一个环节，设置相应的风险预警点，明确风险等级，同时匹配设立一整套运营管理制度，去识别、预警这些风险，从而快速有效地应对。E 企通过识别、通报、监控、分析和制定措施五大环节，防范公司经营风险和项目运营风险。公司经营风险包括企业经营层面的决策

风险、赢利风险、品牌风险、资金风险、合规与法律风险、组织风险，项目运营风险包括项目运营层面的投资风险、定位风险、成本风险、进度风险、质量安全风险、去化及回款风险、融资风险、群诉风险（见图4-33）。

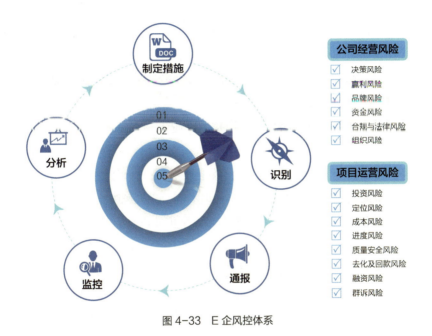

图 4-33　E 企风控体系

风控的核心一方面是核心业务指标的提炼与呈现，另一方面是过程关键业务指标的动态关注、跟踪、落实。对于企业风险管控指标的提炼，过去房企参考和运用的通常是结果性的财务指标，这还远远不够，因为结果性指标往往是项目结束后才出具，此时已经无法规避风险。因此，我们需要设置更多的前置性指标，提前预判和防控风险。

以营销为例，以前我们对营销的监控指标主要是后续的结果性指标，如案场到访量、客户来电量等，但现在需要加入更多的前置性指标，如线上平台的点击量、客户交互频次等。以前我们关注的是后续的目标成本变动率情况，现在也需要关注合同变更、变更上报比例等。由此，通过与业务系统动态的关联，对可能的风险进行前置性预判，真正把风险控制在前端。

2. 风控标杆案例：标杆国企的风控体系，是行业学习的标杆

一直以来，因为体制的关系，国企对风险管控尤为重视，建立起了比较完善的风控体系，因此也成了行业学习的标杆。据我们了解，很多民企都在向国企学习风控模式。以下我们以典型的国企 Q 企的风控举措为例进行简要介绍。

过去几年，Q 企面临在建项目越来越多、在建项目面积快速增长、客关人员越来越少的困境。事实上，Q 企已经梳理了自身的风险管控手册，但是由于缺乏信息化落地抓手，一直无法有效落地。例如，事前成果物管控不足，风控意识不够，成果风险全靠经验判断，成果水平参差不齐，导致过程返工多；事中缺乏监控机制，线下跟进全靠个人主动意识，成果沉淀慢，闭环统计难；事后归集不统一，成果物无统一归集口，版本多而乱，不易存档，无法形成一户一档资料等。

明源云协助 Q 企全面梳理成果物风险管控模式，覆盖六大业务条线、五大阶段、九大风控业务、四十三份成果物，并确立了线上成果物风险管控落地方案。由此，Q 企构建起了"4+10"风控体系，涵盖四大方面十大维度。

其一，立规范。增强意识，形成事前成果物自评清单；沉淀案例，通过线上案例沉淀，关联检查项，形成事前风控案例。其二，建机制。形成跟进闭环机制，建立监控机制，做到有问必改；建立风险预警机制，规避风险成果物未完善对外流出；建立巡检机制，将线上问题沉淀成数据库，一月一报。其三，控成果。建立成果审核机制，通过线上闭环管控，审核时明确适用范围；归齐入口，审核通过

后的成果物统一归入一户一档。其四，抓落地。在制度方面，发布风控手册，成果物根据要求上传；在组织方面，形成落地推动专项小组；在应用方面，设立项目客关风控岗，保障各项目的应用落地（见图4-34）。

立规范
- 增强意识：形成事前成果物自评清单
- 沉淀案例：通过线上案例沉淀，关联检查项，形成事前风控案例

建机制
- 形成跟进闭环机制：建立监控机制，做到有问必改
- 建立风险预警机制：规避风险成果物未完善对外流出
- 建立巡检机制：将线上问题沉淀成数据库，一月一报

控成果
- 建立成果审核机制：通过线上闭环管控，审核时明确适用范围
- 归齐入口：审核通过后的成果物统一归入一户一档

抓落地
- 制度：发布风控手册，成果物根据要求上传
- 组织：形成落地推动专项小组
- 应用：设立项目客关风控岗，保障各项目的应用落地

图4-34 Q企"4+10"风控体系

Q企通过信息化平台将风控体系落地，成果显著。例如：消灭过去线下派单易丢失、跟进难、销项情况差的痛点，统一检查标准、在线检查留痕，形成线上检查、整改、销项完整闭环；改变过去过程整改不及时、引发业主投诉的情况，实现实时监控预警、及时暴露风险；消灭以前过程版本多、收集难、易出错等痛点，实现审核过程全程在线、随时追溯历史版本，审核通过后自动归入一户一档。同时，借助信息化手段，实现所有业务全程在线，自动在线沉淀典型案例，做到知识成果在线学习。此外，通过月度的风险巡检，还可以一键导

出风控报表，大大提升风控效率。

向国企学习风控机制，是民企的共识，也是民营企业与国有企业提高交流互动频次、在多维度达成更深共识的一个契机。总体而言，未来行业步入新周期，行业发展逻辑会发生根本性变化，企业的风控体系一定要做得足够完备，才能有效防范风险、保障企业发展壮大。

二、组织创新：通过组织变革调整，保障组织高效运作

一切的战略落地，都离不开组织、团队和人才。房企的组织形态，也伴随着外部形势的变化和企业打法的调整，进行着变革与优化。纵观地产行业发展几十年以来的组织演变，可以划分为四个典型阶段。

第一阶段，单专业线至上的组织模式。在行业快速发展的阶段，一件事情干得好就可以拉动整个企业的快速增长，比如拿地拿得好、拿得多，房子卖得好，工程搞得好等，即单专业线至上的组织模式。

第二阶段，强调组织的协同拉通。行业发展加速，房企纷纷将投资眼光投向全国，外拓式布局成主流，房企跨区域拓展、多城市布局成为常态。面对不同的城市、不同的政策、不同的市场，一条专业线打天下的时代一去不复返，组织内部如何协同、如何拉通成为关键。房企在这一阶段普遍强调业务交圈，从以前的"T"字形交圈，过渡到"王"字形交圈，并进一步升级为"土"字形交圈，拆掉部门墙，提升横向协同能力，将业务决策沉降到区域层面，发挥区域积极性和主观能动性。

第三阶段，强调高效的组织激励。在行业向上、房价快速上涨的时期，有规模才有话语权，冲规模成为房企的重中之重。而快拿地、快销售、快周转，成为规模跃升的关键，如何通过有效的激励机制，充分激发员工积极性、释放团队潜能，成为组织变革的核心命题。也

正是在这一时期，事业合伙人制度、项目跟投制度开始大放异彩。

第四阶段，强调组织能效。随着行业利润大幅下滑，如何让业务的成本开销更加经济、确保项目收益成为关键，而仅靠解决专业协同、激励制度，已然无法解决根本性问题，因此，房企开始追求组织和个人能效的最大化，并强调数字化对组织的支撑。

在全新的行业形势下，各大标杆房企都在适时、快速地做出组织变革调整，从而更加顺应行业形势，保障组织高效运作，以下我们就针对第四阶段房企组织变革的核心方向进行阐述。

1. 组织变革的关键：导向和人才结构转型、效能升级、激励机制优化、数字化支撑

行业形势急剧变化，房企在组织层面也需及时做出动态调整，以更好地应对行业新形势。经过与行业标杆企业的深度交流和总结，我们总结了当下房企组织变革的五个关键。

（1）组织导向转型：整体的组织架构从"投拓驱动型"转变为"经营驱动型"

在行业快速扩张的时代，房企的组织架构属于"投拓驱动型"，一切组织赋能都围绕投资拿地和规模增长进行。而今，利润成为重中之重，房企必然要向"经营驱动型"组织转变。组织模式的转变主要有三个维度的举措。

其一，调整区域组织架构。区域层面的新增、合并或裂变，是当下房企组织变革的几种典型模式。新增，比如龙头房企进入普遍深耕阶段，大中型房企还有规模大幅度增长空间，因此往往会设置新区域集团、新区域公司；合并，即合并两个相近的区域公司，实现更好的资源聚焦，且提升人均产值；裂变，房企区域发展有先有后、有强有弱，400亿元、500亿元甚至接近千亿元的区域，需要裂变为更多区域。自2020年以来，诸多标杆房企都进行了组织架构的裂变。

房企频繁进行区域层面的组织裂变，一是为了深入布局，缩短管理半径，贴近市场，进一步提升深耕力度；二是深耕各地细分市场，使投资运营进一步精细化；三是区域组织随着时间的推移过于庞大，裂变能够起到分权的作用，防止山头主义滋生。未来，房企要通过对部分区域的裂变，使区域拥有更合适的规模，提高组织的敏捷性，及时响应市场的变化和客户的需求。

其二，强化区域中台。房企基于区域深耕的模式，加大区域中台的人力投入，通过区域中台进行全方位赋能，减少完整编制项目的人力投入，提升管理人效。"精总部、强区域"仍然是组织变革的重要策略。精总部，即总部把部分权限下放至一线区域，让"一线听到炮火"的人指挥战斗，集团总部主要负责战略管控，制定战略、把控目标、确立规则、量化考核结果。强区域，即房企构建区域平台，在标准、数据、组织等方面实现对平台的赋能，区域可以根据当地市场的变化快速决策、有效应对，避免因为决策链条过长而错失转瞬即逝的窗口期。此外，在总部权限下放的同时，区域还要做到数据上传，集团总部能够基于实际的经营数据了解区域的经营情况、及时纠偏。

其三，补充经营人才、转向服务体系。在经营驱动型的组织下，人才梯队的建设应大幅提升对经营、产品和服务领域人才的投入。此外，营销体系应真正转型为服务体系，未来房企的客户服务，不再仅仅局限于卖房的那一刻，而是围绕客户的全生命周期进行全方位的服务，提升客户体验，并由此沉淀更多的客户数据，为企业的商业模式创新创造条件。如此，企业才能走得更加长久。

（2）人才结构转型：企业核心人才从"外拓式"人才转型为"深耕钻研型"人才

人才是企业发展的核心资源，在外部形势剧变和房企战略转变的背景下，房企人才结构也需相应转型，核心在于两个方面。

一方面，置换高级人才。行业变化越快，人才在行业内的流动也越明显，近年来地产行业的高管离职现象层出不穷。房企可以基于行业形势的变化，敏锐地捕捉和把握置换高级人才的时机，尽可能快地将60分位人才替换为90分位人才，实现人才体系的整体升级。

另一方面，对于人才的选择标准，应从外拓型转变为深耕型。为契合市场的需要，龙头房企普遍进入深耕阶段，纷纷成立区域集团或特区公司，加强对深耕区域的投资与覆盖，提高市场占有率。例如，中梁控股将原中梁地产南方区域集团升级为中梁粤港澳发展集团，并相继成立中梁长三角发展集团、中梁京津冀发展集团。再如，荣盛发展新增大湾区特区，形成"长三角＋大湾区＋京津冀"的业务布局格局。不难看到，房企纷纷设立大区域集团，均是为匹配深耕战略而做出的组织架构调整，使组织架构更具都市圈属性，强化区域深耕力度。

在外拓转型深耕的布局趋势下，房企对于人才的定位也将由外拓型人才转为深耕钻研型人才。过去外拓型人才核心强调几项基本能力：城市选择的研判能力，对城市轮动和土地窗口期的把握能力。在以招拍挂拿地模式为主的背景下，更加强调投拓人员的投资测算能力。与此同时，房企一味强调加大投拓人才的数量，要求投拓人员在全国范围内尽可能多拿地、开拓更多新的城市，故而对投拓人员的绩效考核指标也相对单一。

深耕钻研型人才的能力素质模型则截然不同，不仅强调投资拿地，更强调审慎投资。在严守财务纪律的前提下实现精准投资，聚焦深耕区域，拓展旧改、城市更新、产业勾地等多元化拿地模式；拿地时不仅强调对城市的研判，还要将颗粒度进一步细化到对单一城市各区块价值的判断和测算中，并形成标准化沉淀；强调投拓人才的质量而非数量，用城市单产的提升、经营的联动等综合指标考核人才。不难看到，未来房企在人才队伍建设上，思路将会发生明显转变，需要提前筹措。

（3）组织效能升级：如何全面提升人均效能，应成为企业接下来的核心发力方向

随着市场下行、利润下滑，房企业绩增速放缓，强化效能意识已经成为企业管理升级的共识。人均效能表面看是人数的问题，但本质是费用和成本问题，直接影响企业的利润。近年来，房企纷纷将人均效能作为重要考核指标，考核权重在 5%～10%。例如，LG 企区域绩效考核中人均产值指标权重占比 5%，XC 企人均效能指标权重占比 10%，其他企业大多也是类似的做法。某标杆房企为保证效能持续领先，明确一条铁律——核心业务业绩指标增长率要大于人员规模增长率。

人均效能并非是单纯的人力管理问题，更是组织能力的核心体现，背后需要战略投资、组织管控、企业文化及人才队伍的整体支撑。不难看到，优化组织架构，是房企提升组织效能的最直接举措，具体手段包括组织扁平化、减少职能壁垒、精兵简政、去弱扶强等。

首先，在组织层级上，"能 2 不 3、能 3 不 4"。也就是说，组织上压缩层级，能做到两个层级就不设置三个层级，能做到三个层级就不设置四个层级，在不影响组织效率的前提下，尽可能保持组织的扁平化。某标杆房企减少管理层级，缩短上下距离，要求项目总直接向城市总汇报，由经营班子协管，同时，城市公司部门、项目不下设二级部门，城市公司部门内关键职能负责人定位内部专家，不设置管理层级，由此加快信息纵向流动，实现降费提效。

其次，在组织职能上，能合并、不细分。能合并的部门尽量合并，职能与业务整合、业务上专业条线整合，打破部门或职能壁垒，强化协作沟通。例如，房企纷纷将下属城市公司的人力、行政、总办等职能部门合并，回归大部制，取消片区管理，同时，推进专业职能的整合，集约资源。例如，在区域层面整合营销团队，形成一支机动作战团队，全面负责区域内的所有销售项目。再比如，某标杆房企基

于分类分级情况，设置城市公司部门数量上限，鼓励根据相关性进行职能整合：人力和行政可以合并；工程和采购可以合并，也可以进一步与运营合并，当人数不足时还可以与客服合并。

最后，在组织机制上，精简人员，坚持去弱扶强，通过组织动态裂变，实现最佳资源的整合。近年来，房企普遍要求下属城市公司精简人员，包括碧桂园、龙湖等在内的标杆房企，员工数量都在大幅削减。此外，区域动态整合也已成为房企常见的组织变革动作，例如某标杆房企将上海公司和苏州公司合并为沪苏公司，将苏州公司变更为沪苏公司的苏州事业部。

整体而言，优化组织架构是提升组织能效的关键举措之一。同时，对于人均效能仍需理性分析，因为人均效能的评估可能存在误差，比如人均销售额受布局城市及房价的影响大，人均销售面积受房企开发模式影响大，销售榜单存在水分导致数据失真等。所以，房企不应盲目攀比高人效，而应结合企业自身发展阶段、发展意愿、业务背景以及管理特点，设定适配的人效提升指标。

（4）激励机制优化：激励机制从以销售业绩为核心升级为以利润考核为核心

企业关注的核心指标转变，激励机制也必然发生相应转变，激励制度从以销售业绩为核心导向，转向以利润为导向已成为行业主流趋势。例如，某标杆房企的回款导向激励比例由50%下降到40%，利润导向激励比例由50%上调至60%；另一标杆房企总部年度奖金以利润为计提基数，计提比例在原有的基础上增加1%。

具体而言，在规模为王的时代，房企必然形成以销售业绩为核心导向的激励机制，主要围绕的是业绩、回款和节点达成指标。在业绩方面，激励核心围绕业绩目标的达成来制定，以促进规模的快速增长；在回款方面，以项目回款情况为辅助指标，采取相应的激励措施，比如围绕回款设置正负项激励；在节点方面，基于运营视角，例如投拓、开工速度、节点达成、交付质量等设立专项奖，以加快项目周转，做大规模。

随着行业步入高质量增长的时代，利润成为当之无愧的核心考核指标，激励机制围绕项目利润的达成情况来制定，保规模的同时保利、创利、增利。此外，房企也更加关注公司及综合类经营指标，充分考虑经营质量，同时，将现金流回正作为里程碑节点，强化经营和周转意识，确保公司的安全底线。

（5）数字化转型赋能：通过科技与在线化，支撑组织效能的全面提升

组织能效的提升，离不开数字化的底层支撑。一方面，通过数字化优化各个业务场景，实现流程端到端的梳理，优化业务风控体系，建设基于利润的全面管控体系等，都有助于提升人效。例如，某标杆企业推行精兵简政，人员从 5 000 人精简到 3 000 人。那么，业务流程是否还能跑通？工作界面能否顺利咬合？费效是多少？单方成本是多少？如果没有数字化的支撑，组织能效就无法精确衡量，优化更无从谈起。另一方面，通过数字化工具、RPA 机器人，能稳定高效地赋能或替代人工，实现组织能效的进一步飞跃。

数字化转型还将为房企组织的各个层级带来生产效率的大幅提升。对于基层而言，每位一线员工都可以通过手持的移动端实现业务场景的在线化，并在业务过程中自动沉淀数据，减少重复型、统计型、低效型人员的投入，全面颠覆传统的业务操作模式，提升业务操作效率。对于中层而言，随着一线业务端沉淀的数据越来越多，业务相关的标准值会越来越完善和丰富，这有利于实现业务管控的标准化、提升中层管理的业务能力，实现管理的优化提升。对于高层而言，数字化手段使得高层管理者对数据的获取更加全面、动态、及时，同时基于外部数据的进一步整合，更好地支撑智能决策，规避决策风险。

2.不同规模企业在组织维度上需要解决的核心问题存在差异

企业在不同规模阶段，所面临的组织维度的核心压力和诉求是不一样的。我们分别针对小而美标杆房企、区域型标杆房企和全国型标杆房企三类房企，梳理了其组织维度要解决的核心问题（见图4–35）。

图 4-35　不同规模企业在组织维度上需解决的核心问题

对于小而美标杆房企而言，鉴于目前的发展规模和阶段，其要解决的核心问题是股权分散、人才引进、体系建设和核心能力建设。当成长为一个区域型标杆房企的时候，其对产品标准建立、管理标准建立、标准化建设、投资拓展能力、融资能力、运营能力等就会有更高的要求。对于全国型标杆房企而言，随着跨区域布局的增多、城市布局的下沉，组织层级和组织管控也变得更加复杂，所以核心需要构建起三层能力：顶层是企业的战略研究能力，确保企业对行业形势的洞察和战略方向的正确；中层是完善的人才体系，优化人才建设机制，保持企业活力，确保人员流动不影响公司经营，同时，建立"集团—区域—城市"的三级管控能力，并进一步升级标准化体系，包括产品标准化体系、管理标准化体系等；底层是组织支撑、组织创新能力。

不同阶段或不同规模的房企在组织维度的核心诉求是不一样的。我们进一步对成长型房企组织变革的关键进行了分析梳理，其中有四个核心（见图 4-36）。

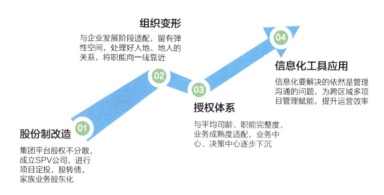

图 4-36　成长型房企组织变革的关键

第一，股份制改造。我们经常看到一种现象：很多企业老总跳槽去某个企业，没干两个月就离职了，这背后的原因就在于，企业本身的股权没有分清楚，董事长甚至还没有话语权。反过来讲，企业没有完善的股权架构，很难招到合适的人才。成长型房企可以通过成立SPV（特殊目的实体）公司来进行股转，也就是间接转让，同时，可以通过项目定投、股转债、家族业务股东化，进行股份制改造，实现"去家族化"。

第二，组织变形。组织要与企业发展阶段相适配，组织是否留有弹性空间、是否有延展性十分关键。比如在企业快速发展的时候，项目领导往往是"一正三副"，这样新的项目下来之后，三个副手就可以直接"扶正"，这就是一种组织弹性变形的体现。

第三，授权体系。授权体系首先要有授权的边界，授权应与平均司龄、职能完整性、业务成熟度等方面适配，业务中心、决策中心逐步下沉。下沉之后，我们也强调用数据交换权限，将权限下放、数据上传。如果数据上不来，权限也下不去。

第四，信息化工具应用。通过信息化系统，提升流程审批效率，提升管理沟通效率，同时为跨区域多项目管理赋能，提升运营效率。

综上所述，行业在急剧变化，房企的打法也应因时而变，在行业面临两大拐点和四大挑战的全新形势下，我们为房企总结了"6+2"应对模型，力求为房企提供一套完整的打法，高效应对当下时局。当然，这一套打法也不是终局性的，一旦行业形势发生变化，房企的对策仍应做出及时调整。我们在本章重点谈了"6+1"，即六大举措和一大支撑，数字化转型作为另一关键支撑，为突出其重要作用。我们将在第五章中，对数字化如何支撑房企战略进行重点阐述。

本章小结

传统打法难以为继，旧有模式遭遇逆流，房企"活下去"的诉求比以往任何时候都强烈，高质量发展开始取代高速增长，成为房企普遍追求的经营目标。面对日益严峻的宏观及行业环境，房企到底如何应对才能更好地生存和发展？本章结合标杆房企案例，为焦虑中的房企提供了有益借鉴和创新思考，总结而言，应对现阶段的行业局势，有六大关键对策。

对策一：高质量增长。虽然目前地产行业整体下行，但这并不意味着房企要放弃增长的目标，适度的规模增长仍有必要，只是增长模式将从"规模跳涨"转变为"高质量的增长"，强调合理的利润。未来增长的动能来自城市、企业的结构性机会，背后仍需重点关注如何获取合理低价的土地和资金。

对策二：合理布局。遍地黄金的时代宣告终结，房企的投资研判逻辑发生根本性变化——一、二线城市看窗口，四、五线城市看流速，组合投资成为房企必选项。区域深耕作为行业布局典型趋势，其带来的综合红利将成为房企下一阶段的核心竞争力。

对策三：管理练内功。行业外部利润快速下滑，使得房企依托管理能力向内部要效益成为必然，房企需在成本力、运营力、营销力上下苦功，同时构建出一个"业务互通、业财融合、生态互连、数据共享"的数字化内控体系，高效支撑企业业务运作和管理决策。

对策四：做强产品及服务。高质量发展的要求倒逼房企回归产品品质及服务品质，好的产品应追求企业、专业、客户三者的平衡与均好，好的服务应真正从客户需求出发，构建出全景、全龄服务体系。有了好产品和好服务，企业才有机会创造好未来。

对策五：合作开发。通过合作，房企可以实现优势资源共享，双方互利共赢。但在合作过程中，要注意严选合作对象、厘清合作诉求，保持开放心态，基于赋能合作，重视履约和管理升级，建立共享的信息平台。民营房企与国企合作、与国有城投平台强强联合，千亿房企与本土房企合作是当下三种典型的合作模式，值得我们思考和借鉴。

对策六：产业破局。在"控地产、保产业"的政策基调下，产业地产是房企必须铺就的第二赛道。房企应重视对住宅地产之外的差异化竞争力的培育，并通过差异化竞争力，为地产主业赢得利润空间。此外，如何融资、如何运营、如何切入、如何退出是房企在布局产业时需要审慎思考的问题。房企需要按照"地产+""泛地产""非地产"的逻辑推演，找到能与主业产生协同效应的、符合自身企业基因的产业。

上述所有战略的背后，都离不开企业风险管控和组织创新能力的支撑。向标杆国企学习，构建完善的风控体系，是企业防范风险和可持续发展的关键保障。顺应行业形势，推进向组织导向转型和人才结构转型，提升组织效能，优化激励机制，以及数字化赋能组织转型，则是支撑房企稳健发展的有力武器。

行业形势在变，行业对房企的能力要求也在变，相信上述策略能帮助房企在迷雾重重的当下找到自己的破局突围之道，在发展之路上越行越稳健。当然，我们需要再次强调，上述"6+1"的应对策略，是以当下的行业形势为前提展开论述的，未来，一旦行业形势发生转变，每一个维度的应对策略是否适用，需要房企斟酌考量。针对行业变化及时调整应对策略，仍是不变的法则。

第五章　房企数字化建设:

转型破局的重要支撑

曾任阿里巴巴首席战略官的曾鸣博士，对中国产业发展规律进行了深入研究，将中国所有产业的发展阶段总结为 1.0 模式、2.0 模式和 3.0 模式，并言明任何行业一旦出现了 3.0 模式，那些仍聚焦 1.0 模式和 2.0 模式的企业大概率会遭遇增长势头的扭转甚至断崖式的下滑。以零售行业为例，2008 年，传统零售作为零售的 1.0 模式稳健发展，国美和苏宁作为 2.0 模式的代表风头正劲，而淘宝作为 3.0 模式的"新生儿"还处于萌芽孵化期。然而，仅过了四年，上述行业格局就已发生了天翻地覆的变化。2012 年，淘宝凭借超过 1 万亿元的年度销售额坐上零售行业的头把交椅，与此同时 1.0 模式陷入负增长，2.0 模式面临增速放缓困境。

　　我们认为，2020 年是地产行业的数字化元年，是房企向产业 3.0 模式冲击的重要关卡。这是因为，2020 年突发的新冠肺炎疫情刺激了企业和大众的数字化意识，推动地产行业进入数字化觉醒时期；同时，"三道红线"和"两集中"等调控政策的持续加码，已经将整个地产行业逼到了墙角，各大房企的获利空间已然非常有限。唯有借助数字化手段彻底升级经营模式，房企才能站在更高的竞争维度与友商一较高下，才能及时抓住地产行业的数字化风口期，率先进入

3.0 模式，把握市场新红利。

　　为了助力房企勇立时代潮头，快速把握数字化红利，明源地产研究院结合多年的地产行业研究，借鉴标杆房企实践经验，以及行业专家和数字化专家的前沿思考，在本章从数字化转型经历的四个阶段、现阶段数字化建设的困难、数字化如何从口号落到实际、数字化应该优先建设什么，以及数字化建设需要什么支撑五个方面进行阐述，以期为房企数字化建设带来新的灵感和启发。

第一节
转型阶段：经历长期缓慢发展，
数字化进入加速期

　　众所周知，当下地产行业数字化建设与其他行业相比滞后不少，但我们深入研究行业变迁，却惊奇地发现，地产行业的数字化建设起步较早。早在 20 世纪 90 年代，即数字化相关理念刚入国门之时，一些思想先进的房企就开始试水数字化建设，大量引入计算机软硬件，推动企业自动化和信息化建设。21 世纪初，随着数字城市、数字家园等概念的兴起，房企数字化得到了进一步的发展。然而回归当下，地产行业数字化建设虽历经多年，却越发滞后于时代。

　　为了探寻地产行业数字化建设长期缓慢的原因，以及地产行业数字化建设的现状和未来，我们结合地产行业发展规律、房企数字化实践案例与地产大咖和数字化专家的分析，将地产行业的数字化进程划分为四个阶段。这四个阶段首先是以办公自动化为核心的自动化启蒙阶段，其次是以一体化管控为重点的信息化管控阶段，再次是以经营能力提升为目标的数字化经营阶段，最后是以数字孪生为终局的智能化商业阶段（见图 5–1）。

图 5–1　地产行业数字化建设的四个阶段

其中，自动化启蒙阶段和信息化管控阶段是多数房企已经经历过的阶段。在这两个阶段中，房企一直享受着土地红利、周转红利、资金红利带来的巨额收益，对数字化能够创造的收益和红利不甚在乎，这也是造成地产行业数字化建设虽已经年累月但仍无显著成效的原因。然而，聚焦当下，持续加码的调控政策和更加波动的市场环境，让房企不得不加速转型以寻求突破。数字化作为助力房企转型的利器获得青睐，房企的数字化建设也迎来了加速发展期，房企快速步入数字化经营和智能化商业两个阶段。

数字化对地产行业的重要性越发凸显，那么作为房企的数字化推进者，该如何判断企业所处的数字化建设阶段？又应如何推动数字化建设向下个阶段迈进？为了解决这些疑问，下文我们将从地产行业数字化建设的四个阶段入手，对每个阶段的含义以及数字化重心、建设效果和遗留问题进行分析。

一、自动化启蒙阶段，核心业务办公全面自动化

20 世纪末到 21 世纪初，地产行业从萌芽起步到蓬勃发展，凭借

土地红利和政策支持快速增长，各大房企过着"有钱就能圈地，盖房就能赚钱"的日子。在这个依靠土地红利就能赚得盆满钵满的时期，没有房企关注成本、效率等经营管理问题，更没有房企有推动数字化转型升级的动力。所以这十几年间，虽然地产行业迅猛发展，但行业的数字化却一直处于以推动办公自动化建设为重点的初级阶段。

此外，在房地产数字化建设的初级阶段，中国的信息技术还较为落后，互联网普及程度较低，房企数字化存在业务标准化难度大、数据采集难度大、系统建设周期长、数字化维护成本高等问题。面对数字化建设效果不显著和问题难解决的现实，各大房企更愿意将精力和资金投入拿地和开发这些收益显著的环节，这也是地产行业数字化建设一直滞后的重要原因。

在这个发展缓慢的数字化起步阶段，只有一些思想较为先进的标杆房企，在电子商务、数字家园等新概念的熏陶下，加速引入计算机软硬件，并为重点业务部门搭建了售楼管理、工程预算、工程监管、成本管理等软件平台，实现了计算、统计、查询、审批等办公流程的自动化。其中，售楼管理软件用于支持与业绩直接挂钩的销售部门，重要性自然高于其他软件，成为各大房企优先建设和最关注的软件。

这些软硬件的引入，代替了原始的手工台账、电子表格等高度依赖人工的办公手段，一定程度提高了员工工作和业务运作的效率。以天津市某标杆房企为例，随着业务的发展，其开发楼盘遍布城市各个片区，同时其销售的楼盘数量也快速增长。于是，销售部门在2003年搭建了售楼管理平台，实现了多楼盘销售情况计算统计、报表制作等功能，提高了工作效率，也降低了人工统计的错误率。但是，这个软件仅能为销售部门提供辅助支撑，却不能实现与总公司和其他部门之间的联系，跨部门沟通仍需借助电话、传真等传统人工方式。

可见，这些以自动化办公为核心的工具型软件确实在一定程度上解决了办公效率低和人工核算错误率高的问题，但一些新的问题也随之而来。首先，各部门的业务管理软件相互独立、缺乏联动，难以支撑企业高层对经营数据综合分析和全面管控的需求。其次，各部门独立建设系统，导致大量同类型软件的重复购买和建设，造成资源和资金的浪费。最后，这个阶段的售楼管理软件更多是手工记账的自动化升级，在数据上传和上报等方面依旧非常依赖人工，数据缺失和准确率不高的问题还未彻底解决。

二、信息化管控阶段，实现一体化管控系统建设

随着地产行业进入螺旋调控期，面对调控政策阶段性收紧和放松，拿地和晒地已无法让房企实现快速增长，房企的发展更依赖于内部管理者的高质量决策。例如，在调控相对放松的时期，如果高层能够准确判断市场形势，拿到优质地块，并制定适合该地块的开发和销售策略，房企就能够踩准红利并获得高速发展。故而在此期间，房企对于提高内部管控能力的需求非常强烈。

随着国家宏观调控政策的陆续出台，拿地门槛和融资门槛也不断提高，房企为谋求生存和增长，纷纷加快区域化、全球化战略的推进，而快速扩张导致的集团管理能力不足等问题也逐渐暴露。此外，调控加码也令产品同质化竞争压力倍增，房企不得不提升对产品和品牌的关注度。可见，强烈的企业需求和急待提升的企业竞争力，将房企一体化管控能力的重要性推向新的高度。

一体化管控能力的重要性在房企经营中不断凸显，也奠定了此阶段信息化建设的主要方向，即构建企业级的一体化管控系统。与此同时，ERP（企业资源计划）管理系统在中国各大产业获得广泛应用，并凭借对企业全流程、全业务、全部门的信息、资金、物资等资源的全面整合和集成能力，助力企业打通部门边界，支撑企业实现一体化

管控。

  ERP 管理系统的能力与房企这一阶段的发展需求相互呼应，因此其在地产行业也获得快速推广。大量房企开始涉足数字化转型，并将 ERP 管理系统作为发力重点，其中碧桂园、万科、金地、金科、招商蛇口、中信等大型房企更加速了企业级 ERP 一体化管理系统的建设落地。以 B 企为例，2007 年 4 月上市之后，其立即启动了"B企 ERP 计划"，使工程管理子系统实现了 100 个工程项目的实施监督和管控，提升了高层的管控和决策能力。同一时期，Y 企也通过 ERP 管理系统建设，覆盖了土地投拓、销售管理、成本管理等 13 个核心业务领域流程，将业务流程和决策效率提升至新高度。

  ERP 管理系统的广泛应用，一定程度解决了上个阶段遗留下来的多头软件分散布局的问题，也以更加简洁的操作和更高的自动化程度减少了人工录入，进一步提升了工作效率。但随着技术的发展和行业宏观环境的变化，ERP 管理系统的短板也逐渐暴露。

  一方面，此时的 ERP 管理系统以事后记录为主，不能实时反映公司经营状况，更难以预测业务风险和预期收益，对企业经营管理的助益相对有限。另一方面，ERP 管理系统以管控为核心，一线员工使用体验较差，数据和信息均为被动型录入，导致数据缺失和上传错误等问题较为显著，对管理决策的支撑仍显不足。另外，ERP 管理系统封闭又复杂，涉及部分多，建设时间长。在建设到一半时，不少企业看不到效果就不建了，或者看到效果不显著就更换厂家，这些均对 ERP 管理系统整体能力构建造成冲击，导致 ERP 管理系统在实际落地中往往存在分散建设和数据不通的问题。传统 ERP 管理系统的固有问题和瓶颈，也为房企数字化步入下一阶段埋下了种子。

三、数字化经营阶段，借助新技术打造数字平台

自 2016 年开始，地产行业进入了持续调控期，不断加码的调控政策改变了行业长期遵循的发展逻辑，较快的市场规模增速备受遏制，总量、利润、规模三大行业拐点逐渐显现。在行业形势变化之下，房企不仅要面对固有红利更迭、容错率下滑、普涨机会消失、地产主业增长乏力这四大挑战，还要应对三大增长引擎备受冲击的事实。由此可见，依靠土地红利冲规模来实现业绩增长的模式已难以为继，房企必须要抓住本阶段的管理红利谋求企业发展，而把握管理红利的核心就是升级企业经营能力和提升项目利润空间。

除了常规发展遇到的经营管理问题，2020 年新冠肺炎疫情的突然袭击，更将地产行业带入了"史上最黑暗的阶段"。疫情让众多房企感受到了入行多年从未感受过的无从发力，体现为土地不能开工、楼盘不能销售、业务几乎停滞、利息持续流出、工资和房租亟待支付、几时开工尚未可知等。然而，在众多巨型房企束手无策之时，恒大借力线上营销，在 2020 年 2 月实现 465 亿元的全口径销售额，一举超过碧桂园、万科成为业内第一，且成为前十房企中唯一实现销售额同比正增长的房企。自此，线上售楼在地产界一炮走红，而数字化的威名也快速响彻全国。

综上所述，当下地产行业土地红利消失，房企亟待转型突破，叠加疫情对产业数字化发展进程的刺激，房企终于认识到数字化转型的重要性和巨大价值。同时，5G 网络、物联网等新型基础设施建设加速推进，大数据、区块链等新兴技术快速发展，为房企数字化转型奠定了成熟的软硬件基础。所以，地产行业终于在这个阶段迎来了数字化的加速发展，数字化转型成为各大房企的战略布局重点。

那么，本阶段的数字化建设重点是什么呢？通过对地产行业现状的梳理，我们不难看出房企的业务增长重心已经从扩大规模转向提高

利润。然而，利润的管控难度远大于规模。长期处于野蛮生长状态的房企在利润管控方面更是"漏洞百出"，比如：只注重项目前端管理而不注重后端，导致利润在价值链各环节中不断流失；项目各环节数据时效性差、准确率低，且部门间数据难以打通，最终导致利润测算结果与实际数值有明显偏差，令决策者难以及时感知利润缺口，更无法在利润缺口出现时及时止损。

随着企业经营管理侧重点的改变，传统 ERP 管理系统造成的问题也更加凸显，其中业务断点、数据孤岛、数据实时性差等问题，均已成为本阶段房企数字化破局的主要障碍。为了扫清障碍，房企需要借助云计算、大数据等新型技术，对企业的数字化建设进行全面升级，构建一个更实时、更完备的数字化经营平台。

数字化经营平台能在新一代云 ERP 应用、SaaS（软件即服务）端应用、PaaS（平台即服务）层支撑和 IaaS（基础设施即服务）层底座的基础上，帮助房企真正实现底层数据的自动上浮、各类业务的横向和纵向交圈、业务与财务之间的全面打通，以及内部与外部的数字化协作，从而解决传统 ERP 管理系统的固有问题，助力房企构建业务闭环，杜绝各类"跑冒滴漏"，实现利润管控能力的全面升级。

例如，通过数字化经营平台的搭建，Y 企在货值管理方面推动了企业级标准和流程的统一，打造集动态盘点、产销匹配、多维分析、土储管理等于一体的动态货值管理能力。又如，通过搭建数字化经营平台的盈利预测模块，L 企打通了投前投后管理，提升了业务间交圈，提高了财务测算效率，实现了多项目同频管理，并支撑了三年规划及运营大屏指标的输出。

虽然数字化经营极大程度地解决了前两个阶段数字化建设的遗留问题，但是实现数字化经营并不意味着房企已经完成了数字化转型。因为数字化经营的重心是地产核心业务的提质增效，对部分与地产主业关联度较低的业务场景以及新兴的业务场景覆盖程度有限。所以，在房企实现数字化经营之后，地产行业将进入数字化建设的最后一个阶段——智能化商业，即构建覆盖房企各业务领域的数字化体系。

四、智能化商业阶段，推动数字孪生终局落地

未来的地产行业，政策面趋紧仍是大势所趋，规模增速放缓甚至负增长成为大概率事件。面对行业基本面下行和不确定性增强的未来，房企必须苦练精细化管理内功，加强多元化业务探索，挖掘新的商业模式。其实，目前各大房企已纷纷开展多元化布局，但从赢利角度来看成效并不显著。所以，如何真正将多元化业务打造成房企的第二增长曲线，助推地产主业稳健发展，成为房企未来的发力重点。

随着房企业务的多元化扩展以及主业赢利模式的更迭，上一阶段中以地产开发主业为核心的数字化经营平台逐渐显得后劲不足。房企要在新环境下脱颖而出，就必须对企业的数据资产进行全面沉淀和灵活运用，从而推动多元化业务的快速发展和突破，同时支撑多元化业务对主业进行反哺。为了实现这一目标，房企需要借助所有新兴技术，构建业务覆盖面更广和智能化程度更高的数字化体系。只有构建好这个先进的数字化体系，房企才算是真正走到了数字化终局。

那么，房企的数字化终局是什么？华为的陶景文对企业数字化终局的定义是构建"智能体"。以作战系统为例，"智能体"能在有入侵风险出现时自动预警，不同职能部门接到预警后能够在线协同寻找应对方案，然后根据实时数据反馈采取有效行动。在这个"智能体"中，所有数据都是相互联系并能随时被调用、被看到、被感知的。曾任阿里巴巴首席战略官的曾鸣博士则将产业数字化的未来定义为商业智能。商业智能的核心是首先实现所有数据和信息的在线化，然后借助人工智能等技术实现数据应用的智能化，最后将所有业务环节和终端纳入一个高度协同的网络。

不同的数字化学者、专家、实战家对企业数字化终局的具体定义本就各不相同，而随着技术的发展和数字化探索的深入，数字化终局的定义也只会更加丰富，比如最近火爆全网的"元宇宙"正是定义互联网终极形态的新型概念。但我们仔细梳理这些终局定义，不难发现其共同点，即数据、在线、连接、实时等理念贯穿于所有终局定义之中。因此，明源云结合各界权威人士对数字化终局的定义，以及房企的业务发展情况，为房企数字化终局蓝图找到了一个最贴切的定义，就是通过打造数字孪生体实现智能化商业。

在这个数字孪生体中，房企所有实际的业务领域、业务场景、业务数据等均在虚拟世界有一个孪生兄弟。这个孪生兄弟不仅可以帮助房企还原所有业务的真实经营情况，帮助管理者智能决策，推动企业精细化管理能力的提升，而且能够沉淀数据资产，快速赋能多元化产业，实现业务创新和领域扩展。

在完成第四阶段的数字化建设后，房企终于成功构建了数字孪生体，实现了企业的智能化，完成了数字化转型。然而，转型的完成并不意味着数字化建设的终止，因为技术仍在迭代，用户习惯持续改变，市场环境挑战不断，房企要在行业中立足，就必须具备持续应对变化的能力。所以，即使实现了数字化终局，房企仍需保持数字化技术和能力的迭代更新，以保证自身的市场竞争力。

第二节
转型挑战：识别转型误区，
为数字化建设扫清障碍

地产行业数字化建设在经历了两个发展相对缓慢的阶段之后，像一艘加足马力的巨轮高速驶入数字化航道，而数字化航道对于多数房企犹如一片未知的大海，需要一位有经验的船长掌舵，才能保证巨轮向着正确的方向行驶。在数字化建设中，房企的一把手就是这位船长，因为只有一把手才能充分结合用户价值、业务演进、企业基因做出适合企业的决策，也只有一把手才有足够的权威和地位推动决策的执行。唯有一把手的正确指引和决策，才能推动房企真正实现数字化转型。

为了了解房企一把手在现阶段数字化建设中遇到的问题，明源云对多家标杆房企展开线上和线下的调研与访谈，从企业董事长的视角，对房企数字化建设战略定位层面遇到的问题，以及数字化建设落地阶段面临的挑战进行梳理总结，以期对所有开展数字化建设的房企管理者提供有效建议，让房企数字化转型少走弯路、避免踩坑。

一、错入数字化认知误区，干扰数字化战略决策

房企一把手在推进数字化建设时，首先需要从战略层面，明确数字化的战略定位、核心价值和总体规划。这就像是在为快速行驶在数字化航道上的巨轮指明方向，因为只有正确的方向才能引导巨轮抵达成功的彼岸。其中，数字化的战略定位决定了企业内部的重视程度，数字化的核心价值锁定了数字化的建设重点，数字化的总体规划让数字化建设有章可循。然而，目前房企一把手在定位、价值和规划维度往往存在战略定位过于极端、核心价值未对业务赋能、总体规划缺乏业务视角三大类问题。

1. 数字化转型认知不足，战略定位走极端

对于在传统地产行业深耕多年的房企一把手来说，数字化转型的确是一个新兴且快速变化的事物，充分了解各类数字化解决方案和新

兴技术确非一日之功，而且即使耗费时间和精力探究数字化也不能保证投入产出的比例。但是，房企一把手对数字化转型的认知如果不够客观，就会导致数字化转型的战略定位过低或过高，而任何极端的战略定位都将阻碍房企的数字化建设。

我们通过调研房企数字化推进现状发现，部分房企一把手存在被动重视数字化，并将数字化战略定位设定较低的情况，这直接导致数字化建设难以推进。在国家大力推动各行各业数字化建设、地产友商纷纷加大数字化投入、新冠肺炎疫情刺激产业数字化转型加速的背景下，不少房企一把手为了跟上国家和市场的步伐而开展数字化建设，出现了为了做数字化而做、为了上系统而上的情况。这种心态下建设的数字化，难以助益业务发展，无法带来切实业绩收益，反而成为企业负担，企业数字化转型自然难以实现。

此外，房企一把手放低数字化的战略定位，不重视数字化转型，会令数字化仅成为一句口号，难以落地。房企一把手不重视数字化，在实际工作中往往体现为将数字化相关决策会议的优先级不断降低，比如在遇到投资、拿地等决策时，将原本安排好的数字化决策或沟通会议不断拖后或压缩时长，而这种负面的态度将直接传导给各层管理者和各部门，最终影响数字化的推进力度。

但若进入另一个极端，即房企一把手过度重视数字化，因急于求成而设定过高的战略定位，结果也往往会适得其反。例如在 2020 年，受新冠肺炎疫情影响，不少房企一把手被点燃数字化建设热情，频繁召开内部数字化研讨会，以及外部供应商数字化战略研讨会，快速提升企业数字化投入力度，并明确要在一到两年内看到数字化建设的显著效果甚至建成数字化。然而，数字化建设并非一个短期见效的项目，也不是搭建一套系统就可以成功的，过度重视和急于求成，反而违背了事物原本的发展规律，为数字化推进附上了枷锁。

所以，在各大房企数字化脚步显著加快的当下，企业一把手更要厘清思路，正确认识数字化转型为企业带来的价值，结合企业发展现状对数字化设定合理的战略定位，杜绝盲目跟风、急于求成等数字化转型的错误示范，将数字化作为一个助推企业转型破局的长期战略项目。

2. 过度强调数字化赢利能力，轻视业务赋能价值

面对当下的行业形势，各大房企的一把手对数字化的重要性已达成了共识，均提升了对数字化的重视程度和推进力度。但是，数字化究竟能为企业带来怎样的价值？是将数字化作为独立业务，直接为企业带来商业利润，还是聚焦内部业务赋能，通过提升业务能力赢得回报？房企一把手必须站在企业的战略角度，设定适合企业自身发展的数字化价值定位，才能保证数字化最大限度助益企业发展。

从理想的角度来说，将数字化价值定位为既带来商业价值又赋能业务发展是最好的。但从实际操作情况来看，企业要通过对外提供数字化解决方案获取商业利润是非常困难的。以金蝶、用友这类数字化原生企业为例：金蝶作为产业数字化的龙头企业，上市至今已有20年，然而其2020年全年营业额仅33.56亿元；用友作为一个上市超过20年的老牌数字化巨头，至今年营业收入也未超过百亿元。与地产行业龙头相比，数字化龙头的年营业额差距可以说是指数级的。可见，要通过做好数字化业务来获取收益是相当困难的。

此外，数字化企业的运作逻辑与传统的地产开发商也是大相径庭的。以明源云为例，其第一大股东是员工持股平台，持股25%，有超过四个联合创始人。明源云将公司股票作为长期激励，激发员工的工作热情，因为对于数字化企业来说，人才是最核心的竞争力。这样巨大的运作逻辑鸿沟，进一步增大了地产开发商建设科技企业和开展数字化对外业务的难度。

与此不同的是，如果房企将数字化的价值聚焦在对业务的赋能

上，即使数字化对主业的助益仅有 1%，对于一个刚迈入千亿梯队的规模房企来说，带来的间接收益也有 10 亿元之多。从华为等数字化建设走在前列的企业来看，数字化对企业经营提效带来的助益远不止 1%，且对外销售解决方案需要耗费大量的人力和物力才能实现 10 亿元的收入。

可见，对于多数刚刚步入数字化建设快车道的房企而言，无论是从成功率还是潜在收益的角度来看，将数字化建设的重心放在赋能业务上，一定比把研发和销售数字化解决方案作为核心更好。换句话说，数字化能力对外输出是房企未来的美好愿景，而数字化对核心业务的全面赋能才是助力房企突破眼下困境的利器。

3. 缺乏业务视角输入，数字化规划易被淘汰

房企一把手结合企业发展现状，设定数字化的战略定位和核心价值，的确为企业的数字化建设指明了方向。但数字化建设落地仅有方向不够，还需要一个明确的目标和愿景去定义房企数字化的建设内容，而房企数字化的顶层规划蓝图就是这个目标和愿景的载体。那么，如何制定顶层规划蓝图呢？

目前，多数房企认为自己在数字化领域经验不足，于是将企业数字化建设委托给高薪聘请的外来数字化人才，比如从跨国公司、数字化知名开发商引进 CIO（首席信息官）或 CTO（首席技术官），帮助公司规划数字化蓝图并推动数字化建设。但不少房企都会出现数字化人才"水土不服"、频繁更换的情况，而这些变更会导致房企数字化蓝图不断地被推翻重来，数字化建设一直止步不前，数字化投入长期看不到效果。

这个现象似乎将数字化规划中的矛盾引向了外来的 CIO 或 CTO，但实际上，并非是由于这些数字化人才专业能力不足而导致数字化规划出现问题。对于外来的数字化专家来说，数字化转型的思路和能力

是"与生俱来"的，但他们对房企业务的理解却相对有限，对企业战略目标的理解也不够全面和深刻。而数字化顶层规划如果没有与公司战略和业务深度结合，就必将变成缺乏实际效果的"面子工程"。所以，缺乏业务视角的输入，才是当下多数房企数字化顶层规划的核心问题。

那么，谁才有能力从业务视角进行数字化顶层规划呢？房企一把手是这个难题的唯一答案。借鉴华为陶景文的分析，企业中只有一把手的脑子里同时拥有用户价值图、业务演进图、架构生长图三幅图，而这三幅图分别代表了对用户价值和需求的理解，对业务运作模式、演进路径、发展瓶颈的心中有数，以及对企业基因和组织架构的深刻认知。只有充分结合这三幅图，我们才能站在企业成长和业务发展的角度，为数字化建设确定当下目标和未来愿景。也只有在这种目标和愿景的指引下，房企的数字化转型才能够真正对准业务，数字化建设成果才能够真正赋能业务。

二、缺失数字化建设把控，影响数字化落地效果

在明确房企一把手在数字化推进过程中面对的战略层问题后，这艘在数字化航道上的巨轮终于拥有了清晰的行驶方向。不过，指明方向只是起点，要让巨轮成功驶向彼岸，船长还需要从人员配备、资源投入等维度进行把控。然而，在房企数字化这艘巨轮行驶的过程中，我们发现船长在团队定位、资金投入、目标用户、衡量维度四个方面存在把控难题。

1. 数字化团队定位不准，难以推动数字化落地

在确定了数字化的战略定位之后，企业还需要组建团队推进战略落地。这个团队如何组建、在公司中的定位如何、与其他部门如何配

合等，均需要由房企一把手拍板决定。那么，数字化团队的定位和组成又存在什么问题呢？

其实在数字化转型概念兴起之前，规模房企都拥有自己的IT（信息技术）部门，规模小的IT部门以计算机软硬件维护为主，规模大的IT部门则具备软件研发的能力。在企业发力数字化转型后，多数房企会将数字化建设的重任放在对企业内部的IT系统和平台熟悉程度最高的IT团队或部门身上，增加数字化专家和人手，加强自研能力，从而为企业提供更多数字化产品，推动数字化落地。

这个做法看似是兼具效率和经验的最优解，但实际上是将数字化团队定位成了技术研发部门。这样的设定会导致的问题是：当区块链等新技术出现时，技术研发部门自然需要将资源投放到新技术的研究和应用上，而非核心业务的数字化实现上；当没有新技术的研究工作时，技术研发部门就将精力投入在业务问题的解决上，业务部门提出什么问题就解决什么问题，又一次错过了推动数字化落地的机会。

所以技术研发部门绝对不能成为数字化转型团队的定位，企业一把手必须要将数字化变革者和推动者的定位赋予新组建的数字化转型团队。而数字化转型团队也不应当是技术专家的集合，而应当是一个能力全面且精简的综合型团队，既具备业务视角也具备技术能力，同时能够充分整合外部供应商资源。只有这样的团队才能从数字化战略视角出发，与业务团队协同推进数字化，与外部供应商合作共建数字房企。

2. 数字化投入节奏不稳，建设效果大打折扣

数字化的资金投入对于企业一把手来说是一个相对敏感的问题。企业既然重金投入了，就一定希望看到成效，成效不显著或者没有成效，企业自然认为这个买卖是不划算的，也就不愿意继续投资了。投资和效果不匹配似乎已经成为房企数字化建设的常态化问题，除了上

文介绍的战略、价值、团队等方面出现的问题会影响数字化建设的效果，数字化投入本身的规划和节奏其实是影响投入产出比最直接的因素。

与上文战略定位不准的原因类似，一把手若急于求成，大幅增加投入，反而会违背事物的自然发展规律，很容易导致巨额投资打水漂。我们将数字化转型比作大厦，根基建设需要时间，如果为了赶时间在建设根基的同时搭建上层楼房，搭建得越快，坍塌的风险也就越大。

借鉴国际经验，在比较成熟的行业中，标杆企业的数字化投入每年都保持在年收入的 1%~2% 之间。华为作为中国传统行业数字化转型的标杆企业，每年的数字化投入也都维持在年收入的 2% 左右。可见，数字化投入是一个长期持续的事项，数字化建设是一个不断迭代、进化的过程。

所以，谋求单年度用重金投入砸出一个数字化标杆的思想是不可取的。房企一把手需要结合企业战略目标、业务发展现状、数字化顶层规划蓝图，对企业每年的数字化投入进行合理的测算，以保证数字化转型合理稳定地推行下去。只有将年度投入控制在合适比例，房企数字化的投入产出比才可能令人欣喜。

3. 数字化目标用户错位，重管控轻赋能

在房企已经度过的数字化建设的第二个阶段，也就是以建设企业级一体化管控系统为核心的信息化管控阶段，数字化建设服务的目标用户非常明确，即企业的高层管理者，服务目标也非常直接，即强化企业管控。

在以企业高管为目标用户和以企业管控为服务目标的背景下，数字化建设的重点是满足高层需求，即高层需要什么数据，系统就要收集和提供什么数据。在这样的系统逻辑之下，一线员工和管理者成为

被动型的数据上报者，数据的上报和采集不仅不能助力一线员工的实际工作，还增加了他们的工作负担。所以，这个阶段的数据上传速度和质量都难以得到很好的保证。幸好在这一时期，房企业务复杂程度不高，老板对数据的关注度集中在项目前端，数据采集量级相对较小，传统 ERP 管理系统仍能满足目标用户的核心需求。

然而，随着外部行情的快速变化，房企的经营逻辑要从"半闭环"升级为"全闭环"，数据收集则要从项目前端扩展到项目全周期。此外，房企的高层管理者关注的指标也变了，从过去的拿地和销售数据变成了项目利润，然而利润测算对数据精度、广度以及实时性要求很高，过去的数据采集和计算能力根本无法满足利润测算的需求。

面对数据要求的升级，以高层管理者为目标用户的 ERP 管理系统显然难以支撑。所以，房企一把手必须要转换思路，将数字化建设服务的目标用户设定为一线员工和管理者，为一线员工和管理者定制简洁流畅、不浪费时间、助力日常工作、保护用户隐私的数字化产品和系统，将一线员工和管理者的工作真正搬到线上，从而实现数据全面、及时、准确的采集，最终助力高层管理者的智慧决策和管控。

4. 数字化衡量机制存在误区，重技术轻业务

数字化建设效果如何，房企一把手心中一定有一把无形的标尺。一把手可以用这把标尺对数字化建设取得的成绩进行度量，并对优质成果的贡献者进行资金和名誉上的表彰。所以，这把标尺的度量标准的合理性，不仅会影响到被表彰的成果和个人，更会直接决定数字化实际落地的侧重点，将数字化建设向一把手认可的方向引导。

目前，各大房企一把手衡量数字化建设效果遇到的主要问题是，究竟是侧重以高科技为核心的视觉型数字化，还是关注那些"看不见却摸得着"的以赋能业务为核心的数字化呢？看到这个问题的文字描述后，多数管理者可能会选择后者，但落在实际工作和决策中，视觉

型数字化建设的确更具"欺骗性"，容易让决策者误以为这就是对业务的赋能，最终却影响了真正为业务赋能的数字化能力构建。

以管理大屏为例，很多企业的一把手都会在办公室建设几块管理大屏，甚至建设一个管理中心，并设置专人"看护"这些大屏。如果有友商或合作方要参观企业数字化建设，这些大屏就成为数字化建设成绩的最佳展示。但深究这些数字化大屏的业务效果，比如其为企业经营效率和营业收入带来的变化，你会发现多数企业都无法给出明确的答案。除了大屏，机器人、摄像头等智能设备都很容易给企业营造出一种数字化转型成功的幻象，但实际上企业却仅是在数字化经营阶段的门口徘徊。

客观来看，这些智能设备对企业数字化转型必然是有所助益的，但是房企一把手绝对不能将"智能幻象"作为数字化建设的目标，更不能将数字化的视觉效果作为衡量的标尺，而是要将数字化对业务的助益作为最核心的标尺。比如，目前成本变更的比例是 2.5%，通过数字化建设是否能将该比例降低到 2%？又如，现在财务报表在每季度或年度后 5 天才能出具，错误率不超过 2%，通过数字化建设是否能缩短时间、减少错误率呢？在企业关注多元化发展的当下，数字化建设是否能帮助新业务实现客户数量和营业收入的翻倍增长呢？

所以，房企一把手在衡量数字化建设效果时，一定要透过高科技的"华服"，看到数字化建设最核心的本质，即数字化是否真的助力了业务的发展，是否真的提升了企业人均效率，是否推动了创新业务的突破和发展。简而言之，在衡量数字化建设效果时，房企一把手必须要摒弃重技术轻业务，而要做到重业务轻技术。

除了以上战略层面和落地层面常见的数字化建设问题，房企其实还会在数据安全、私域构建等方面遭遇问题和挑战。比如，各行各业对数据安全的重视程度都越来越高，房企是否应该减少公有云的使用？面对地产行业第三方渠道绑架的情况，房企要怎样获取私域流量？这些重要的决策都需要房企一把手站在企业战略和业务的视角，结合心中的三幅图，客观理性地做出最适合企业的决定。

第三节
转型蓝图：以数字孪生为目标，构建数字化建设全景图

前面两节已经详细论述了数字化对于当下地产行业的重要意义，以及房企在数字化转型过程中常见的挑战和矛盾，但是推进数字化转型仅依靠强烈的数字化意识和问题的识别能力是远远不够的。房企首先要勾勒一个明确的终极愿景，然后以终极愿景为核心拆解形成数字化蓝图，再根据蓝图中各模块的优先级有序推进建设，才能最终实现数字化终局目标的全面落地，将理想的数字化愿景转化为现实。鉴于此，本节将从房企数字化转型的终局目标切入，拆解出房企数字化建设全景图，为房企数字化转型落地指明方向。

一、整体蓝图：构建十大能力域，打造房企数字孪生

虽然我国各行各业都在数字化建设和转型的道路上摸爬滚打多年，但目前尚未有一个行业实现全面数字化，而地产作为数字化起步最晚和程度最低的行业，也并没有一家企业完成数字化转型，所以业内并没有成熟的数字化愿景和蓝图可供参考。于是，通过对数字化需要具备的要素进行梳理，结合曾鸣、王坚等权威数字化专家提出的产业数字化，我们发现数字孪生是最贴近房企数字化建设终局的具象化理念。

1. 房企数字化转型，以数字孪生为终局愿景

1992 年，耶鲁大学教授大卫·盖勒特纳（David Gelertner）首次提出数字孪生，并将其描述为一个由软件定义的虚拟现实世界，而后著名学者和机构在此描述的基础上不断丰富和迭代。目前，各界虽然对数字孪生的概念仍存差异，但对该概念的内涵已经基本达成共识。通俗地讲，数字孪生是指针对物理世界中的物体，通过数字化的手段在数字世界中构建一个一模一样的实体，借此来实现对物理实体的了解、分析和优化。以我们办公常用的鼠标为例，数字孪生就是将我们在真实世界里见到的鼠标在虚拟世界里复制一个，其每一个零件和细节都与真实世界里的鼠标一模一样。

目前，数字孪生技术已经在航天工程、工业制造、智慧城市等领域得到初步应用。比如，美国航空航天局在阿波罗项目中用数字孪生技术为空间飞行器制造了一个虚拟世界的孪生兄弟，以实现在仿太空模型中的仿真实验。再如，通用电气为每个引擎、涡轮制造了一个数字孪生体，在虚拟世界进行提高机器效率的调试，然后将最优的方案应用于现实。在地产行业，数字孪生技术也已经在营销、物业等领域得到应用，比如一些头部房企已经在利用数字孪生技术为某个地产项目打造虚拟样板间，以解决客户异地看房难、营销人员拓客难等问题。

然而，目前已经投入应用的数字孪生技术仍相对局限，上述案例中的数字孪生仅是针对一个较小的细分领域的应用，与我们所描绘的房企数字孪生终局存在显著差距。的数字化终局，应该是全面的数字孪生：首先，全面的数字孪生不仅包括各个物理实体的数字孪生，而且囊括实体和孪生体之间不间断的动态联系；其次，全面的数字孪生必然是对项目运营、企业经营、生态链接所涉及的各个环节的孪生和链接，包括地产项目生产链的全面数字化和链接、企业经营管理各环节的数字化升级、上下游生态伙伴关联合作的全面线上化等。

实现全面的数字孪生并非一蹴而就，房企需要先将愿景细化成与业务一一映射的数字化能力域，再对每个能力域进行层层拆解，形成可以指导数字化建设的蓝图，然后根据业务需求和技术发展等因素为蓝图中各业务模块的建设设定优先级，结合房企自身发展需要和数字化投入力度，逐步推进数字化蓝图的落地实现。可见，房企数字化蓝图的构建是基于愿景的层层拆解，而非为了绘制数字化框架而刻意划域，更不是基于单点需求的数字化软件建设。鉴于此，明源云基于在地产数字化领域深耕多年的经验，梳理出了房企数字化建设全景图。

2. 基于数字孪生，构建房企数字化建设全景图

房企数字化建设全景图是以数字孪生为终局愿景，通过对员工、产品、项目、经营、管理、生态等各类业务需求的梳理，构建出的数字化蓝图（见图 5–2）。该蓝图包含六大模块，这六大模块又可以拆解为十大能力域，每个模块和能力域都是对房企现实业务的数字化映射。

第一模块，应用场景，是对房企终端业务和终端服务的数字化映射，也可以称为场景域。应用场景模块包含产品设计、采购供应、建筑工地、销售案场、空间运营，以及未来多业态产生的其他业态场景，比如养老、教育等场景。这个模块旨在为项目运作各环节中的一线员工和管理人员提供日常工作所需的数字化支持，以及在商品房销售、客户服务、物业服务等过程中为房企终端客户提供数字化服务。

第二模块，经营风控，是对房企经营管理的数字化映射，包含智慧经营域。智慧经营域的核心在于支持科学经营决策，即自上而下梳理指标，层层分解落实，实现集团透明管控，并通过系统无缝集成，保障数据有效上收，通过数据的治理整合与分析展现，支持科学决策与策略落地。

第三模块，业务管理，是对房企项目运营管理的数字化映射，包

图 5-2　房企数字化建设全景图

注：BIM 为建筑信息模型；APIs 为集成开放平台；HighData 为高维数据；DevOps 为建至、办法与系统的统称。

含数字运营域、多元产业域、员工赋能域三大域。数字运营的核心在于提升地产开发项目的运营效率，即通过信息化手段的应用及新技术的引入，实现全业务流程执行过程的有效管控和协同，赋能各板块业务执行层，实现大运营效率的进一步提升。多元产业域的核心在于支撑泛地产业务的数字化，即通过数字化软硬件搭建，助力物业、商业等泛地产业务经营提效，并实现开发主业与其他产业的运营管理资源协同打通。员工赋能域的核心在于高效执行，即以移动化为手段，为各层级的员工提供便捷的自助服务管理，简化日常工作流程，提升员工沟通效率，促进工作效率的提高。

第四模块，生态互通，是对房企经营过程中与所有外部生态伙伴协同互联的数字化映射，包含客户经营域、供应链协同域、生态集成域三大域。客户经营域的核心在于提升客户体验，即加强整合各业务板块的客户资源，打造公司级的统一客户管理与经营平台，通过内外部资源整合，构建企业客户生态圈，深入洞察并全方位满足客户需求，优化客户体验，实现客户增值。供应链协同域的核心在于开放共赢、构建地产生态，即打造开放透明的供应商管理平台，实现集团统一的供应商管理，减少中间环节，提升采购效率。供应商管理平台基于客户流量，整合合作伙伴资源，统一提供服务，赋能各合作伙伴实现共赢。生态集成域的核心在于整合外部合作伙伴的商业资源，以提升合作效率。

第五模块，共享中台，是对房企前端业务和经营所共用的支撑能力的数字化映射，包含业务能力共享域和数据能力共享域。业务能力共享域的核心在于实现企业级业务能力复用和各业务板块之间的联通和协同，即把多个一线业务共同需要的可以复用的支撑能力沉淀在业务中台，供所有一线业务使用，以确保关键业务链条的稳定高效，提升业务运作效能。数据能力共享域的核心在于实现企业级数据资源和数据服务的共享，即为所有一线业务提供数据统计、数据管理、数据分析、决策支持等数据服务。

第六模块，技术平台，是对房企前五个模块所涉及的所有业务提供底层技术支撑能力的平台，包含技术能力共享域。技术能力共享域旨在为房企数字化建设提供计算、数据、算法等基础技术能力，从而支撑上层客户终端应用、房企管理系统等数字化体系的搭建。

3. 从技术落地角度，完成数字化建设全景图的三层拆解

房企数字化建设全景图，完成了房企所有业务模块的数字化映射。为了更全面地在数字世界中还原每个业务模块，我们可以通过一层一层的拆解和细化将业务细节在蓝图中呈现出来。但是再详细的蓝图也是"纸上谈兵"，无法直接成为数字化软件和应用，究其根本是缺乏技术落地角度的思考。所以，我们需要结合技术实现，重新审视数字化建设全景图，从落地的角度对其进行重新拆分，形成技术层面可落地的数字化解决方案蓝图。

明源云将目前市场上可以推广使用的软硬件技术，与前文已经勾勒出的数字化建设全景图充分融合，从技术落地角度拆分出了三层积木式的数字化落地思路。我们将数字化系统或应用类比成积木，将采用同一类型技术或者需要同一类技术支撑的积木归为一层，按照支撑层在下面和被支撑层在上面的顺序，把积木一层一层地搭建起来，最终建成房企的数字化大厦。当某个积木甚至某层积木面临业务规则变化或者技术迭代更新时，这样的积木式结构就显得非常灵活——我们可以直接在原有积木架构的基础上新增积木，或者将需要替换掉的积木抽出来并插入新的技术积木，实现数字化大厦的快速升级。基于房企数字化建设全景图拆解出来的数字化落地三层积木如图5-3所示。

图 5-3　房企数字化落地三层积木

第一层，应用在线层，是满足房企员工、管理者、终端客户、合作伙伴日常使用需求的数字化系统和应用，位于数字化大厦的最顶层。从数字化建设全景图角度来看，应用在线层涵盖了以房企终端业务服务为核心的应用场景模块，以房企智慧经营管理为核心的经营风控模块，以房企项目数字化运营管理为核心的业务管理模块，以及以生态伙伴在线协同为核心的生态互通模块。从技术落地角度来看，应用在线层中所有系统和应用的开发主要依赖于 ERP 系统和 SaaS 平台，同时包含了 BIM 等创新性的技术应用。

第二层，业务能力层，是企业级的业务能力和数据共享服务平台，为应用在线层的所有系统和应用提供通用的业务和数据能力支撑，位于应用在线层之下。从数字化建设全景图角度来看，业务能力层涵盖了以前端业务支撑为核心的共享中台模块。从技术落地角度来看，业务能力层是基于云计算、大数据、人工智能等新一代技术打造的持续演进的企业级业务能力和数据共享服务平台，它实现了企业的业务能力和数据服务中心化、平台化、共享化、协同化，从而在瞬息万变的市场下降低房企试错成本，提高创新效率。

第三层，平台基建层，是房企构建数字孪生体的数字化新基建，为应用在线层和业务能力层提供技术能力和工具集的基础支撑，位于数字化大厦的最底层。从数字化建设全景图角度来看，平台基建层涵盖了以企业数字化转型技术支撑为核心的技术平台模块。从技术落地角度来看，平台基建层包含基于云原生架构体系打造的 PaaS 技术底座，以及为数字化建设提供基础储存和运算能力的 IaaS 资源底座。

至此，我们已经为房企数字化终局愿景的实现，提供了业务维度的数字化建设全景图，并结合技术视角梳理出了数字化落地三层积木。那么，这三层积木应当如何进一步拆解为可落地的系统和应用？在建设这些系统和应用的过程中又有哪些注意事项？下文我们将展开讲述这三层积木，为房企数字化提供更加详尽的落地方案和建设建议。

二、应用在线层：依托 ERP 和 SaaS，实现稳敏融合

应用在线层是客户、员工、高层等使用者可以直接接触到的系统和应用。位于数字化大厦最顶端的应用在线层要应对的环境比其他任何积木层都更加复杂多变和充满不确定性，其可能时时刻刻都要面对前端应用和系统刚建成，就已经被不断进化的数字化世界淘汰的现实。所以，要推动应用在线层的成功落地，我们就要先解决需求和环境的不确定性问题。

经过在数字化领域的长期探索，结合 Gartner（高德纳）提出的双模 IT 概念，明源云发现应对不确定性的最佳数字化思路是：基于"敏态"和"稳态"的特征将数字化建设剥离开，然后按照各自的特征属性发展进化，彼此互为补充。剥离出来的"稳态"数字化建设，可以在多变的环境中保持企业运作的稳定，从而抵抗外界不断变化带来的风险；剥离出来的"敏态"数字化建设，则具备快速更新迭代的能力，面对外界不断变化的需求和环境能够快速响应和及时调整，从

而敏捷适应这个复杂多变的世界。

在稳敏双模模式落地思想的指导下，让我们再来重新审视应用在线层涵盖的业务模块。其中，经营风控模块、业务管理模块，以及生态互通模块中的企业内部经营管理模块，都对系统和应用的稳定性、安全性和数据的及时准确性提出较高要求。某地产董事长更直言宁愿牺牲各部门的灵活性，也要保证经营管理的统一和稳定，可见业务管理和经营风控类业务均需要由"稳态"的数字化系统承接落地。与其相对应的是，在为客户和一线员工及管理层提供服务的应用场景模块中，数字化应用的核心是为客户、员工等使用者提供最佳的使用体验。随着用户需求的不断变化以及高新技术的快速兴起，这些数字化应用必须具备敏捷迭代的能力才能赶上时代的潮流，可见应用场景模块中的应用需要借助"敏态"的数字化系统建设落地。

在明晰了稳敏双模模式下的业务模块建设需求后，我们就可以从技术落地的角度出发，选用合适的技术推进应用在线层的全面落地。首先，面对房企经营管控对"稳态"的强烈需求，ERP 作为"稳态"系统的代表成为技术承接的最佳选择。随着技术的进步和发展，ERP 系统不仅具备"稳态"的底盘，而且具备了一些敏捷的变化能力，尤其是明源云的新一代 ERP 系统在构建"稳态"的同时融入了移动化、在线化和智能化等"敏态"特征。其次，对于房企应用场景模块的"敏态"需求，SaaS 平台当仁不让成为技术落地的首选平台，与"稳态"的 ERP 系统发展方向类似，明源云的 SaaS 平台除了极致的"敏态"特征，也将少量可复用的能力沉淀下来，这些沉淀使得 SaaS 平台略具"稳态"能力。最后，在技术不断创新和迭代的背景下，ERP 系统和 SaaS 平台并不能实现对一些创新技术和场景的覆盖，所以我们需要引入基于新兴技术构建的创新应用，如 BIM 等，从而完善应用在线层的支撑能力。

综上所述，应用在线层可以进一步拆解为三块技术积木，分别是代表"稳态"的 ERP 系统、代表"敏态"的 SaaS 平台和代表创新的创新应用。其中创新应用部分，由于技术的更迭变化较快，且每家房企对不同创新技术的需求各不相同，所以本书就不展开阐述。下文将从 ERP 和 SaaS 两个维度对应用在线层的建设进行更深一层的分解。

1. ERP：以房企经营管控为核心，依托云 ERP 产品实现"四通"

经营管控能力一直是房企的核心竞争力之一，早在 21 世纪前 10 年，房企高层就开始尝试借助数字化手段提升经营管控能力。随着行业环境的变化，房企对自身经营管控提出更高要求，而数字化技术的不断革新恰巧为房企经营管控能力的升级提供了有力支撑。那么，房企的数字经营管控是什么？又要如何构建呢？

谈到数字经营管控，很多房企都会想到管控大屏。的确，管控大屏已经成为当下房企数字化的标配，基本每家标杆房企都拥有一个甚至多个管控大屏，大屏上陈列着各类运营管理数据，为企业高层的精准决策提供支撑，并为决策传达和执行效果监控提供载体。但是，数字经营管控真的只靠一块大屏就能实现吗？答案自然是否定的。管控大屏只是处于最前端的一个"展示窗口"，赋予这块大屏数字经营管控能力的，除了大屏本身，还有一整套基于云 ERP 搭建的数字化经营管控系统。通过这一整套系统，房企才能实现一线数据和高层决策的上传下达、跨部门的穿透式沟通、跨业态和对外部资源的全面管控。

明源云对管控大屏背后的数字化经营管控系统进行层层梳理，将其拆解为"业财通""业务通""数据通""生态通"四层。首先，数字化大屏的作用在于展示数据，这些被展示的数据包括预算、货值等企业经营指标，这些指标的波动情况源于财务和业务数据的综合计算，这就需要"业财通"能力；其次，上述所有数据的获取都必须做到实时和全面，才能为精准决策提供支撑，而实时和全面就意味着每个业务环节都必须有系统，且系统之间需要打通，这就是"业务通"；再次，数据作为精准决策最重要的原材料，必须要实现底层的打通，才能支撑上层的业财交圈和业务打通，所以"数据通"是支撑；最后，经营管理能力不仅限于企业内部的管理，对合作方数据的打通和熟悉，也是提升经营管理能力的有效举措，这就引出了"生态通"的需求。房企新一代云 ERP 整体解决方案蓝图如图 5-4 所示。

既然打造数字化经营管控系统要求房企实现这"四通"，那么下面就让我们来看一下，明源云是如何通过新一代 ERP 技术成功实现这"四通"的。

（1）业财通：经营闭环和业财融合，助力房企顶层经营决策

为了实现业财交圈，房企要做好以下三个方面的工作：首先是分解战略目标，把战略目标合理分解为经营目标，再进一步分解为各个组织的目标；其次是关注财务指标达成，以前房企往往过于强调业务动作的达成，未来需要动态关注业务背后的财务指标达成；最后是监控过程业务风险，以前房企基于财务视角的管控比较滞后，未来需要重点监控业务过程中的风险。基于此，房企各部门对于业财融合也都提出了具体的要求。运营部门需要通过这套体系实现资源及资金的协同，进一步提升赢利能力；财务部门则要基于全面预算和动态货值管理实现更好的利润和现金流管理；成本、营销等部门着眼于数据口径的统一，实现业财一体化。

为了达成业财交圈的目标，同时满足各个部门的实际需求，明源云构想了房企数字化业财交圈解决方案蓝图（见图 5-5）。第一层是生产平台和基础后台，集成了计划系统、售楼系统、成本系统、核算系统等房企各业务模块的数据，以供上层系统模块使用，是业务和财务数据打通的基础。第二层是动态货值，基于售楼等多个业务模块数据的提取，综合计算出每个项目的实时货值。第三层是投运联动，集成了前两层的所有数据，站在企业投资运作的角度，进行投资测算，

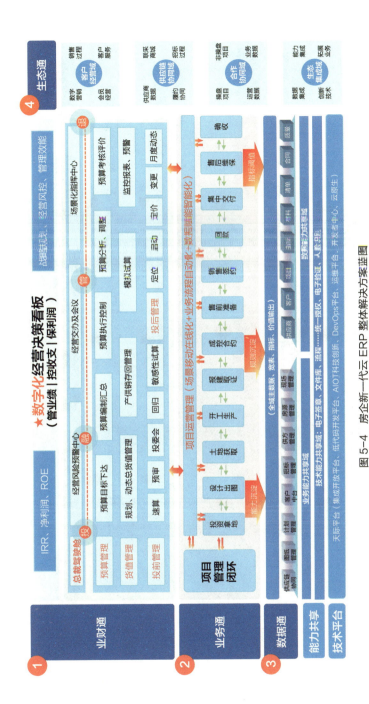

图 5-4 房企新一代云 ERP 整体解决方案蓝图

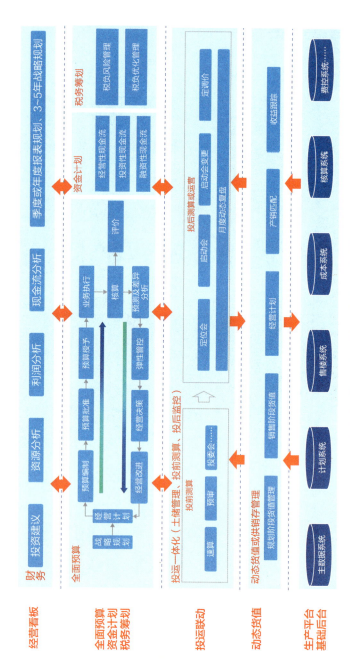

图 5-5　房企数字化业财交圈解决方案蓝图

中国房企新战略

测算出的数据为土储管理、投前测算、投后监控和各类投资运营决策会提供支撑。第四层是全面预算、资金计划和税务筹划，基于所有业务数据和货值、投运等已经测算出的数据，站在企业高层管理者战略决策的角度，提供企业级的全面预算、资金计划、税务筹划数据。第五层是经营看板，除了将所有业务和财务最核心的数据提炼出来给决策者提供最直接的决策支撑，还利用大数据分析等技术对核心数据进行了整理、分析、预测，并给出决策建议。

例如，明源云与 B 企合作建成的成本数字化体系实现了"业务互通、业财融合、生态互连、数据共享"，高效支撑房企成本业务运作和管理决策（见图 5-6）。这个数字化体系实现了跨运营中心、投策中心、设计中心、采购中心、营销中心等多个业务部门的合同通、资金通、扣付款通和核算通。其中，合同通涵盖了合同订立、变更等数据；资金通涵盖了资金预算分配、月度资金支付计划、资金占用及支出情况等数据；扣付款通涵盖了扣付款、供应链融资、投标保证金融资等数据；核算通涵盖了票据、预提、成本核算分摊、收入成本结转及利润预测的数据。需要强调的是，这些上层业务部门的四通的实现，离不开底层多个财务系统的打通。

（2）业务通：业务内部互联互通，实现业务管理闭环

业务通的核心在于不同业务系统之间的打通，其难题也在于打通。然而，只有实现了业务通，才能为上层的财务测算提供充分支撑，才能助力管理层铲除管理盲区，才能推动管理决策落地执行时的部门协同。明源云认为房企业务通的核心在于实现三大业务交圈，为业务有效赋能。首先，业务内交圈，以标准化为基础，以"产、供、销、存、回"为轴心，在业务管理流程和数据沉淀复用等领域形成管理闭环；其次，业务间交圈，以内部业务场景为对象，打通业务流程，实现业务间数据互联，确保业务条线相互赋能；最后，业务外交圈，以内部和外部业务场景为对象，通过在线化思维和移动互联网工

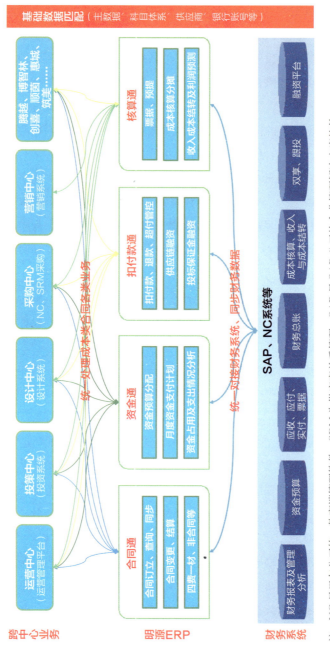

图5-6　B企业财融合数字化体系

注：NC 是用友公司的一款高端管理软件；SRM 为供应商关系管理；SAP 是 SAP 公司的企业管理解决方案软件。

具，实现内外协同，提升业务效率。

经过多年的研发和实践，明源云在业务通领域已经打造了颇为完善的产品体系，并且已经在一些标杆房企成功实践。以成本为例，明源云助力 B 企建立了"业务、数据、制度"三合一的成本业务管控平台（见图 5–7）。

通过成本业务管控平台，B 企已经实现了上文所述的三个层面的业务交圈。

就业务内交圈而言，B 企首先建立了成本的标准化底座，针对产品指标、成本科目、建造标准确定了基础的标准；其次，基于标准采集数据建立成本数据库，主要涵盖历史项目成本数据库、企业标准（产品）数据库、外部数据库；最后，在数据库基础上进行在线化数据建模，基于采集的数据和成本模型赋能成本核算和分析，指导目标成本测算，实现最优成本推荐，助力编制最优成本计划。

就业务间交圈而言，B 企推动业务端到端的打通，实现业务连续、数据贯通、系统协同。首先是业务连续，B 企顺利推动实际业务场景中业务及审批断点、重复降效等问题的改善和解决，实现了基于价值链的业务端到端的打通；其次是数据贯通，通过业务流程和标准的建立，B 企促进了实际应用中的数据联通，实现了各核心业务系统的数据拉通，包括主数据、交易数据、指标数据的完整统一；最后是系统协同，B 企通过识别共享能力，解决各业务系统协同问题，包括减少重复操作和线下操作，支撑业务协同。

就业务外交圈而言，B 企基于企业经营管理的更高维度进一步拉通外部生态，将外部生态数据作为业务管理和财务统筹的公共调用服务调用，为外部资源的联通和管理提供有效支撑。

（3）数据通：全局数据沉淀，支撑企业的经营决策闭环

对于房企来说，数据通的核心任务是解决全面预算、利润管控、货值管理中存在的取数缺失问题，获取及时准确的全局数据，支撑企

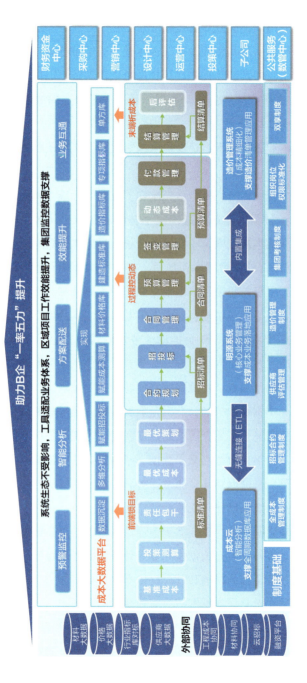

图5-7 B企成本业务管控平台

注: ETL 为数据仓库技术。

业的经营决策闭环。为此，房企需要实现三个目标：一是业务对象的全场景、全周期在线化，二是业务流程的端到端打通，三是业务对象的多维度数据沉淀。

为了实现上述目标，房企在具体建设中，一方面要基于客户角度、房源角度、供应商角度，解决数据拉通问题，做到一客一档、一房一档、一商一档；另一方面要建立一套完整的数据治理模型，将数据整合转化为决策层所需要的决策指标，从而真正把数据通落到实处。

明源云的数据通产品体系主要涵盖三个层级：首先，以全域主数据作为数据的底板，实现企业各业务部门、各经营场景的数据口径一致和互联互通；其次，在实现全域主数据的基础上，设立相关的保障机制，并内嵌巡检机制，定时更新数据，保障业务数据的及时准确和实时获取；最后，在横向的全域数据和纵向的时间维度数据的基础上，进一步利用大数据技术、指标呈现技术，把数据按照企业要求的形式推送到决策者手中，或推送到需要相关数据的实际场景。房企数据通解决方案蓝图如图 5-8 所示。

明源云的数据通产品体系在很多标杆房企已经成功实践，并且取得了很好的实践效果。比如，为了解决 M 企客户渠道众多、无法判断的问题，明源云助力 M 企建立万亿量级的数字营销体系。首先，明源云基于客户和房源两个维度，助力 M 企建立了一客一档、一房一档的数据体系；其次，明源云助力 M 企建立了客户中台，支持多个业务场景全触点的数据采集，通过 AIoT 与客户前端应用，实时采集客户数据，支撑企业进行客户价值挖掘；最后，基于房源数据和客户数据，明源云助力 M 企实现人房精准匹配，推动精准营销。

（4）生态通：在企业级数据和外部大数据间建立交换规则

生态通的目的是助力房企与众多生态合作伙伴形成高效的协同合作关系，核心需要解决三个问题：首先是实现业务本身与上下游各供

图5-8 房企数据通解决方案蓝图

应商的打通，比如成本业务与材料供应商的打通等；其次是整合数字化的供应商，将业务真正落到实处，实现该领域全面的数字化；最后是整合跨行业的外部大数据，为房企本身的业务决策提供支撑。换言之，生态通要在企业级数据和外部大数据间建立交换规则，从而通过生态资源赋能，拓展出更大的商业想象空间。

明源云的生态通产品体系由四个模块组成。一是合作协同模块，核心在于实现合作开发数据与内部经营的打通。对于企业的合作开发业务，无论是操盘项目还是非操盘项目，明源云采用 API 接入、机器人采集等多种方式，帮助企业获取业务运营等多维度数据，并将其纳入企业内部的经营体系，实现实时监控和支撑决策。二是客户经营模块，核心在于实现客户营销数据与内部经营的打通，即建立客户会员体系，沉淀客户数据资源，形成客户大中台，更好地服务前台的营销，提升企业营销效果。三是供应商协同模块，核心在于实现供应商协作数据与内部经营的打通，即建立供应商数据库，动态监控供应商的实时状态，选择合适的供应商，合理把控供应商风险，形成高效的供应商协同关系。四是生态集成模块，核心在于实现外部生态数据与内部经营的打通，即将数据合理呈现和推送给决策层及相关场景使用者，监控生态合作成本，支撑经营决策。房企生态通解决方案蓝图如图 5–9 所示。

对于生态通的各个模块，明源云也已经积累了成功的实践经验。在供应商领域，明源云助力 Q 企建立了智慧采购共享平台：一是建立数据资产中心，做好资源运营和业务内控；二是建立供应链管理协同平台，联合房企、材料公司、材料供应商组建数字采购联盟；三是整合供应链能力，对外开放形成智慧电商平台。Q 企财报显示，在智慧采购共享平台建成之后，其 2019 年的跨企业联采有效成本降低了近 5%。

与此同时，明源云自身有行业级的供应商评价库、材料 SKU

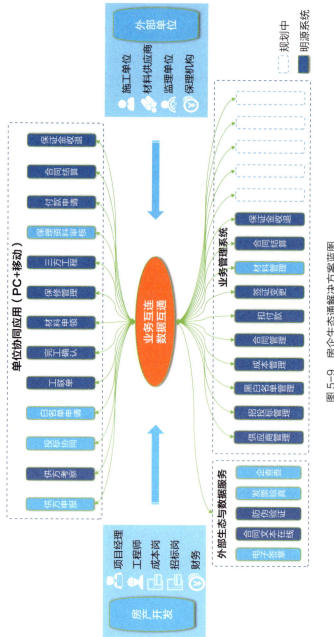

图5-9 房企生态通解决方案蓝图

（库存量单位）云库、材料报价库等，它们可以与其他外部信息平台一起作为企业的外部基础数据库，为客户提供多维度的数据，形成供应商的 360 度全景画像，助力企业更全面地对供应商进行评估。

至此，我们可以看到，在房企数字化建设中，上层应用在线层的"稳态"能力建设的核心在于"四通"：业财通助力房企实现经营闭环和业财融合，支撑顶层经营决策，实现财务目标；业务通则是从项目开发角度实现运营全流程的闭环、全流程的资源协同和端到端的项目协同；数据通建设全域数据体系，同时分层级、跨时间维度建立数据库，支撑经营决策闭环；生态通则是针对企业与外界合作的业务场景，建立企业内部的生态合作数据库，并将其纳入企业内部经营决策体系，最终实现降低生态合作成本、提高效率的目的。"四通"相互配合，唇齿相依，共同实现房企经营管控的数字化建设。当然，要实现"四通"，底层还需要业务能力层和平台基建层的支撑。业务能力层提供的是业务中台和数据中台的支撑，平台基建层提供的是 PaaS 平台和 IaaS 云基础设施的支撑。

2. SaaS：以应用场景为核心，依托 SaaS 云产品构建敏捷迭代能力

ERP 和 SaaS 作为应用在线层的核心组成部分，分工可以说是非常明确。如果说 ERP 是高层管理者智慧决策的有力支撑，那么 SaaS 就是一线员工的最佳拍档、前端客户的最佳客服和高层管理者的数据收集站。站在一线使用的角度，SaaS 平台为一线员工和客户提供了大量的线上工具，比如在线销售工具、在线客服等，不仅提升了员工的工作效率，而且优化了客户体验，增强了客户黏性。站在公司管理运作的角度，SaaS 平台的最核心价值在于帮助企业获取及时准确的业务数据。过去的经验告诉我们，通过一线员工被动上传数据是难以保证数据质量的，所以我们需要通过 SaaS 平台的产品，在支撑员工工作提效的同时实现数据的采集，这样才能够真正保证数据的实时和

准确。

由此可见，SaaS 平台的重要内核是"体验"，而用户与员工的需求又是实时变化的。例如，对于项目营销销售环节，在同一个项目的不同销售阶段，房企经常面临优惠政策多次更换的情况，而对于新用户注册、咨询等更细节的环节，房企可能每一天都面临修改奖励红包规则的需求，所以每个一线业务部门都有独特的快速应变的诉求。面对各方需求的快速变化，房企必须要充分借助和发挥 SaaS 平台的"敏态"特征，才能为前端客户提供最优质的服务体验，从而保证企业数据最全面、准确、实时的获取。

为了实现数据获取的全面性，我们将 SaaS 平台重点服务的目标用户定义为房企的一线员工、一线管理者、前端客户以及一线运作相关的合作方和供应商。然后，我们站在这些广义的 SaaS 用户的角度，对其主要的应用场景进行梳理，并分为五大核心应用场景，分别是工程管理场景、客户营销场景、资产管理场景、物业运营场景、采购管理场景。接下来，我们将站在房企数字化建设角度，对这五个核心应用场景的 SaaS 应用构建要点进行详细讲解。

（1）智慧工程：构建智慧工程管理体系，打造品质竞争力

随着地产行业进入新的周期，行业从追求规模、高周转切换到追求均好、高品质的新赛道。一方面，国家对工程品质的管控力度持续加大，围绕工程质量、精装修、房屋交付的一系列政策和法规陆续出台；另一方面，房地产市场从卖方市场过渡到买方市场，"85后"成为购房主体，他们对美好生活的向往与当下低劣的房产品质之间的剪刀差加大，导致群诉此起彼伏。

在这样的环境中，产品服务力成为房企必须打造的核心竞争力。而要想产品好、服务好，房企就需要具备更高的工程管理能力。因此，如何借力数字化，打造更标准、更精细、更智能的智慧工程管理能力已经成为房企的核心命题之一。要想建设智慧工程管理体系，

打造房企的品质竞争力，明源云认为核心需要实现以下三个方面的目标。

第一，工程规范化。要实现工程规范化，房企的当务之急就是建立自己的工程管理标准。一般而言，工程标准化体系建设包括六部分内容：管理制度、管理行为、流程指引、工艺工法、检查评估、考核评价。房企可从"外部对标＋内部对标＋客户视角"出发：外部学习标杆房企在施工建造环节中的优秀做法，进行总结；内部树立标杆，把品质项目的做法进行整理沉淀，从而拥有更强的适配性；通过深度访谈和调研客户，了解客户敏感点，提前规避风险。同时，房企需要建立相关的配套机制，配合工程管理标准的执行落地。

第二，工程精细化。房企需要站在经营视角，通过思维换脑、管理升维、技术更新来变革工程管理：在思维层面，需要从工程条线视角转为经营全局视角；在管理层面，需要改变各编计划、信息不对称、遇事推诿的现状；在技术层面，需要落地新技术、新工艺，打造新的建造体系，降低对劳务工的依赖，缩短工期。

第三，工程价值化。房企要站在客户视角，创造和传递客户价值，提升品牌美誉度，助力产品溢价：一是与客户同频，通过工程建造IP化，加深客户对房企匠心建造的认同感，助力营销卖房；二是理解客户需求，对投诉反馈进行沉淀，制定一些专项应对措施，同时，主动深入一线，观察客户更关注哪些产品功能、对哪些部分更敏感。

为了实现上述三个目标，明源云认为房企需要分三个阶段建立自己的智慧工程管理体系。第一，建立企业质量标准及规范体系，包括工艺标准和评估标准，工艺标准指导产品制作，评估标准作为评估和考核依据。第二，建立数字化过程管理体系，严守质量底线、防治质量通病、识别治理弱项、保障房屋交付。通过多轮的内部模拟、联合验收，房企要把所有重要问题、显性问题以及敏感性问题内部消化掉，提高交付满意度。房企要通过对建房、交房到入住的全过程管控，比照标准，把控产品品质。第三，建立数据决策体系，根据数据反馈的业务情况，赋能业务持续改善。房企首先要通过经营看板的方式，及时把项目工程的进展、质量等问题分析和披露出来；其次基于数据进行检查、开会、考核、评比，把数据转化为管理动作；最后通过数据沉淀，分析产品的缺陷和客户的敏感点，改善工程体系和管理方法，由此形成一个工程品质管理的完整闭环。

为了帮助房企打造品质竞争力，实现上述三大目标，建立智慧工程管理体系，明源云链经过多年的探索已经打造出一套成熟的、与上述目标相适应的智慧工程管理产品体系，涵盖从建房、交房到住房的全过程（见图5-10）。

房企借力明源云链的产品进行数字化赋能，在这三个阶段持续把控，基本可以做到让房子稳定在一个可靠的品质水平。明源云链的智慧工程管理产品体系已经在诸多标杆房企成功实践，取得了良好的效果。例如，Q企联合明源云链开发了"筑善云"智慧工程管理平台，将现场检查、材料验收、工序验收、工序移交、实测实量等数据和管理行为在App里留痕，相关人员就能通过App或电脑端直接看到，不仅提升了效率，还保障了数据的真实性；后续进行数据分析时，相关人员直接看后台数据即可。以工序验收为例，"筑善云"在安装施工周期里，分地下室、主砌抹、装饰装修、机电安装、景观工程五个阶段设各道工序进行验收。利用App进行工序验收，一方面实现了可视化，使参建方可以了解项目一线最新情况；另一方面，海量的验收资料可以实现云存储。由于数据可追溯，房企直至交付后仍可针对性查询到前期过程验收资料。

（2）营销在线：数字化赋能销售力，打造房企数字营销体系

随着调控政策持续加码，限购限贷政策层层收紧，地产行业的客户资源越来越珍贵，房企对客户的争夺也越发激烈，渠道绑架越发

图 5-10 明源云链智慧工程管理产品体系

明显，房企营销成本逐渐走高，亟须找到新的营销解决方案。与此同时，在疫情的刺激下，地产营销原有的"广告投放—案场承接触达—客户成交"场景链条产生了明显断裂。为了弥补场景链条的断裂，提升客户体验，与渠道竞合，争夺客户资源，降低营销成本，营销场景数字化已然成了所有房企的解决方案。那么，房企该如何实现营销场景数字化，该如何构建数字营销体系？明源云客经过多年在数字营销领域的持续深耕，总结出了一套房企营销场景全链路闭环的数字营销体系，主要涵盖广泛触达、精准筛选、高效转化、持续运营四个环节。

第一步，广泛触达。广泛触达分为线上触达和线下触达。对于线上触达，房企首先需要利用大数据筛选潜在目标客户，针对潜在目标客户进行线上媒体投放，将客户从公域流量池导入自己的私域流量池；其次，以线上售楼部作为私域流量池，对导入的客户进行承接，客户将在线上售楼部充分了解项目信息，同时留下行为数据。采用数字化的手段实现公域投放、私域承接运营，房企就能够突破原有触达方式的局限，短时间内触达大量客户。与此同时，线下触达（如地铁广告、商场广告、巨幅海报等）也依然是房企获取客户的重要途径，房企同样需要借助数字工具对其进行高效管理，并建立客户行为数据库，将其纳入私域流量池。

第二步，精准筛选。在数字化作用下，线上触达成为房企重要的客户触达方式，同时数字化也在赋能线下触达方式，并在此基础上对客户行为数据进行统一采集和沉淀。比如，当客户进入线上售楼部时，信息的来源（一物一码、一渠一码等）、逗留总时长、点击的内容都将留痕，形成原始数据。数字化系统将对原始数据进行统一的标准化处理，形成标准化数据库；然后通过算法模型对客户信息进行结构化分析，进一步为用户打上标签，生成用户画像，从而实现海量客户的精准筛选。根据筛选结果，房企可将客户分成不同的层级，对不同层级的客户采取不同的策略进行跟进。具体来说，房企可以根据筛选结果，将客户分为高、中、低三个意向层级，分层进入潜客中心：将高意向客户推送到案场，由销售直接跟进；通过电话中心联系中意向客户，进行进一步的意向筛选；对于低意向客户，则通过营销自动化持续进行运营，提升客户登记意向。借助数字工具进行高效精准获客，改变了传统的人海战术，将人员精力聚焦在高意向、高价值的客户身上。

第三步，高效转化。销售可以与高意向客户进行一对一沟通，变被动为主动。对于进入案场的客户，销售可以结合前期数据呈现的用户画像，精准预测客户偏好、行为，执行有针对性的销售策略，同时促成客户购买最合适的房源，加速成交。传统的营销案场管理也需要进行数字升级，采用智慧化的方式进行管理，提升用户体验。

第四步，持续运营。通过线上业主服务、福利中心活动等方式，房企可对老客户进行低成本长期运营，从一次性成交转变成持续互动，同时沉淀用户数据，持续完善用户画像，实现客户全生命周期的深度经营。

为了助力房企建立"广泛触达—精准筛选—高效转化—持续运营"的全链路闭环数字营销体系，明源云客研发完成了可以支撑房企进行营销数字化建设的产品矩阵，主要涵盖渠道云、营销云、销售云、智慧案场等板块（见图5-11）。渠道云的核心功能在于实现线下触达的数字化，把线下触达客户纳入私域流量池进行运营。营销云的核心功能在于实现线上广泛触达和私域流量池的沉淀：首先是助力房企实现线上精准投放，把公域流量池的潜在目标客户导入私域流量池；其次是对进入私域流量池的客户进行全方位的展示和运营，并且沉淀客户的行为数据，形成用户画像，进而对客户进行精准筛选、分层。销售云的核心功能在于客户转化，根据客户的意向程度采取合适的策略，精准对接，高效转化。智慧案场的核心功能是助力房企线下

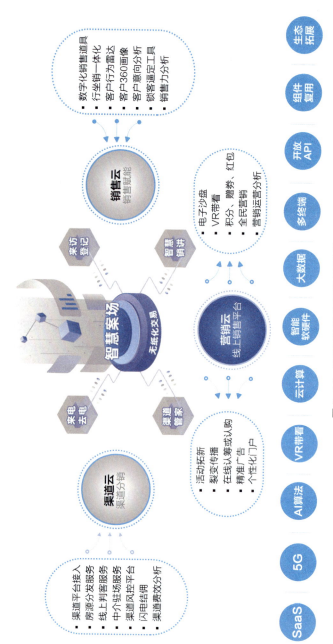

数字化销售道具
行为销一体化
客户行为雷达
客户360画像
锁客意向分析
销售运力分析

生态
拓展

组件
复用

开放
API

电子沙盘
VR带看
积分、赠券、红包
全民营销
营销运营分析

销售云
销售赋能

多终端

大数据

采访
登记

智慧
销讲

智慧案场
无纸化交易

营销云
线上销售平台

智能
软硬件

云计算

来电
去电

渠道
管家

活动拓新
裂变传播
在线认筹或认购
精准广告
个性化门户

渠道云
渠道分销

VR看看

渠道平台接入
房源分发服务
线上判客服务
中介驻场服务
渠道风控平台
闪电结佣
渠道费效分析

AI算法

5G

SaaS

图5-11 明源云客数字营销产品矩阵

中国房企新战略

售楼中心的数字化转型，在提升用户体验的同时高效管理到店客户。同时，对于老客户的持续运营，明源云客在全行业率先推出了地产专属的客户数据中台。通过客户数据中台，房企可以打通多元业务数据，进行客户画像和洞察，实现覆盖客户全生命周期的深度经营。

明源云客的数字营销产品已经在多个标杆房企成功落地。以 F 企在海南的一个旅游项目为例，其联合明源云客搭建的数字营销体系对项目已有客户进行大数据分析，并提取标签，在北京、天津等城市的微信用户中进行筛选，挖掘出与已有客户画像相似的人群及圈层进行精准投放（见图 5-12）。在公域流量平台的客户进入线上售楼部后，客户数据中台可以通过意向识别模型，根据客户线上互动行为，对客户意向进行智能打分，对不同意向度的客户采取不同的策略，比如：对于高意向客户，采取线上优惠活动促到访、促成交；对于中低意向客户，通过持续运营，鼓励其转化为全民经纪人。通过这种方式，F企单次曝光费用降低 50%，互动率提升 200% 左右，加之朋友圈分享引发二次传播，最终实现 1 400 多万次曝光，覆盖 600 多万人，投放

图 5-12　F 企客户 360 画像示意图

效果显著提升。同时，对于高意向客户进行精准、深度服务，有效提高了成交率，最终的结果是缩短了整个项目的销售周期，加速了项目回款，达到了 F 企建立数字营销体系的预期。

（3）数字资管：数字化助力房企实现精益资管，掘金存量蓝海

近年来，不少房企在保障其传统住宅开发业务的基础上，开始进行前瞻性的布局探索，力争打造自身增长的第二曲线。在围绕行业上下游生态链的探索中，有着广袤市场空间的存量领域，成为房企拓展业务的关键性第二航道。诸多房企以"城市运营商"为战略导向，将业务延伸至存量经营、存量社区、存量改造等存量领域的细分赛道中。但对比以开发能力见长的增量航道，存量航道无疑对房企的资产管理能力提出了更高的要求。

在存量时代，房企提升资产管理能力已是大势所趋。但从实际情况来看，大部分房企在存量资产管理领域起步较晚，业务实操往往面临阻碍。随着房企在存量领域的规模扩张，原有管理手段和信息化建设程度将无法满足企业在运营效率提升、工作协同有序等方面的管理需求。在实际管理过程中，房企经常出现四个典型问题：一是资产规模不断膨胀，粗放管理难以支撑业绩要求；二是多业态、多团队管理，大体量资产数据难以统计；三是日常管理"跑冒滴漏"，经营风险难以有效控制；四是缺乏资本估值逻辑，与资本机构难以同频。

明源云空间基于多年探索，认为可以用数字化手段赋能房企存量资产管理，以解决上述难题。明源云空间凭借丰富的数字化经验，提出了"资产盘点—资产盘活—资本优化"的房企存量资产管理数字化战略升级路径，让资产顺利实现"投—融—管—退"的业务闭环。

第一阶段，资产盘点。通过资产信息数字化、管理流程标准化，让家底"盘得清"，避免资产流失。此阶段主要解决三大方向性问题：让资产信息数据化，不再依靠传统人工统计与纸张记录；让管理流程标准化，让业务流程处于透明可控的环境下；基于以上两个基础，有

效规避资产收益流失风险。

第二阶段，资产盘活。借助数字化工具，在资产存续期间实现运营降本提效，优化客户的业务体验，有效管控业务风险点，用数据做出最优决策，最终提升资产运营 NOI 指标，放大资产溢价。此阶段的核心在于三个方面：一是运营提效，通过移动应用重构业务场景，优化业务流程，实现降本提效；二是掌上招商，借助移动化的招商助手，使招商全流程在线化，提高效率，实现高效考核、风险可控；三是电子租约，采用电子化合同，可以实现多版本溯源、全智能预警，提升用户体验。

第三阶段，资本优化。建立动态运营数据库，让资产管理者拥有与资本机构同频的语言基础，有利于资产顺利退出。资本优化主要关注资产回报率与资产估值逻辑，具体包括两大维度：一是在投资测算方面，科学制定预算目标，实现过程实时监控；二是进行资产全生命周期监控，借助模型与历史项目数据，掌握收支业务数据，快速调整业务策略。

搭建数字化资产管理体系，有助于房企在未来的资产管理发展路径中实现"三级跳"。首先，房企能将自身的家底盘清，包括资产的权属、布局、经营状况等。其次，通过科技赋能，房企能构建优质资产，提升管理效能，实现资产盘活。最后，房企可利用资本优化逻辑，引入资本机构资源，让投资回报清清楚楚，实现粗放式租赁管理向精细化资管模式的跃迁。

明源云近几年专注于存量资产管理，持续投入进行云资管数字化平台的研发与升级，致力于帮房企打理好每平方米资产，围绕基础设施支撑、内部管理升级、移动场景应用、风控决策中心，对外集成第三方优质资源，助力房企实现资产盘点、资产盘活、资本优化的数字化转型。

（4）智慧物业：建设数字物业，打造物业板块增长极

物业对于房企发展多元业务、培养地产开发主业之外的第二增长曲线有着举足轻重的作用。因此，迎合数字化趋势、打造数字化的物业管理能力，对于房企发展物业板块的业务显得尤为重要。针对物业的数字化，明源云物业构想了智慧物业的商业蓝图，主要涵盖以下五个方面。

第一，降本提效保质。一是移动现场，即基于PDCA（计划、实施、检查和行动）管理模型，通过智能物联网等，实现物业四保工作的高效开展，保障设施设备稳定运行、日常秩序井然有条。二是品控监管，即结合服务品质标准，通过任务分发、飞行检查等方式，对日常服务工作进行核查监控、打分评比、问题整改等，推动服务标准化、规范化，优化服务品质，提升品牌口碑。三是前置服务，即参与前置项目施工、案场服务和承接查验，通过计划进行节点控制和风险预警，实现高效协同。

第二，重塑服务体验。一是智慧管家，即基于企微直连，缩短与业主的连接距离，通过多个服务触点，实现业主高频连接和数据继承，同时通过私有流量沉淀和运营，提升业主满意度，加强信任关系。二是在线缴费或报修，即接入优秀的生态服务，实现业主在线支付物业账单、自动开具电子发票、来电自动识别业主身份等，重塑服务场景，创新服务体验。三是智能出入，即融合AIoT智能硬件优化住户出入体验，提升居住安全感。

第三，创新多经增收。一是业主增值服务，即依托业主信任关系，整合社区周边优秀供应商，为业主提供二手租售、美居装修等有偿服务，促进社区服务业繁荣，增加企业多经收入。二是非业主增值服务，即依托物业的主场优势，充分发掘社区多经资源点位，开展公告广告位租赁、场地租赁等多经资源经营增值服务。三是地产企业增值服务，即承接案场服务、车位代租等业务，帮助地产企业聚焦地产

主业，提升品牌价值，拓宽物企业务空间。

第四，数据智能驱动。一是物业主数据基座，即管理物业自有主数据，包括地产输入项目和外拓项目等各种资源管理，实现关键数据对照打通、口径标准统一、协同调度灵活、维护简单高效。二是业务运营管控看板，即覆盖业务运营全环节，沉淀和分析房屋质量缺陷、业务满意度等各专业线业务运营数据，实现业务健康度管控，通过数据驱动管理和运营提效。三是社区客户数据中台，即基于企业全生命周期设计，沉淀营销、客服和物业多接触点数据，描绘社区专属的业主画像，并赋能多经服务场景，实现业主价值变现。

第五，高效经营决策。通过业务层的业财一体化，实现预算、收入、支出三线数据完整沉淀和分析，打通成本、费用、财务共享系统，支撑项目精细化管理和运营，实时测算项目盈亏和投入回报，助力企业经营决策。

（5）智慧采招：采招全域数字化，搭建供应商数据库，降低采招成本

行业形势日趋严峻，越来越多的房企开始调整经营模式，追求高质量发展，在此过程中，房企开始认识到采购管理的重要性。采购除了要承接前端的生产计划、设计要求和成本管控目标，还要保障后端的项目开发进度和产品质量，可以说，采购是整个项目开发价值链中承前启后的核心枢纽。

明源云采购深入了解了标杆房企采购核心业务的发展历程，基于多年辅助房企进行采购数字化建设的经验，认为房企采购数字化建设应聚焦供应链资源整合化、采购管理规范化、招投标过程在线化以及采购规模集中化四大维度。基于这四大维度，明源云采购构建了房企采购数字化蓝图。

第一，搭建房企数字化供应链管理体系。竞合时代，供应链资源已成为企业的核心竞争力之一。为了搭建数字化供应链管理体系，首

先，房企需要建立集团统一的供应商资源库，主要包括两方面：一是统一供应商分类，二是建立供方分库、分级管理模型（见图5-13）。其次，房企需要多渠引流、高效寻源，即通过各种途径获取供应商资源，比如建立外网招标门户或利用第三方平台来获取供方资源。最后，房企需要建立完整的供方综合评估体系，并不断从完整性、科学性、落地性二个方面来完善，以全方位评估现有供方资源，通过优胜劣汰找出可持续的合作伙伴。

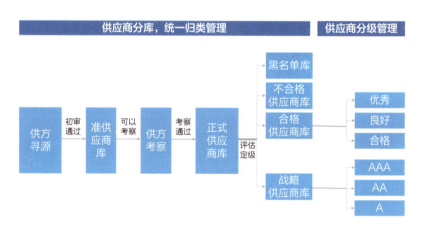

图 5-13　供方分库、分级管理模型

第二，控合规，即采购过程合规性管控。房企借力数字化手段，可以在三个方面保障采购业务合规运行：一是采招业务管理制度标准化；二是采购过程合规化，借助数字化工具，将业务规章制度固化在系统中，并自动发现采购业务中的不合规现象，实现采购过程的合规化管控；三是采购审计数字化，全面采集和沉淀采购过程信息，有效支撑审计部门追溯问责。

第三，保进度，即采购全景数字化协同，助力效率革命。这主要涵盖三个维度：一是编制项目年度采购计划，提升采购计划性；二是明确单项采购节点计划，打通内部职能；三是进行采招业务全流程数字化，实现供需直连、高效协同。

第四，降成本，即规模性采购降成本，精细化管理控目标。首先，房企可以通过战略采购与集中采购降低成本；其次，房企可以编制目标成本作为成本管控的基线，实现成本前置管控；最后，房企可以使用工程量清单招标，使招标金额测算精准，减少错漏与变更，让付款清晰、结算简单。

第五，采招业务全域数字化赋能。房企要从多维度建立供应商数据库，实现内外数据打通，实时评估供应商信息，选择合适的供应商、降低风险。同时，房企要建立采招数字化运营监控平台，为企业高层提供采招业务监控大屏，基于数据的可视化呈现支持高层实时监控企业采购业务的整体进展，从而提升采购业务管控能力与决策能力。

针对房企采购数字化蓝图，明源云采购经过多年的深耕和探索，已经形成较为完善的产品体系。例如，明源云采购平台有超过2 200家开发商、19万家供应商资源在线，且这一数量正随着供需变化不断攀升，这部分资源可以直接作为基础供应商资源供房企使用，助力房企建立自己的供应商数据库。目前，已有不少标杆房企通过明源云智慧采招方案实现了采招业务全流程在线。供需双方可通过内网采招 ERP 系统与外网采招门户实现直连，这打通了采招业务全流程，使采购效率大幅提升。同时，明源云采购通过将采购平台与多个数据服务平台打通，整合数据资源，然后通过 ERP 系统，基于业务场景真正实现数据智能化赋能。

未来，明源云智慧采招方案将持续升级，通过电子化招标推动采招业务线上化，通过招标全过程在线实现供需双方直连，大幅提升采购工作效率。电子签章、人脸识别等新技术的引入彻底解决了传统采招存在的弊病，让采招业务更合规。外部大数据资源的整合接入以及场景化数据赋能，让采购管理更加智能。

三、业务能力层：基于企业需求，构建业务和数据双中台

业务能力层的核心是建设业务中台和数据中台，这就不免要提到中台概念的起源。中台概念的提出源于芬兰的一家游戏公司 Supercell（超级细胞），这家公司员工不足 200 人，年利润却高达 15 亿美元，人均产值达 750 万美元。Supercell 会把开发游戏时需要重复使用的能力沉淀下来，比如通用的游戏素材、游戏算法等，建设成统一的工具提供给所有游戏团队使用。这种一套底层工具支持多个游戏团队使用的方式，大大提高了游戏团队的开发速度和工作效率。

在这种管理协同模式的启发下，马云在 2015 年提出了中台概念，并于 2015 年 12 月宣布阿里巴巴集团启动中台战略，自此中台概念进入大众视野并快速走红。继阿里巴巴中台战略之后，各大互联网巨头纷纷开始建设自己的技术中台、数据中台等，而后各行各业的数字化建设和转型也都加入中台概念，房企也不例外。经过几年的实践和沉淀，中台概念早已融入产业数字化转型的方方面面，比如数字化转型必备的财务共享中心、人力资源共享中心等都是中台概念的衍生品。

了解了中台概念的起源和发展，我们就不难理解业务能力层在房企数字化建设中的作用，因为业务能力层正是基于中台思想构建的。在房企数字化落地三层积木中，业务能力层位于应用在线层之下，将房企共性的业务服务和数据能力进行沉淀，然后以中台的形式为前端应用和系统赋能，从而避免相同功能重复建设和维护带来的资源浪费，同时降低试错成本，提高创新效率，最终推动企业人效提高和业绩增长。

那么，业务能力层该如何落地呢？从技术落地视角来看，业务能力层就是数字中台，而一个完善的数字中台应该拥有数据中台和业务中台的双中台结构。其中，数据中台是基于云计算、大数据、人工智能等新一代技术搭建的，可以为上层应用和系统提供数据采集、清洗、

管理和分析等大数据处理能力，以及数据汇聚、治理、建模等系统间数据打通的能力，从而助力企业实现数据处理能力和数据资源的共享。

业务中台则是借助云计算等技术，将上层业务场景通用的业务组件、抽象模型、开发机制等沉淀下来，为上层应用提供统一的调用支撑。通过业务基础模型、组件等的统一，业务中台可以将分属不同系统的相同功能聚合起来，统一标准、统一规范、统一出口，实现企业业务的整合；也可以通过服务的聚合实现资源与能力共享，支撑新应用与新业务的快速开发与迭代，以满足快速变化的用户需求。

虽然中台的好处数不胜数，但在推行过程中也确实存在一些失败案例，比如一些企业急于求成而导致中台并未达到预期。然而，这并不意味着中台的价值将被否定，反而是提醒房企要善用中台而非滥用，在建设中台时应基于自身业务需求和组织结构按需建设。例如，鉴于智能商业的未来发展逻辑，数据中台已经成为必备支撑。事实上，数据中台也已经成为各大数字化企业的标配，比如明源云的数据报表就是基于数据中台获取的数据和运算能力。对于业务中台来说，建设的前提条件是有相应的组织支撑，因为多数业务中台之所以胎死腹中，就是因为缺乏相应组织的构建。

可见，数据和业务双中台的建设，可以令房企在数据驱动经营、人均效能、创新能力构建等方面有巨大的提升。但房企不应盲目追风，而是要根据数字化转型的推进节奏合理推进数据中台的建设，同时根据自身业务能力和组织支撑基础确定是否要搭建业务中台，并"量身定制"业务中台的具体建设细节。

四、平台基建层：基于云计算，为转型搭建技术底座

再奢华的大楼都需要打好地基，尤其是那些最吸引人眼球的超高型地标建筑。稳固的地基才是一切绚丽成果的基石，没有基石，那些

雄伟的建筑也就无法构建。

那么，房企数字化建设的基石是什么？通俗来说，房企首先要有交换机、计算机等提供储存和计算能力的机器，以及摄像头、芯片等从现实世界收集和传导数据的设备，然后需要一些底层技术工具，这些工具是实现人类与机器沟通的最底层支撑。这些机器和工具是每个系统和平台建设的前提，但这并不代表我们必须要为每个系统和平台都单独配置它们。如前文所说，在信息化管控阶段，烟囱式的系统建设令房企为同样的设备和产品重复买单，导致效果远小于支出。所以在当下的数字化经营阶段，我们要借助云计算技术，打通机器和工具的使用边界，为上层的应用和系统开发提供统一的下层支持，从而最大化使用效率。

1. PaaS：一体化技术工具平台，为上层建设提供技术支撑

从前文的描述中不难看出，处于最上层的应用在线层既包括以"稳态"为核心的新一代 ERP 系统，又涵盖以"敏态"为核心的 SaaS 平台。然而，"稳态"和"敏态"天生就是一对矛盾的概念，面对这对相互排斥的概念，房企必须要将其充分融合才能真正实现数字化。只有分别构建了"稳态"和"敏态"的系统，才能满足高层管理者和一线用户的使用需求，也只有融会贯通了"稳态"和"敏态"的系统，才能推动业务数据和管理决策的上传下达。

那么，房企要如何实现"稳态"和"敏态"的充分融合呢？这就必须借助"外援"了，即一个处于两者下层的技术工具支撑平台——PaaS 平台。PaaS 平台通过为所有上层应用和平台提供通用的数据储存、数据分析、流程梳理、规则制定等技术工具，在不同的应用和平台之间搭建起了一座桥梁。

明源云在陪伴房企发展的过程中，基于对房企数字化建设需求的深入思考，很早就开始构想底层技术平台需要具备的能力和必须达到

的条件，并最终描绘出地产行业数字化底层技术平台的商业蓝图。经过多年的探索和投入，明源云已经建成并发布了地产行业大型 PaaS 平台——明源云天际平台（见图 5-14）。

基于上文所述的房企数字化"稳态"和"敏态"能力建设的诉求，以及部分标杆房企的个性化需求，综合考虑经济性和可行性，明源云确定了三层战略定位：第一层，支撑房企建设数字化"稳态"和"敏态"能力，为经营管控的云 ERP 产品和场景应用的 SaaS 产品赋能，实现能力沉淀和复用，最大限度支撑需求，提高效率；第二层，与千亿头部客户共建共创，双方可以站在不同的视角进行优势互补，共同打造更好的平台；第三层，开放平台订阅模式，房企可以基于明源云天际平台进行自身的定制开发，同时享受平台的持续迭代更新。

基于此定位，明源云天际平台构建了 PaaS 平台的技术蓝图，搭建了对应的产品体系，并且已经成功发布。明源云天际平台在底层基础设施上，主要构建了 7 大模块。

一是低代码开发平台，核心能力是帮助房企快速搭建应用产品。低代码开发平台包含动态建模平台和移动建模平台。动态建模平台在电脑端支持零代码、低代码快速部署，利用拖拉拽、CloudIDE（基于云的集成开发环境）快速构建企业级应用；移动建模平台支持在移动端可视化移动建模、统一 SDK（软件开发工具包）构建超级 App。无论是移动端还是电脑端，核心都在于六项建模能力，即数据建模、页面建模、领域建模、组件建模、沙盒测试和业务参数。

二是大数据平台，核心能力是帮助房企进行全域数据管理。该平台包括可视化分析（数见）和数据资产管理（数芯）等模块，核心在于实现数据通。数见是数据平台下的数据分析平台，定位数据可视化报告或敏捷 BI（商业智能）；数芯是数据平台下的数据资产管理平台，提供离线和实时的数据资产管理。

三是流程平台，核心能力是帮助房企拉通业务流程，实现项目管

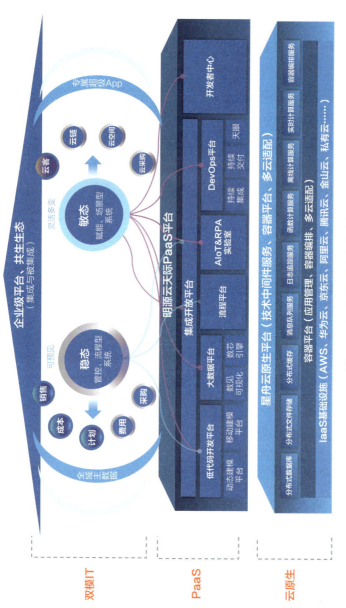

图 5-14 明源云天际平台技术蓝图

理闭环。该平台包括流程驱动、流程拉通、流程风控、效率分析等模块，可以实现标准 BPMN2.0 规范，统一流程平台引擎、表单建模。明源云天际流程平台，内置 50+ 地产企业流程管理属性，降低应用上线的运维成本。

四是 AIoT&RPA 实验室，核心能力是开展前沿实验，包括人工智能及物联网。RPA 指的是流程自动化机器人，是泛地产运营、交易、财务等数字化劳动力的管家。企业中超过 50% 的业务流程可以部分或全部自动化打通从前到后的业务壁垒，挣脱从下至上的管理束缚。AIoT 部分主要提供泛地产智能物联网整体解决方案。

五是 DevOps 平台，核心能力是帮助房企提高研发效率，保证运维安全。端到端的一站式 DevOps 平台包含持续集成、持续交付、天眼等模块，支持一站式在线研发协同平台，支持多渠道高质量研发。天眼是应用级别的监控平台，定位异常监控、性能监控、用户行为分析，为运维提供日志数据。

六是集成开放平台。在前面五大功能模块的基础上，集成开放平台采用 APIs 方式打通不同供应商、不同技术架构、不同接口协议，让上层的"稳态"ERP 应用和"敏态"SaaS 应用可以实现快速部署和搭建。同时，集成开放平台还推动拥有复杂业务环境的企业实现业务通：一是打通业务边界，低成本地适配新旧架构，打通云上云下，搭建异构系统的桥梁，实现跨系统业务协同；二是提升服务质量，提供完整的 APIs 生命周期管理能力，通过统一管理视图对服务的安全、性能、运行日志进行采集与监控；三是重组与编排服务，通过简单的点击配置来编排、重组企业已有的服务资产；四是沉淀服务资产，治理形成符合 OpenAPI3.0 标准的应用程序编程接口，并沉淀到 APIs 门户中，供企业开发者使用。

七是开发者中心。通过建立开发者中心，房企可以培养开发者生态，逐渐形成完善的生态系统：以产品＋服务的方式构建完整的生态赋能体系，支撑共创、共建、共赢三种模式的生态开放；通过提供端到端的交付能力，帮助开发者提质、提效；通过四种生态服务，帮助开发者快速投产；通过专项专人跟进，保障客户成功。

至此，明源云天际平台构造了包含 7 大模块的 PaaS 平台产品体系，具备敏捷开发、全域集成、流程驱动、数据洞察、科技创新 5 大核心能力，可以支撑房企云 ERP 和场景 SaaS 的建设，最终助力房企实现经营管控和中台层面的"稳态"数字化和场景应用层面的"敏态"数字化。

明源云天际平台已经在诸多房企成功应用，成为众房企建设数字化能力的基础工具平台。以低代码开发平台为例，X 企在工程确认环节中提出两个要求：一是工程完工后，首先由乙方提报完工确认单，现场验收，签署完工确认单；二是现场工程师根据乙方提报的实际完工量，核量核价，最终完成费用的确认。X 企通过使用明源云天际低代码开发平台的单据模板进行开发，相比原本的二次开发方式，减少了 90% 的工作量。除此之外，北京金茂、北京国旅、成都领地等房企使用明源云天际低代码开发平台，利用业务模板进行需求开发，实现了效率的大幅提升，工作量减少 90% 以上（见表 5–1）。

表 5–1　典型房企利用明源云天际平台进行二次开发工作量大幅降低

客户	二开内容	原工作量（天）	新工作量（天）
北京金茂	重视计量管理（新单据）	42	2
北京国旅	完工确认拆分为事项确认、费用确认质价管理（新单据）	25	3
成都领地	完工确认拆分为事项确认、费用确认	17	1
郑州地产集团	人材机调差管理（新单据）	10	2
江西文旅	根据变更类型判断是否需要完工确认	3	0

资料来源：明源地产研究院。

2. IaaS：基础设施云平台，为上层提供储存和计算能力

前文阐述了应用在线层的云 ERP 和场景 SaaS、业务能力层的数据中台和业务中台，以及平台基建层的 PaaS，而这一切得以实现的前提都是 IaaS 层云基础设施的成熟。

IaaS 层目前主要包括公有云、私有云。国内现在有数十家提供 IaaS 服务的厂商，包括 AWS、阿里云、腾讯云、华为云、金山云、京东云等。每一家云厂商的核心竞争力不尽相同，比如华为云在私有云方面更有优势，而阿里云、AWS 在公有云领域更有竞争力。对于房企而言，最核心的问题就是如何选择合适的云厂商。

很多房企认为，数据和管理经验都是自己的，完全私有才更安全，这种想法不免失之偏颇。目前，国内公有云已经建立了标准极高的保障措施，房企将数据和资产交由一个大品牌的商业企业来统筹打理，安全其实很有保障。房企真正需要的是基于企业自身的性质、业务的实际情况，选择使用公有云、私有云还是公私混合使用。

对此，我们认为，房企数字化转型的核心在于公私结合，即私有云和公有云相结合。对于核心经营数据，房企可以考虑进行私有化部署或私有云部署；对于需要进行行业链接才能发挥价值的领域，比如数字化营销和数字化供应链等需要把客户资源、供应商资源与行业大数据进行链接，才能获得更大价值，房企就应该以公有云的方式来部署。这种安排既考虑了企业核心经营数据的安全性，又让企业享受了云设施带来的高存储空间、高链接性等红利，兼顾安全和高效。

为了帮助房企更好地用公有云和私有云相结合的方式进行部署，明源云开发了星舟云原生平台。该平台有三层架构：第一层是云厂商的集合，接入 AWS、阿里云、腾讯云、华为云、金山云、京东云等众多云厂商，房企可以根据自己的需求和偏好选择合适的云厂商；第二层是容器平台，包括应用管理、容器编排、多云适配等模块，可以实现多云适配的快速部署和多云的混合管理；第三层是技术中间件服

务，包括分布式数据库、分布式文件存储、消息队列服务、函数计算服务、离线计算服务、容器编排服务，可以实现与上层 PaaS 及在线应用层的快速、高效、无缝衔接。

第四节
转型步骤：明确数字化建设优先级，
有序推进转型落地

经过层层拆解和细化，房企数字化建设全景图终于从"纸上谈兵"的业务蓝图，变成了可以指导数字大厦开工建设的落地方案。然而，再成熟的落地方案也需层层推进。因此，在落地方案和开工建设之间还有一项重要工作，即为数字化系统和应用进行优先级排序，优先攻破阻碍房企数字化转型的核心问题，然后进行数字化建设的升级完善，最后落脚于数字化建设的开放和扩展。基于这个思路，明确云为房企数字化建设全景图的技术落地拟定了三大核心步骤，依次是核心业务的经营升级、数字化组织的升级提效、商业和业务模式的突破创新。

一、经营升级：数字化推动核心业务提质增效

在当今的数字时代，所有企业都会说自己正在做数字化，但是数字化转型的实际效果如何呢？麦肯锡发布的调研报告显示，2018 年参与调研的全球 1 793 家企业中只有 20% 的企业认为自己的数字化建设是有成效的。对标到中国的数字化转型数据，据埃森哲统计，2019 年参与调研的中国企业仅有 7% 认为自己实现了数字化转型，

在数字化的基础上提升了业务发展和业绩收入。而全球 20% 和中国 7% 的数字化转型成功率，恰恰证明了绝大多数企业的数字化转型都遭遇了失败或者效果不显著的问题。

这样的结果令众多在数字化转型之路上持续耕耘的企业感到困惑和不解。一些企业困惑于："我明明已经把该联上网的都联了，该连的数据都连了，该建的系统都建了，为什么感受不到数字化建设的成果呢？"有的企业不解于："老板的办公室里有好几块大屏，上面的图表显示着各种业务的情况，为什么业务发展和公司业绩并未切实获得数字化的助益呢？"

这是因为多数企业在定义数字化建设的核心目标上出现了问题。数字化并不是要通过联网和大屏来解决企业的问题，而是要指导业务运营和决策。只有以业务需求为核心建设数字化，并通过数字化真正助力业务的发展和运营，数字化的作用才能真正显现，才不会出现数字化投入打水漂的情况。所以，数字化建设的第一步一定是锁定业务需求，通过数字化手段提升业务运营和决策能力，解决业务现存问题。

然而，任何企业的业务在流程等方面都存在复杂性，即使业务全链条数字化是每个数字化转型企业都由衷期望的，它也并不现实，更别说数字化程度一直相对落后且业务纷繁复杂的房企了。除了地产主业，房企标准业务还有与主业相关的衍生产业以及近期大力发展的多元化产业，每个业务又涉及众多业务场景，每个场景还可以不断细分再细分。面对纷繁复杂的业务和场景，我们需要对以业务需求为核心的数字化建设进行进一步的优先级筛选，即优先抓住核心业务的主要矛盾并利用数字化手段解决。

以房企最关注的制造业为例，青岛酷特智能股份有限公司（以下简称"酷特智能"）是我国服装领域首家实现工业化和信息化"两化融合"的示范企业，是工业和信息化部公布的首批智能制造示范项目之一，也是业界的智能制造典范。但是与大众想象不同，酷特智能的制衣工厂中并没有一排排先进的智能机器人、数控机床、AGV（自动引导装置）小车、立体仓库等，而是一排排的工人在用手工的方式加工制作服装（见图 5-15）。这样的工厂看起来并不智能，为何酷特智能会被称为智能制造的典范呢？

图 5-15　酷特智能的制衣工厂

因为酷特智能是服装领域最先解决核心业务主要矛盾的企业，而不是服装领域智能设备最多的企业。酷特智能的核心业务是正装的量体定制，主要矛盾是面对用户的个性化需求如何最大幅度提高生产速度。于是，酷特智能通过 13 年造血般的核心业务内部改造，最终实现了数据在业务各环节中快速流动，为需要决策和执行的人传递正确的信息。酷特智能通过数字化手段采集用户数据，把数据转化成数字化指标，然后推动后续包括锁定面料在内的 200 多道工序，从而实现了业务能力的飞跃。

鉴于此，房企数字化建设的第一步，必然落在了对核心业务的数字化升级上。那么，房企的核心业务是什么？这个问题在过去根本不存在，因为房企的核心业务除了地产开发没有第二选项。近几年，地产开发业务确实"风波不断"，房企也纷纷将存量和产业称为地产行业的未来选择。但实际上，在调控和市场的重重压力下，2020 年全年商品房销售额仍保持在 15 万亿元以上，地产开发至少在 5 年内仍是房企绝对的主业。因此，要实现数字化价值的最大化，房企就应当优先推进地产开发主业的数字化建设。

明确了地产开发业务为房企数字化转型的首要对象，就在一定程度上解决了数字化建设难以推进的问题，但是地产开发业务的数字化建设仍旧是一个庞大的工程。地产开发业务的数字化建设，必须要从解决主要矛盾入手步步推进。随着地产行业步入持续调控期，土地红利和金融红利相继消失成为现实，地产开发的主要矛盾从如何保持规模增长变成了如何防止利润下滑。因此，借助数字化手段把握管理红利、提升项目和企业利润成为房企需要解决的首要问题。

探究房企利润走低的内在原因，一方面是房企的利润管控能力薄弱。目前，房企高层看到的本期利润都是预估值，而这个预估值受到房企管理"半闭环"、业务间协作断点、数据难以快速流转等现状的影响，往往与实际利润值相差甚远，这就导致利润预估形同虚设，利润管控无从下手。利润估值不准的问题，不仅导致高层难以决策，也使得项目执行各环节中的决策者难以获取准确数据，难以根据项目利润相关变量的变化及时做出决策和调整，从而导致项目和企业的利润难以保证。

另一方面是房企管控货值、成本、费用等与利润直接相关指标的能力不足。这主要是企业内部业务间数据难以流转和企业外部数据难以整合获取造成的管控壁垒，叠加管理层制定决策后数据难以准确传递至执行者而导致的执行误差，最终造成了货值、成本、费用等指标难以管控，企业利润下滑。

由此可见，房企需要解决的主要矛盾就是如何提升地产主业的经营管理能力。因此，房企数字化建设全景图推进的第一步就是借助数字化手段实现地产主业的经营闭环、业务交圈、数据打通，落实到前文的解决方案，就是建设以"稳态"为核心、以"四通一平"为特征的新一代 ERP 系统，以及为 ERP 系统获取和上传一线数据建设部分 SaaS 场景应用。通过以经营管理为核心进行数字化建设，房企将实现地产主业各环节数据的快速流转，给予决策关键且准确的数据支撑，从而保证 ROE、ROI、IRR 等核心经营指标的可控和提高，最终实现精细化管理和利润提升的企业目标。

虽然，解决核心业务的主要矛盾是数字化转型的第一步，但这并不是对房企数字化建设的限制，也并非要求房企建设完第一步后才可以启动第二步，更多是对房企数字化阶段性建设中心的锁定。一个业务系统的建设可能会涉及多个应用以及平台的构建，并非绝对独立，也难以割裂地去考虑，房企在推进第一步经营升级的过程中也可能涉及第二步和第三步相关应用。所以，房企在数字化建设初期，应当以地产主业经营管理的数字化升级为核心，在数字化建设取得一定成效后，就可以向前再迈进一步，借助数字化手段推动组织效能提升。

二、组织提效：借助数字化重新定义组织效率

在核心业务的数字化建设取得一定成效之后，房企就具备了数字化运营和智能决策的能力，实现了地产开发主业的提质增效，从而保证了企业的利润空间，解决了生存问题。在企业的生存和发展获得保障之后，房企下一步要做的就是快速提升自身竞争力，并在行业中脱颖而出。

例如，某车企官方数据显示，其年收入约 3 500 亿元，员工数量约 14 万人。如果员工数量无显著增长，而年收入翻倍变成 7 000 多亿元，这家车企将成为中国的龙头车企。如果员工数量仍维持在 20 万人以内，年收入再翻倍变成 14 000 多亿元，这家车企即可成为世界顶级汽车制造商。可见，效率的提升才是企业竞争中真正的决定性因素。

为了实现领先业界的效率，中国制造业巨头华为早在 2014 年就

提出了"收入增长一倍，人员不显著增加"的转型目标。碧桂园等房地产巨头也在近几年加大组织结构调整力度，试图通过组织调整实现效率提升。然而，传统的组织结构调整对于当下房企的效率提升已然是"力不从心"，一味追求精兵简政甚至会破坏原本稳定的业务间咬合。恰好此时地产行业数字化红利初现，为企业组织效率的提升储备了充足动能。

可见，随着房企数字化建设第一阶段目标的实现，房企的关注重点向效率转移，数字化建设也迎来第二个阶段，即构建数字化组织提升企业效率，获取业内竞争优势，占据市场主导地位。那么，数字化组织要如何构建呢？明源云总结各行各业数字化标杆的经验，并结合房企发展特征，将房企的数字化组织建设拆解为两步，首先是借助数字化构建"员工数字化"，然后在"员工数字化"的基础上实现"数字化员工"，从而推动房企组织效率的全面提升。

1. 员工数字化：数字化武装企业员工，提升人均效能

员工数字化的建设，是通过为企业员工配备数字化设备、应用和系统，支撑员工的日常工作和业务决策，从而提升个人的工作效率及质量，最终通过提升单人效能实现组织效率的升级。与数字化建设第一阶段的侧重点不同，这个阶段的数字化建设不再以业务运营管理为核心，而是以每个员工的日常赋能和支撑为重点。

在城市交通领域，早期数字化大屏为交管中心提供决策支持，从而保证全国交通的安全有序。而后随着地图导航系统和地图 App 的出现，无论是出租车司机还是普通市民都可以基于交通数据选择出行道路，这在推进交通安全有序的同时提升了出行的效率和体验。

从企业维度来看，将数字化应用于支持员工工作和决策，可以充分提升员工的工作体验和效率，从而实现企业效率的业内领先。以快递行业的龙头顺丰为例，其超高的服务效率和质量与其为快递员配备

的数字化装备密不可分，从收派环节到装车、卸车、分拣环节，再到搬运环节，皆有数字化装备的身影。2020年"双11"期间，顺丰批量投入使用自主研发的可穿戴智能设备 SF Wear，其集高效收派、解放双手、语音签收、地图导航、语音助手、健康管家等多种功能于一身。顺丰方面称，在这套智能穿戴设备的助力之下，快递员平均每票收件时间可缩短12秒，平均每票派件时间可缩短16秒（见图5-16）。可见，普通员工加上数字化装备，便等于一个工作能力更加卓越的数字化员工，自然能够在竞争激烈的快递市场中脱颖而出。

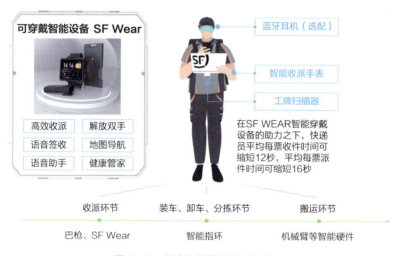

图5-16 顺丰快递员的数字化装备

放眼地产行业，已有不少标杆房企在员工数字化之路上崭露头角。P企通过FM系统实现物业流程自动化，针对最常出现的报事报修场景，规定关键人员和关键动作，及时提醒哪里出现问题，并引导员工一步步完成任务及自动上传报告（见图5-17）。

及时提醒哪里出现问题　　规定了who、when、where、what、how，并能引导员工一步步完成任务，完成后自动上传报告

现场自拍　　扫描二维码根据系统标准化维修指引完成任务　　拍照上传维修结果维修记录实时更新至数据库中

图5-17　P企物业维修人员的数字化装备

　　I企通过整合城市研判、项目管理、投资测算数据，在投拓拿地阶段赋能精准投资。而在营销接待环节，"智慧销讲"系统对接待效率的提升更是肉眼可见：在前端，"智慧销讲"系统可以进行即时建档、轨迹记录等，关联项目、客户和顾问；在后端，"智慧销讲"系统会对客户洽谈进行录音，并对录音内容进行智能语意分析，找出客户的真实意向，置业顾问可据此以更为精准的销售话术逼定客户，进而加速成交。数据表明，置业顾问使用"智慧销讲"系统后，转化能力提升了25%。

　　通过上述案例，我们不难发现，有了数字化的加持和赋能，一线人员和一线管理者的执行力、作战力、决策力得到了大幅提升，单个员工的工作效率、产出质量和决策能力也获得了质的飞跃。可见，员工数字化为房企突破组织效率瓶颈撕开了第一道口子。

2. 数字化员工：数字化替代传统人工，使组织效率最大化

员工数字化为单个员工戴上了"隐形的翅膀"，通过提高员工个人的工作效率和质量，促进了企业效率的提升。但企业要进一步提升效率，并在行业中脱颖而出，仅打造员工数字化还不够。最大化企业效率，需要的是在保证企业规模增长的同时控制甚至减少员工数量的增长，这就引出了房企建设数字化组织的第二步——数字化员工。

数字化员工，顾名思义就是借助人工智能等新技术，高效、稳定地代替部分传统工种，或者代替一些工种的部分工作，以减少房企的员工总数，从而提高人均单产，提升企业效率。此外，数字化员工也可以降低房企对部分工种的需求程度，甚至一定程度上承担稀缺职位的岗位职责，从而扭转房企高薪留人的局面，降低员工的薪资成本，提升企业利润和经营效率。

以银行业的"零售之王"招商银行为例，其采用 RPA 机器人代替大量银行客服。从表面上看，智能机器人的引入，大幅降低了招商银行对客服人员的需求，减少了高昂的员工成本支出。实际上，除了可以代替部分人工，智能机器人还因为不具备人类的情绪感知和情绪波动，可以承受更大的情绪压力，无论面对任何用户都可以提供最佳的服务，并且拥有稳定和强大的执行力。

聚焦地产行业本身，已有不少标杆房企进行了数字化员工领域的尝试，并已对企业效率提升产生助益。例如，B 企通过 RPA 平台建设数字化员工队伍，打造财务、税务、人力、成本、运维等业务场景应用和 22 类机器人，组成机器人矩阵，部分岗位被信息化、数字化应用代替，员工数量持续缩减（见图 5-18）。

机器人矩阵

财务	税务	人力	成本	运维	助手
▪ 余额机器人 ▪ 结算机器人 ▪ 流水机器人 ▪ 电子回单	▪ 山东税务 ▪ 湖北税务	▪ 算薪机器人 ▪ 调职机器人 ▪ 简历机器人	▪ 制表机器人 ▪ 明源PDF转换 ▪ 发票机器人 ▪ SAP数据监控	▪ 巡检机器人 ▪ 主数据机器人 ▪ 园宝机器人 ▪ 文件云机器人 ▪ 账户权限	▪ 在线客户助手 ▪ 农业网站助手 ▪ PDF转换 ▪ 舆情机器人

图 5-18　B 企数字化员工矩阵及员工数量变化

资料来源：企业年报、明源地产研究院。

　　在财务会计领域，L 企引入 RPA 机器人，搭建管理会计共享云平台，采用 OCR（光学字符识别）兼容技术，进一步提升财务管理效率。此前，应付工程款流程至少要耗时 7 天，但现在只需 3 天，而以往最费时费力的 240 多家公司跨区域季度核对工作，现在仅需 1 天即可完成，报销单据不规范、报销内容不明确等错漏问题也大幅减少。

　　在人力行政领域，L 企搭建人力行政共享服务中心，并引入 RPA 机器人，结合人工智能及电子签章等智能技术，行政部门工作效率提升了约 40%，成本节省了约 15%。2020 年上半年，仅在电子合同、电子证明应用场景上，就为公司节省了 200 多万元的成本费用。

　　在工程测算领域，数字化员工助力打造可视化工地，实现高效监管：人机低空摄影测量技术可应用于工程设计、土方量计算、施工管理等环节；射频芯片预埋入 PC 构件，能够实时监控项目主体工程形象和进度。在客服领域，利用"RPA+AI"技术打造智能客服，可实现智能对话、业务自助、自动查询、实时质检等功能。值得一提的是，在进行高频率的定期回访和调查时，智能客服具有传统人工无法比拟的优势：不受情绪干扰，提供更好的交互体验。综上所述，随着认知的提升和技术的发展，数字化员工未来还将运用于更多业务场景，进一步深化组织提效成果。

三、商业创新：数字化推动房企跨越第二赛道

在完成了数字化建设的经营升级和组织提效两个步骤之后，房企已经解决了生存问题，并依靠更高的企业效率赢得了竞争优势。那么，房企的数字化建设是否完成了呢？房企能否在数字化进程中选择"躺平"呢？答案是否定的，因为在存量时代，如果房企一直局限于现有业务，甚至仅聚焦于地产主业，而没有随着时代的变化不断拓宽业务的领域和定义，那么企业自身的发展空间就会被限制，最终可能仍逃不过时代的淘汰。

传统的地产主业好似一个标准的招聘网站，不想找工作的人不会来招聘网站，因为招聘网站的业务局限了对客户的定义。面对没有找工作需求的人，招聘网站毫无办法。那么，招聘网站要如何破局？最直接而有效的方法就是扩充业务场景，通过增加用户触点来吸引更多新用户，同时增强老用户的黏性。招聘网站可以从原本只为用户提供招聘服务的单触点，扩展为给职场人提供完整职业生涯管理的全触点，最后把企业招聘和员工求职的信息交织成一个网。这样，招聘网站就拥有了更多的用户触点和更全面的用户画像。通过对客户全面而深刻的了解，招聘网站不仅可以为客户提供更贴合需求的服务，更重要的是可以挖掘客户的潜在需求并衍生出新的业务场景。

这种"从点到线再到网"的业务扩展方法同样适用于房企的破局，规模房企也逐渐意识到了这一点。从 2019 年持续至今的物业上市潮，到新能源车、智能制造等不断涌现的新型业务领域，我们都可以感受到房企对扩展业务场景和增加用户触点的迫切需求。但是，目前多数房企仍停留在增加单个触点的阶段，并未走到"从点到线"，更别说"从线到网"了。

　　其实，多数房企的业务触角本来就相对广泛，包括前期的营销获客、中期的购房看房、后期的收房服务和物业服务，还有商业配套服务等衍生触角。但是这些触角都是相互独立的单点式存在，每个触角产生的数据虽然体量很大，却存在难以流动和久不更新的问题。这些静态的"死数据"为房企提供的只是一张陈旧的客户名片，而非一个完整的客户画像，对房企业务发展的帮助非常有限。

　　如果我们借助数字化手段，将房企已经拥有的大量业务触角连接起来，将营销、物业、商业等静态的"死数据"打通，形成不断流动和持续更新的"活数据"，同样的数据就会产生令人意想不到的价值。首先，这些"活数据"可以为房企构建起不断更新的用户画像、供应商画像、商家画像等，让房企更了解用户和合作方；其次，基于更深度和更全面的了解，房企可以提供更好的产品和服务，从而奠定稳定和持续的客户基础；最后，在强大的用户基础之上，房企可以精准挖掘出用户共性的潜在需求，快速实现新业务领域的拓展。

　　其实在地产行业，部分标杆房企正在尝试利用自有数据赋能新业务发展，并且已经获得了一定成绩。其中，H 企是"从点到线再到网"扩充用户触点，从而推动自身业务模式创新和裂变的房企典范。H 企为了提升购房业主的服务体验，在 2015 年正式发布上线了"H企＋"App。"H企＋"App 将线下购房、物业、社区服务等多个客户触点全面线上化，实现了用户购房生命线的全触点打通，构建起了持续更新的用户画像。

基于"H企+"App积累的用户基数和用户画像分析，H企不断探索新型业务领域，丰富"H企+"App可以为用户提供的服务种类，包括为高端业主提供投资和圈层服务，以及发展商业、旅游、教育、足球等第二产业。最终，H企打通了商业、旅游、投资等所有业务场景数据，将散落在各个场景中的用户触点连接成一个信息网络：一方面，打造出了以满足H企业主需求为核心的"全员、全时段、全场景"三全服务体系；另一方面，在河南省内构建了一个数据密度很高的数据网络，其为H企赢得了资本市场的认可。

总而言之，任何新业务都兼具机会和风险，深耕房地产市场多年的传统房企在新业务领域，并不具备足够的行业经验或创新能力。所以，挖掘并发挥地产主业积累的资源和能力，对于房企在新航道中快速站稳脚跟至关重要。再加上当下各大房企加速涌入第二赛道，如何利用已有资源在新航道中获得先发优势成为本阶段房企的制胜关键。

因此，借助数字化推动房企商业模式和业务模式的转型是房企数字化建设的第三大步骤。房企通过数字化手段整合已有业务的数据，为新业务提供充足有效的数据支撑和用户基础，而后新业务又会产生新的数据并反哺房企，为房企提供新的商业机遇。如此迭代往复，数字化为房企带来的模式创新红利将如滚雪球一般，越滚越大。

第五节
转型支撑：合理配置组织和资源，
为数字化转型保驾护航

房企数字化转型的成功，不仅取决于蓝图是否合理和清晰、技术是否先进和全面、落地建设是否合理和有序，也非常依赖企业提供的组织和资源支撑。换言之，如果房企未提供匹配的组织和资源支撑，数字化建设就难以推进。那么，为了实现数字孪生愿景，房企现存的数字化组织和资源存在哪些缺陷？新型的组织和资源支撑又是如何弥补这些固有缺陷的？

一、构建"1+N+X"模式，完善数字化组织支撑

结合标杆房企的数字化建设历程，明源地产研究院总结出"1+N+X"的数字化组织构建模式，助力房企解决自建和外包矛盾的同时，深度整合行业资源，保障房企数字化建设全景图顺利落地。

1.1个强而精的内部数字化团队

首先，房企需要在企业内部建设一个强而精的数字化团队，这个数字化团队并非规模越大越好，人手也并非多多益善，但团队的能力必须足够全面。作为一个"综合型选手"，这支队伍必须做到懂战略、懂业务、懂技术，汇聚技术、业务等各类人才。因为一个仅以技术为核心，甚至仅以系统运维为重心的数字化团队，是没有能力推动企业数字化转型的。

这个强而精的混编团队在数字化建设中有三大核心职责：第一，能够精准把握企业的战略方向和业务目标，充分联动内部和外部的数字化资源，制定适合企业业务发展的数字化蓝图，并形成可兑现的落地方案；第二，具备识别、吸纳、管理广大外部资源的能力，构建数字化转型所需的生态资源体系，管理并维护生态合作伙伴；第三，具备内部业务部门协调、资源统筹的能力，推动数字化建设的全面落地和持续优化。

2. N 个行业领先的数字化合作伙伴

在 1 个强而精的内部数字化团队的基础上，数字化建设还少不了 N 个强有力的数字化合作伙伴的支撑。如上文所言，依赖分散的小型供应商必然会引发数据孤岛、烟囱式系统等问题，仅借力于一家行业领先的供应商又难以满足所有数字化需求，而全部自研自建耗时耗力且效果也难以保证。

房企需根据企业级的数字化蓝图，拆解出几个核心的数字化建设领域，比如财务、开发、营销等，并针对不同的数字化领域筛选出 N 个行业领先的解决方案供应商，让这些供应商在其最擅长的领域开展数字化建设。选择 N 个供应商而非一个，是由于不同类型的数字化厂商基因不同，而独特的基因则导致其"跨界"极为困难。正如长期做通用产品的厂商，很难纵深单个行业，而擅长上层应用的厂商，则很难涉足数字化基础设施建设。所以，每一个厂商都是互补的，它们在秉承独特基因的同时，相互协作形成一个强大的数字化合作联盟。

3. X 个高定制、强创新的厂商和伙伴

拥有了 1 个内部数字化团队和 N 个领先数字化合作伙伴是否就可以完成数字化转型呢？答案是不可以，因为 N 个领先数字化合作伙伴侧重于解决企业的通用型需求，却难以满足企业个性化、定制化、创新性的需求。

例如，明源云深耕地产行业近 20 年，百强房企的市场占有率接近 100%，但仍有一些地产行业的通用数字化领域是其从未涉足的，比如与建筑相关的 BIM 平台。同时，对于一些高度定制化和个性化的产品，明源云也暂时无意强攻。一方面，明源云认为术业有专攻，在某些技术领域明源云优势并不显著，做出的产品不一定优于小而精的供应商；另一方面，作为有一定体量的数字化供应商，明源云的研发成本远高于创新性小企业，开发新产品时会优先考虑投入的经济性

问题，而个性化产品往往存在投入大于回报的风险。明源云等行业主流厂商在面对房企的个性化需求时，可以通过整合 X 个高定制、强创新的厂商和伙伴的方式，全面满足房企的数字化需求。

以上就是"1+N+X"数字化模式的含义，房企通过 1 来统筹 N，再通过 N 去协调 X，实现行业数字化资源的全面整合，以保障数字孪生愿景的全面实现。

二、把控投入额度和节奏，支撑数字化转型

近年，地产行业的数字化投入力度明显增强。克而瑞发布的数据显示，2020 年 60% 的 TOP50 房企数字化投入均超过 2019 年，信息部门在集团的地位也比 2019 年有显著提高。但资金和资源的投入是否越多越好？提高信息部门的地位是否就能保证数字化转型顺利？事实似乎并非如此。

房企对数字化的投入逐年上涨，头部房企更是大张旗鼓地加大资金投入，但投入增加的同时也逐渐暴露出一些问题：一些数字化起步较晚、规划不清晰却又急于求成的房企，往往会尝试短时间内投入巨额资金打造数字化；也有一些企业由于 CIO 等高层管理者的人员变动、目标调整等，在某些时间段突然加大或缩减数字化投入。这些"突发性"或"集中性"的投入往往难以令数字化建设飞跃发展，反而极易造成巨额投资打水漂的后果。

例如，L 企 2014 年斥千亿巨资成立了科技子公司，招聘 200 多名技术精英打造自研团队，以当时赢利能力较薄弱的物业板块为核心，开展数字化建设。然而，这家自研软件咨询公司并未给物业板块带来多少价值，也难以对外提供服务获取收益，所以时至今日，上百人的技术团队仅剩 7 个 IT 运维人员。这显然是投资节奏和比例的问题，但却令企业高层产生强烈的挫败感，一度认为数字化不值得

做。再如，K企由于规划不明确，每年的数字化投入波动极大（见图5-19）。巨额的投入换来的却是系统重复建设、数据难以打通、业务多处断点等问题，这令高层十分失望，也令企业与数字化和智能化时代的大门渐行渐远。

投入金额（万元）

图 5-19　K企 2016—2020 年数字化投入情况

资料来源：企业公开资料、明源地产研究院。

　　数字化转型之路上的这些错误尝试，让房企逐渐认识到数字化转型是一个长期的战略，必须有合理的数字化投入金额和节奏来支撑。

1. 根据企业发展配置投入金额

　　房企可以通过以下三步合理配置投入金额。第一步，明确所处投入阶段。数字化建设可以分为建设期、调整期和维护期三个阶段，房企需根据企业所处阶段判断投入力度。建设期需要加大投入力度，快速建成基础设施、核心系统等；调整期则需以系统功能完善、非核心系统的建设为主，可适当降低投入比例；数字化全面建成之后则进入维护期，以系统日常运维和个性化应用开发为主，投入金额可大幅下调。第二步，设定投入系数。基于企业所处的投入阶段，参考行业头部房企及同类房企的投入系数，房企就可以设定出适合自己的系数。第三步，计算投入金额。用已确定的投入系数乘以上年度营业收入，房企即可得出本年度的计划投入金额。

例如：2023 年，A 企处于数字化建设期，投入金额为营业收入乘以头部房企平均投入系数 0.17%；2024 年，A 企进入调整期，投入系数低于行业均值；2025 年，A 企步入维护期，仅有维护费用和少量的创新性应用落地费用（见图 5-20）。

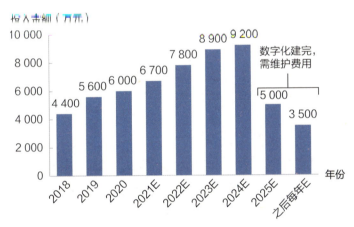

基于业务规模和行业均值，确定数字化投入

- IT投入=收入×IT投入系数
- IT投入规模系数参考头部房企均值，2019年为0.17%

图 5-20　A 企数字化投入计划

资料来源：企业公开资料、明源地产研究院。

2. 结合企业发展设定投入节奏

由于房企往往同时经营地产、物业、商业等多个业务板块，尤其是在"控地产、保产业"等政策刺激下，房企越发注重多元化发展，而多业务板块必然会增加数字化建设的难度和复杂度，所以把控好投入节奏至关重要。好的投入节奏，意味着房企的数字化投入需根据各业务板块发展的实际情况灵活调整，比如针对年度核心业务适当增加数字化投入，支撑公司战略更好地落地。

例如，A 企的数字化投入节奏为：2020 年之前以发展地产主业为核心，数字化投入侧重地产板块；而后，地产板块数字化建设逐步成熟，2020 年物业板块成功上市并成为公司战略重点，数字化投入从地产向物业板块倾斜；2021 年启动商业板块，并作为公司的核心业务进行孵化和建设，数字化投入也从无到有，并随着板块的发展逐步加大。

本章小结

在宏观形势多变、疫情刺激产业变革、科技快速发展的背景下，数字化已然成为房企寻求转型破局的利器，也是房企六大关键打法的重要支撑。本章我们从房企数字化的转型阶段、转型挑战、转型蓝图、转型步骤、转型支撑五个维度进行了详细梳理和分析。

房企数字化建设在地产行业快速发展的初期就已经启动，但由于当时房企仅凭借土地红利就可以赚得盆满钵满，所以房企对数字化的探索热情较低，数字化在过去几十年间发展缓慢。但自 2016 年开始，宏观调控压力增加，面对调控压力增加和 2020 年新冠肺炎疫情冲击的双作用，房企不得不寻求新的增长模式，数字化发展也因此迎来了跨越增长期。我们认为，地产行业全面变革和实现数字孪生终局指日可待。

在房地产数字化的冲刺阶段，优先找准赛道的房企必将脱颖而出，而能为房企锁定最佳赛道的唯有企业一把手。要将房企数字化建设推向正轨，一把手必须要正确认识数字化，结合企业战略和业务发展：从战略层面，为数字化建设设定合理的战略定位，注重数字化的业务价值，构建企业战略级的数字化蓝图；从落地层面，将内部数字化团队作为数字化推动者，将投入节奏控制在合理范围，将建设重点从管控向赋能一线转移，将业务提升成效作为考核要素。

除了解决数字化建设的常见挑战和矛盾，房企数字化建设必须要做到有章可循，"章"就是转型蓝图。我们将数字孪生定义为房企的数字化终局，为了实现这个终局，房企在上层要建设以经营管控为核心的新一代 ERP 平台和以体验及应用为核心的 SaaS 平台，为终端执行者和管理者赋能；在中层要构建数字和业务两大中台，整合企业通用资源，实现数字化建设效率的提升和资源的节约；在下层借助 PaaS 和 IaaS 云计算技术构建技术和计算资源支撑平台，为实现数据打通、业务交圈夯实基础。

建成房企的数字孪生大厦并非一日之功，要在投入和效果上取得平衡，房企就必须遵循数字化转型的三大步骤。首先，以地产核心业务的提质增效为重点展开数字化建设的第一步；其次，在借助数字化手段解决了核心业务的主要矛盾之后，聚焦企业效率和人均效能的提升，迈入数字化建设的第二步；最后，在经过业务提质增效和组织效率提升的数字化建设后，企业的数据资产必然得到了充分沉淀，房企就可以进入数字化建设的第三步，借助数据资产推动多元产业的快速发展，最终实现数字孪生终局。

在漫长的数字化建设之路上，合理配置的数字化组织和资源是房企数字化转型得以实现的重要保障。在数字化组织方面，房企必须要借助外力，构建"1+N+X"的数字化生态联盟，用强大的新组织支撑数字孪生新需求。在数字化资源方面，房企需要深度剖析企业成长和业务发展情况，合理配置数字化建设的投入额度，并正确把控投入的节奏，切忌急于求成的投资心态。

综上所述，数字化转型对于每个房企来说都是一个长期动态的过程。房企需要理解数字化的重要性，并结合企业自身条件，选择合适的发展目标、设定平稳的建设步调、提供适配的资源支撑，才能真正把握本阶段的数字化红利，借助数字化实现企业的转型破局。

结　语

随着中国地产行业的快速发展及不断成熟，围绕地产行业的研究已经硕果累累，但既富专业性又具战略高度、既有历史思维又能着眼未来的研究专著依然屈指可数。从这个角度来看，本书的诞生，对于填补相关领域空白，助力房企厘清认知、把握形势、明确走向无疑具有重要意义。

本书是一本记录中国地产发展历程之书。改革开放四十余年，中国地产行业从无到有、从小到大，成为国民经济的支柱产业和中国经济腾飞的有力推手。回顾中国地产行业的发展历程，我们不难发现，地产行业的发展，与中国经济同频共振，与政策更迭同音共律。为此，我们立足当下，以时间线索串联起经济、制度、政策等维度的关键事件，为中国地产行业描绘出体系化的发展脉络，完整展现房企打法的演变历程，以古为镜，以史为鉴。

本书也是一本战略之书。沿着中国地产行业变革的轨迹，我们继续以历史眼光，寻找中国地产行业在全球经济震荡形势下的支撑点——结合标杆案例，详细阐释包含六大战略方向和两大关键支撑在内的"6+2"房企应对模型，并进一步围绕数字化转型这一核心抓手展开论述，助力广大房企在行业拐点时刻转危为机、稳中求进。

特别感谢明源地产研究院研究团队长时间的辛勤付出，是他们促成了本书的诞生。同时，本书的出炉也离不开多位房企董事长、总裁的智慧贡献，包括旭辉林中、旭辉林峰、阳光城吴建斌、中梁杨剑、奥园马军、正荣黄仙枝、融信余丽娟、康桥宋革委、建业王俊、弘阳袁春、东原杨永席、金地凌克、中城新产业刘爱明、中骏黄朝阳、阳光大地邓凝伟、海成李海，德商邹康、新希望姜孟军、中建信和张金玉等，在此一并表示感谢！

　　我们有理由相信，中国经济仍将持续发展，地产行业仍旧前景广阔。我们衷心希望广大房企都能找到属于自己的破局发展之路。明源地产研究院愿与大家一道，共同见证中国经济与地产行业的发展与未来！

　　书中的一些内容和观点难免有疏漏之处，我们欢迎并期待与大家一起，不断验证和迭代其中的认知和结论。

徐颖

明源地产研究院院长

2021 年 11 月